T0107902

Roger Pouivet est Professeur à l'Université de Lorraine (Archives Poincaré, CNRS) et membre sénior de l'Institut Universitaire de France.

L'ÉTHIQUE INTELLECTUELLE

DANS LA MÊME COLLECTION

ANDRIEU B., *Sentir son corps vivant. Émersiologie 1*, 260 pages, 2016.

–, *La langue du corps vivant. Émersiologie 2*, 256 pages, 2018.

BARBARAS R., *La perception. Essai sur le sensible*, 120 pages, 2009.

BENOIST J., *Éléments de philosophie réaliste*, 180 pages, 2011.

–, *L'adresse du réel*, 376 pages, 2017.

BINOCHE B., *Opinion privée, religion publique*, 240 pages, 2011.

BOURGEOIS B., *Sept questions politiques du jour*, 136 pages, 2017.

CASTILLO M., *Faire renaissance. Une éthique publique pour demain*, préface de Ph. Herzog, 256 pages, 2016.

CHAUVIER S., *Éthique sans visage*, 240 pages, 2013.

FISCHBACH F., *Philosophies de Marx*, 208 pages, 2015.

–, *Après la production. Travail, anture et capital*, 192 pages, 2019.

GODDARD J.-Ch., *Violence et subjectivité. Derrida, Deleuze, Maldiney*, 180 pages, 2008.

HOTTOIS G., *le signe et la technique*, 272 pages, 2018.

KERVÉGAN J.-Fr., *La raison des normes. Essai sur Kant*, 192 pages, 2015.

LAUGIER S., *Wittgenstein. Les sens de l'usage*, 360 pages, 2009.

MEYER M., *Qu'est-ce que la philosophie ?*, 160 pages, 2018.

POUIVET R., *Après Wittgenstein, saint Thomas ?*, 180 pages, 2014.

Roger **POUIVET**

L'ÉTHIQUE INTELLECTUELLE
UNE ÉPISTÉMOLOGIE DES VERTUS

*Ouvrage publié avec le concours de
l'Institut universitaire de France*

PARIS
LIBRAIRIE PHILOSOPHIQUE J. VRIN
6 place de la Sorbonne, V ^{e}
2020

En application du Code de la Propriété Intellectuelle et notamment de ses articles L. 122-4, L. 122-5 et L. 335-2, toute représentation ou reproduction intégrale ou partielle faite sans le consentement de l'auteur ou de ses ayants droit ou ayants cause est illicite. Une telle représentation ou reproduction constituerait un délit de contrefaçon, puni de deux ans d'emprisonnement et de 150 000 euros d'amende.

Ne sont autorisées que les copies ou reproductions strictement réservées à l'usage privé du copiste et non destinées à une utilisation collective, ainsi que les analyses et courtes citations, sous réserve que soient indiqués clairement le nom de l'auteur et la source.

© *Librairie Philosophique J. VRIN*, 2020
Imprimé en France
ISSN 1968-1178
ISBN 978-2-7116-2935-0
www.vrin.fr

Au Père Michael Sherwin, o.p.

C'est pourquoi j'ai prié, et l'intelligence m'a été donnée,
j'ai invoqué et l'esprit de Sagesse m'est venu.
Je l'ai préféré aux sceptres et aux trônes,
et j'ai tenu pour rien la richesse en comparaison d'elle.
Je ne lui ai pas égalé la pierre la plus précieuse ;
car tout l'or, au regard d'elle, n'est qu'un peu de sable,
à côté d'elle, l'argent compte pour de la boue.
Plus que santé et beauté je l'ai aimée
et j'ai préféré l'avoir plutôt que la lumière,
car son éclat ne connaît point de repos.
Mais avec elle me sont venus tous les biens
et, par ses mains, une incalculable richesse.
De tous ces biens, je me suis réjoui,
parce que c'est la sagesse qui les amène ;
j'ignorais pourtant qu'elle en fut la mère.
Ce que j'ai appris sans fraude,
je le communiquerai sans jalousie,
je ne cacherai pas sa richesse.
Car elle est pour les hommes un trésor inépuisable,
ceux qui l'acquièrent s'attirent l'amitié de Dieu,
recommandés par les dons qui viennent de l'instruction.

Le Livre de la Sagesse, 7, 7-14

INTRODUCTION

Nos croyances doivent-elles être justifiées pour être légitimes ? Et nos connaissances ont-elles à être fondées pour que nous prétendions savoir ? Par exemple, avons-nous *le droit de croire* que les attentats du 11 septembre 2001 sont l'œuvre d'un groupe terroriste ; que le réchauffement climatique est sûr et certain ; que le libre marché est l'avenir de l'humanité ? Est-ce légitime de *prétendre savoir* que les pâtes font grossir ; que la capitale de la Nouvelle-Zélande n'est pas Auckland ; que la date du sac de Rome est 1527 ; que $E = mc^2$; que « du faux il s'ensuit n'importe quoi » ?

Commençons par distinguer une question de fait et une autre de droit. La première revient à demander, par exemple : Les attentats du 11 septembre sont-ils ce que la version officielle en dit ? Auckland est-elle vraiment la capitale de la Nouvelle-Zélande ? La date du sac de Rome est-elle bien 1527 ? Il s'agit de *vérifier* des informations. Correspondent-elles à la réalité des choses ? Une question de fait peut aussi appeler, plutôt qu'une vérification, une *explication*. De nos croyances, les psychologues traquent les causes mentales, et les sociologues les causes sociales.

Pourtant, ce livre ne porte ni sur des questions de fait ni sur les causes réelles des croyances. Les pages qui suivent n'apporteront ainsi aucune révélation sur le 11 septembre ou sur une éventuelle erreur historique au sujet de la date du sac de Rome. Elles ne présenteront pas non plus des explications psychologiques ou sociologiques au sujet de la crédulité humaine. Pas de psychologie ni de sociologie de la croyance et de la connaissance dans ce qui suit.

Ce livre pose une question *épistémologique* : Qu'est-il légitime de croire et de prétendre savoir ? C'est une question de droit et non une question de fait. L'épistémologie demande en quoi consistent de bonnes raisons de croire et de revendiquer le savoir. Elle est normative et évaluative. Nos attitudes intellectuelles sont-elles légitimes et correctes ? Que valent-elles ? Ce livre, plus particulièrement, pose la question de savoir si, et en quoi, notre vie intellectuelle est bonne ou mauvaise. Il pense l'épistémologie comme une partie de la morale, celle qui concerne notre vie intellectuelle.

Comprendre ainsi l'épistémologie est loin de faire l'unanimité chez les philosophes. Pour certains d'entre eux, les sciences naturelles et les sciences humaines et sociales donnent le modèle de toute explication digne de ce nom, y compris celle des raisons de croire et de savoir. On parle de « naturalisation » pour caractériser l'adoption en philosophie de la conception d'une scientificité dont les sciences naturelles, telles qu'elles sont pratiquées aujourd'hui, nous fourniraient le bon exemple, et donc la norme. L'épistémologie devrait aussi tenir compte, est-il parfois expliqué, des avancées de notre connaissance de la pensée humaine. Elles seraient surtout apportées par les sciences cognitives et les neurosciences. Et elles sont quelquefois jugées considérables. D'autres appellent de leurs vœux le mariage de l'épistémologie et des sciences sociales. Après tout, la science et la connaissance en général sont des activités collectives ; nous devrions alors insister sur le caractère social de leur développement. En épistémologie aussi, ajoutent certains, il serait donc temps de passer à la théorie de l'évolution et aux sciences du cerveau, aux statistiques et à la connaissance expérimentale. À suivre ces tendances contemporaines, l'épistémologie en viendrait à poser des questions de fait, certes très générales, plutôt que des questions de droit – ou à ne poser les secondes qu'après avoir examiné les premières, et en nous servant des réponses, scientifiques (et sérieuses donc, disent ceux qui adoptent cette conception), pour répondre aux autres.

Pourtant, ce livre rejette radicalement cette conception de l'« épistémologie naturalisée ». En ce sens, il n'entend nullement se situer dans le cadre des sciences humaines et sociales. Il proposera même de contester la pertinence de cette orientation. Nous ne répondrions pas à la question de savoir s'il est légitime de mentir en constatant que certains mentent, en nous livrant à une explication psychologique des causes du mensonge et à une enquête sociologique sur la place du mensonge dans la vie sociale. La théorie de l'évolution ne nous serait pas plus utile pour dire en quoi le mensonge est une dépravation. Parce que la question de l'illégitimité, ou non, du mensonge est morale. De même, la question de la légitimité de la croyance ou de la connaissance, pour être épistémologique, n'en est pas moins normative, évaluative et, ce que j'entends montrer, morale. Ce livre contribue à une meilleure compréhension des normes et des valeurs de notre vie cognitive. Il développe une théorie des valeurs intellectuelles. On peut aussi parler d'une axiologie intellectuelle.

ÉPISTÉMOLOGIE, ÉTHIQUE ET VERTUS

Que veut dire « épistémologie des vertus » ? L'expression est le sous-titre de ce livre. Le génitif signifie une épistémologie faisant grand cas des vertus ; et non que l'épistémologie porte sur les vertus. Quand on parle d'un « marché de dupes », il n'y a pas de marché où l'on vendrait des dupes, mais des circonstances où certains le sont. De la même façon il s'agit de penser notre vie intellectuelle comme manifestant des vertus, et des vices.

Cependant, même s'il est juste de penser qu'il y a dans notre vie intellectuelle des obligations, des normes, des règles, des impératifs ; même s'il est intellectuellement *louable* de satisfaire certains réquisits épistémiques ; et intellectuellement *blâmable* de ne pas respecter les normes de rationalité ; pourquoi serions-nous dits « moralement » vertueux ? L'épistémologie ne concerne-t-elle pas des normes de rationalité, plutôt que des vertus ? Le livre en son entier est une réponse à cette question. Il cherche à montrer que la vie intellectuelle n'est pas seulement affaire de normes (règles, principes), mais de valeurs (vertus, préférences, attraction, amour même, sagesse).

Premièrement, un constat. L'épistémologie recourt abondamment au vocabulaire moral : louer, blâmer, être coupable, être justifié, devoir, avoir le droit, avoir de bonnes ou de mauvaises raisons. Qu'un tel vocabulaire y pullule, est-ce accidentel ? Un autre discours, purgé de toutes ces connotations éthiques, ferait-il aussi bien l'affaire ? Son emploi est-il exclusivement analogique ? Est-il, malgré les apparences, détaché de toute portée morale ? À toutes ces questions, il sera répondu par la négative. Et finalement, j'affirmerai que l'épistémologie est foncièrement une éthique de la vie intellectuelle. C'est la raison pour laquelle une conception de l'épistémologie comme science humaine et sociale est rejetée[1].

Deuxièmement, le livre montrera que la meilleure éthique intellectuelle est celle des vertus et non des obligations. Dans notre vie intellectuelle, c'est ce qu'il est bon d'être qui importe, plutôt que ce qu'il faut faire. Or, les vertus, intellectuelles et morales, sont des manières pour une personne d'être ce qu'elle est, un être rationnel. La vie intellectuelle n'est bonne que par notre attirance pour les biens épistémiques, la vérité, la connaissance, la rationalité. Nous devons être attirés, et donc aimer, ce qui a la plus grande valeur. Notre vie intellectuelle n'est bonne que par un amour bien ordonné.

Ce que nous avons le droit de croire ou de prétendre savoir détermine notre responsabilité épistémique. En termes d'obligation, cela revient à dire que, dans notre vie intellectuelle, nous devons aimer ce qu'il convient. Mais quoi, alors ? Avant tout la vérité, qui est le plus grand bien épistémique. Certains philosophes pensent que nous avons fait de la vérité une idole. Particulièrement, il conviendrait de tenir compte du contexte social et des conditions pratiques ou pragmatiques d'acquisition des croyances

---

1. Dans la lignée d'une tradition philosophique qui remonte à Auguste Comte, et même avant, l'épistémologie a été identifiée à la philosophie des sciences. Il va de soi que ce n'est pas l'approche retenue. Le terme « épistémologie » correspond ici à la philosophie de la croyance (en un sens général et non religieux) et de la connaissance.

et des connaissances. Donc, la vérité ne serait pas une valeur absolue[1]. La justification épistémique serait même foncièrement relative. Ce livre contestera cette thèse. Il défend l'idée que la responsabilité épistémique suppose l'acquisition de vertus, dont l'amour de la vérité. C'est une passion ordonnée au bien épistémique sans laquelle notre vie intellectuelle ne peut être bonne. Sans laquelle même, elle est irresponsable. C'est là une question de justice ; il faut rendre à la vérité ce qui lui est dû. C'est aussi une affaire de sagesse.

Cette conception morale de l'épistémologie encourage des jugements critiques à l'égard de certaines attitudes intellectuelles[2]. Reprochées récemment à des intellectuels français parmi les plus réputés, elles ont été caractérisées comme des impostures[3]. Au sujet des mêmes intellectuels, et d'autres encore, on a aussi pu parler de « foutaises » et de « conneries prétentieuses ». Le premier chapitre s'en fera l'écho. Si de tels noms d'oiseau sont justifiés à l'égard de la fine fleur de la pensée française contemporaine, une épistémologie des vertus parlera d'une *immoralité* répandue dans le monde des idées. Les chapitres suivants tentent de

---

1. Pour une défense particulièrement subtile de cette thèse, contre la thèse *véritiste* ici adoptée, mais sans verser dans la critique postmoderne rebattue de la vérité (en gros, celle que beaucoup croient pouvoir tirer de certains écrits de Michel Foucault), voir C. Z. Elgin, *True Enough*, Cambridge (Mass.), The MIT Press, 2017.

2. Mais une conception normative qui ne serait ni morale ni religieuse, pourrait encourager des critiques fort proches.

3. A. Sokal et J. Bricmont, *Impostures intellectuelles*, Paris, O. Jacob, 1997 ; voir aussi, le livre d'A. Sokal, *Beyond the Hoax, Science, Philosophy and Culture*, Oxford, Oxford University Press, 2008.

montrer comment, dans notre vie intellectuelle, nous pouvons, autant que possible, échapper à la dépravation morale. Pour cela, nous devons former notre caractère. En particulier lors de nos études, dès que nous avons à manifester notre savoir et notre intelligence. Le risque de corruption morale de notre vie intellectuelle est constant, surtout pour un intellectuel, professeur, journaliste, écrivain, un animateur d'émissions de télévision ou de radio, critique d'art, commentateur, prêtre en chaire, mais aussi chez les hommes de science, qu'il s'agisse des sciences naturelles ou des sciences humaines et sociales – tous ceux qui, en quelque sorte, vivent de l'esprit, du discours, de la transmission des croyances et du savoir. Tous ceux donc qui pourraient se livrer à une forme ou une autre de corruption intellectuelle, explicite ou non, d'eux-mêmes et des autres. Tous ceux qui pourraient trouver dans la vie de l'esprit l'occasion d'être mauvais ou, au moins, de n'être pas aussi bons qu'ils devraient être.

L'immoralité n'est pas réservée à la vie pratique ; elle est aussi répandue dans la pensée. C'est pourquoi les vertus y sont, comme dans la vie pratique, notre planche de salut. À qui les devons-nous ? À notre bonne éducation ? À nos seuls efforts ? Pour une part, oui. Mais nous devons aussi espérer recevoir des dons, d'intelligence, de science, de courage et de sagesse, de discernement, voire de piété et de crainte. Traditionnellement, on en a parlé comme de dons du Saint-Esprit. L'épistémologie des vertus va conduire, dans ce livre, à une épistémologie des dons. Ce qui, certes, est inhabituel, voire inédit, dans l'épistémologie contemporaine.

LES PRINCIPALES THÈSES DE CE LIVRE

Ce livre n'est pas un exposé de l'épistémologie contemporaine[1]. À l'occasion, certaines de ses questions vives seront certes évoquées. Mais l'intention principale du livre est, autant que possible, de convaincre son lecteur du risque de corruption morale qui menace notre vie intellectuelle. L'ignorance, l'erreur ou l'irrationalité sont graves. Mais l'immoralité intellectuelle l'est plus encore. Cela peut paraître excessif de tenir un tel discours, voire ridicule. J'espère que cela n'apparaîtra plus ainsi à qui aura lu ce livre. Il me faut convaincre que le mal se loge aussi dans notre vie intellectuelle, en y prenant ses aises. Et que, grâce à Dieu, nous ne lui sommes pas voués. C'est même tout le contraire. Nous sommes faits pour le bien épistémique et donc pour la vérité. Si nous sommes trop souvent vicieux, nous pouvons aussi être vertueux, et mériter alors les biens épistémiques. Ils nous sont promis du fait de notre nature rationnelle. L'imposture et la foutaise intellectuelles sont contre-nature.

Trois thèses principales seront défendues :

1) Une éthique intellectuelle est possible et souhaitable. Elle est normative : elle dit ce qui est bien ou mal dans notre vie intellectuelle. Ce n'est pas seulement une description neutre de notre vie intellectuelle, mais une thèse sur ce qu'elle *doit* être.

---

1. Voir, pour cela, en langue française : R. Pouivet, *Qu'est-ce que croire ?*, Paris, Vrin, 2003 ; P. Engel, *Va savoir ! De la connaissance en général*, Paris, Hermann, 2006 (un livre qui va bien au-delà d'un tel exposé). Voir également, deux recueils d'articles : J. Dutant et P. Engel (dir.), *Textes clés de philosophie de la connaissance, Croyance, connaissance, justification*, Paris, Vrin, 2005 ; J.-M. Chevalier et B. Gaultier, *Connaître, Questions d'épistémologie contemporaine*, Paris, Ithaque, 2014.

2) Dans cette éthique, la notion de vertu est centrale ; elle se fonde sur une anthropologie métaphysique, autrement dit sur une *philosophie de l'homme*[1]. Une éthique intellectuelle est donc une réflexion sur ce qui rend meilleurs des êtres rationnels tels que nous sommes, et la façon dont nous pouvons nous réaliser – *flourish*, dirait-on en anglais – comme tels.

3) Cette philosophie de l'homme trouve son complément dans une épistémologie théologique, avec, en particulier, la notion de « dons du Saint-Esprit ». La possibilité et la valeur de la connaissance supposent le don divin des moyens de connaître et des vertus. À défaut d'une garantie divine ou même de recevoir les moyens de la vie rationnelle, nous serions autorisés à verser dans le scepticisme épistémologique. Comment en effet pourrions-nous espérer, sans la grâce divine, une vie intellectuelle bonne ?

Ceux qui n'acceptent pas la première thèse ne seront pas plus tentés par les deux autres. D'autres accepteront la première thèse, mais ni la seconde ni la troisième. Il existe certes la possibilité, plus rare, d'accepter la première et la troisième. Ce qui reviendrait à défendre une théorie de l'illumination divine, dans la lignée d'Augustin. Tout ce que nous savons supposerait que Dieu nous l'ait mis dans l'esprit. C'est là contester la seconde thèse, selon laquelle nous pouvons acquérir des croyances justifiées et des connaissances, du seul fait de ce que nous sommes, et par et pour notre propre perfectionnement. Ce qui nous situe plutôt dans la lignée de Thomas d'Aquin.

---

1. J'emploie « philosophie de l'homme » comme le faisait le chanoine Roger Verneaux dans *Philosophie de l'homme*, Paris, Beauchesne, 1956.

Parmi ceux qui acceptent les deux premières thèses, nombreux sont ceux qui rejettent la troisième. Pour eux, l'éthique intellectuelle, même si elle fait usage de la notion de vertus, ne suppose nullement des dons du Saint-Esprit, c'est-à-dire qu'un rôle soit accordé à une aide divine, présentée comme indispensable dans notre vie intellectuelle. Et certes, cette dernière thèse suppose la croyance en l'existence de Dieu. Faut-il voir dans notre vie intellectuelle, ses réussites et aussi ses échecs, une motivation pour une telle croyance ? On ferait alors de la possibilité de la connaissance un argument en faveur d'un Dieu qui la garantit. Et même, on serait conduit à douter qu'une vie intellectuelle réussie soit possible sans secours divin. Que nous puissions avoir des croyances garanties et des connaissances se comprendrait bien mieux sur la base du théisme : l'existence d'un Dieu créateur, absolument bon, tout-puissant et omniscient. Mais aussi, un Dieu qui étant Saint-Esprit est trinitaire (Père, Fils et Saint-Esprit). Devons-nous aller jusqu'à une telle thèse, franchement théologique ?

Des arguments seront proposés en faveur de chacune des trois thèses. La troisième n'apparaît qu'à partir du chapitre VIII. Quelques lecteurs en seront peut-être étonnés : certains épistémologues contemporains ne reculent pas devant l'idée que notre capacité de parvenir à la connaissance suppose des considérations théologiques[1]. Je leur emboîte le pas. Mais le lecteur ne me suivra peut-être dans toute cette démarche que pour l'une des trois thèses. Et si aucune ne lui semblait finalement

---

1. Voir A. Plantinga, *Warrant and Proper Function*, Oxford, Oxford University Press, 1993, particulièrement ce qu'on appelle son « argument évolutionniste contre le naturalisme », dont il sera question surtout dans le dernier chapitre de ce livre.

acceptable, il pourrait éventuellement reconnaître l'intérêt d'avoir insisté, comme je le ferai, sur la portée morale de la vie intellectuelle. Et, corrélativement, sur le risque moral encouru, non seulement dans nos actions, mais aussi dans nos pensées. Si cette seule thèse semblait finalement acceptable au lecteur, cela me suffirait, presque[1].

Écrire un livre qui se propose de souligner la valeur morale de la vie intellectuelle fait courir deux sérieux risques. Celui de n'être pas à la hauteur intellectuelle de la tâche. Mais quand on écrit un livre, en particulier de philosophie, c'est toujours un risque. Cette fois, il y en a un autre, plus troublant en l'occurrence ; celui d'illustrer, dans le livre lui-même, des défauts moraux qu'on entend épingler et même blâmer. C'est une chose d'affirmer que nous sommes menacés moralement par l'imposture intellectuelle, la foutaise et la rhétorique, comme le premier chapitre du livre le suggère. Ç'en est une autre de n'être pas soi-même pris à son propre piège. Le lecteur jugera de l'honnêteté de l'auteur, qui en tremble déjà.

---

1. Une comparaison est possible avec le projet de Pascal Engel dans *Les vices du savoir. Essai d'éthique intellectuelle*, Marseille, Agone, 2019.

MORALITÉ ET IMMORALITÉ INTELLECTUELLES

> *On ne peut en France réussir dans le marché des idées et rester honnête* [1].

La valeur de la connaissance est-elle intellectuelle ou morale ?

La morale porte sur nos actions. Elle consiste à nous demander si elles sont bonnes ou mauvaises. Dans ce livre, la question principale est de savoir si, comme des actions, des *croyances* peuvent être moralement bonnes ou mauvaises.

Par « croyance », j'entends ce à quoi nous donnons notre *assentiment*. Il peut être explicite. Questionnons une personne au sujet de la capitale de la France ou de l'existence de Dieu. Elle dit ce qu'elle croit : « Paris est la capitale de la France », « Dieu n'existe pas ». Son assentiment peut être implicite. Elle ouvre une porte et sort, sans répondre à la moindre question : nous lui attribuons la croyance qu'elle a ouvert la porte pour sortir.

---

1. Ange Scalpel « Tagliatesta démasqué », *La France Byzantine* (blog), 5 octobre 2016, discussion en dessous du post.

Si Paris n'était pas la capitale de la France, si Dieu existait ou s'il n'y avait pas de porte, cette personne ne *devrait* pas croire ce qu'elle croit. Il n'y a pas de droit à l'erreur. Peut-être, existe-t-il des circonstances atténuantes – internes, comme la bêtise, ou externes, comme un environnement social – qui n'aident vraiment pas à parvenir à la vérité. Mais c'est toujours un tort de croire ce qui n'est pas vrai et ce que l'on ne devrait dès lors pas croire. Un tort de quelle sorte ? Intellectuel ou moral ? Certains de nos actes semblent moralement louables ou blâmables : tuer, violer, voler est (presque) universellement condamné. Mais est-il *moralement* blâmable de croire à tort ou de se tromper ? L'erreur est-elle une faute ?[1] Nous disons que quelqu'un a raison de croire que Paris est la capitale de la France (si elle l'est) et tort de penser que Dieu n'existe pas (s'il existe). Mais l'avons-nous alors jugé *moralement* ?

Notre vie intellectuelle possède-t-elle une valeur morale et non simplement épistémologique ? Nous pouvons distinguer *l'évaluation épistémique* de nos croyances et la *valeur de la connaissance*[2]. Avec la première, il s'agit de savoir si nos croyances, quel que soit leur objet, sont justifiées, et si une prétention à la connaissance est légitime. C'est la question du droit de croire. La seconde, la valeur de la connaissance, concerne le bénéfice d'avoir des croyances justifiées et des

1. Descartes, on le sait, pense que l'erreur est une faute ; en gros, parce qu'elle témoigne de la précipitation, du manque d'attention : nous voulons juger alors que nous ne le pouvons pas, ce serait là notre faute. La question se pose de savoir si la faute en question est intellectuelle ou morale, ou les deux à la fois.

2. Voir D. Pritchard, « Engel on Pragmatic Encroachment and Epistemic Value », *Synthese*, Vol. 195, Issue 5, 2017, p. 1477-1486.

connaissances. Est-ce simplement une question d'utilité, en permettant d'éviter que nos pensées au sujet du monde aient des conséquences néfastes ? Comme, par exemple, un médecin qui se tromperait dans son diagnostic, et tuerait ainsi son patient. Mais la valeur de la connaissance n'est-elle pas aussi morale ? Nous serions alors mauvais en ayant des croyances mal justifiées ou injustifiées, alors que connaître nous rendrait meilleurs. Même si elles sont distinguées, comment l'évaluation épistémique et la valeur de la connaissance, en particulier sa valeur morale, si elle en a une, sont-elles liées ? Sommes-nous bons ou mauvais moralement selon que nous avons ou non de bonnes raisons de croire ce que nous croyons ?

Pour présenter ce problème, examinons quelques cas significatifs : les croyances religieuses de Jeanne d'Arc, les croyances complotistes, les impostures intellectuelles, le baratin ou la foutaise dans la vie intellectuelle.

JEANNE D'ARC AVAIT-ELLE LE DROIT DE CROIRE CE QU'ELLE CROYAIT ?

Jeanne d'Arc pense que sainte Catherine, sainte Marguerite et l'archange saint Michel, lui ont demandé, de vive voix, de chasser l'envahisseur anglais du Royaume de France et de mettre le dauphin sur le Trône. Jeanne a-t-elle le droit de croire que, réellement, des saintes et un archange lui parlent ? A-t-elle le droit de croire que, par leurs voix, c'est Dieu qui s'adresse à elle ? Et quant à nous, est-il légitime de croire que Dieu se préoccupe ainsi de la France, confiant à une bergère une mission politique et guerrière ? Et finalement, est-il simplement légitime de croire, comme le pense bien sûr Jeanne, que Dieu existe ?

Après tout, croire sans bonne raison, mais surtout se persuader de quelque chose, ne pas en démordre, malgré l'évidence du contraire, distordre sciemment la réalité, n'est-ce pas raisonner *mal*? Et n'est-ce pas ce dont Jeanne se rend coupable ?

À supposer que tout ce qu'elle croyait ne soit que fantaisie, elle pourrait être blâmée de croire sans raison, sans pourtant que l'on portât sur son comportement un jugement moral. Jeanne n'est-elle pas mentalement dérangée – incapable de penser correctement ? Elle ne serait pas responsable de ses croyances. La pauvre fille, penseront certains, est peut-être plus à plaindre qu'à blâmer. Mais n'a-t-elle aucune responsabilité ? Elle s'entête à croire alors que ses contradicteurs, lors de son procès, lui donnent des raisons, bonnes diront certains, de renoncer à sa croyance. Cet entêtement n'est-il pas l'indice d'une indifférence, moralement critiquable, aux règles de la pensée correcte ? Jeanne ne manifeste-t-elle pas de l'orgueil ou de la vanité ? Son comportement intellectuel serait alors non seulement épistémologiquement, mais aussi moralement condamnable. C'est bien tout le problème : s'agit-il de dérangement mental (Jeanne est simplement folle), de dysfonctionnement épistémique (Jeanne, par moments, délire), d'irrationalité manifeste (Jeanne prend ses désirs pour des réalités, elle est intellectuellement vicieuse) ou d'immoralité intellectuelle (Jeanne est moralement vicieuse) ?

Réfléchir sur ces questions, au sujet de Jeanne, conduit à se demander si une éthique intellectuelle – une éthique des croyances et de nos prétentions à savoir – est possible. Si oui, en quoi peut-elle consister ? D'aucuns demanderont, à juste titre, si l'on peut légitimement croire avoir parlé à des saintes montées au ciel et à un archange qui en est descendu. Le tort de Jeanne serait avant tout moral : elle croit vraiment n'importe quoi, affirmeront-ils, et manifeste une irrationalité coupable. Ce qui finalement causerait des troubles politiques et sociaux et, pour le moins, induirait en erreur d'autres esprits aussi faibles que le sien.

À mon sens, Jeanne d'Arc ne se rend coupable d'aucune faute, ni épistémique ni morale – et la suite du livre entend montrer pourquoi. Jeanne ne baratine pas, comme certains, dont je parlerai par la suite. On verra que Jeanne est vertueuse, autant qu'on puisse l'être. Ne l'est-elle pas même de façon surérogatoire, c'est-à-dire bien au-delà de ce qui est requis ? Ce qui n'étonnera pas d'une sainte. Le livre est en partie destiné à convaincre le lecteur que Jeanne avait le droit de croire ce qu'elle croyait.

LES COMPLOTISTES SONT-ILS IMMORAUX ?

Les complotistes attribuent tout ou partie des événements de ce monde à de secrètes manipulations faites par des individus généralement malfaisants. Trois exemples, parmi bien d'autres : le complot des lépreux, au XIVe siècle, qui auraient voulu prendre le pouvoir et, pour cela, empoisonné l'eau des villes ; le complot du gouvernement américain pour faire croire que les événements du 11 septembre aux États-Unis sont l'œuvre d'un groupe terroriste ; l'actuel complot pour imposer des vaccins ne servant qu'à enrichir leurs producteurs ou à greffer subrepticement des puces électroniques sous-cutanées permettant de prendre le contrôle des vaccinés.

La plupart des gens pensent que les bonnes explications de certains événements sont accessibles dans les informations dont nous disposons. Ces explications ne *doivent pas* consister à faire appel à des actions efficaces, mais cachées, de personnes ou de forces obscures ayant des intentions secrètes. Les lépreux étaient des malades à plaindre et soigner, et non pas des suppôts de Satan. Les médias ne se sont pas trompés ou n'ont pas menti en attribuant les événements du 11 septembre à un groupe terroriste. La destruction des *Twin Towers* est bien la conséquence de l'écrasement d'un avion et non pas une explosion déguisée. La vaccination permet d'éradiquer des maladies endémiques et améliore la santé des populations ; elle ne sert pas à les téléguider.

On a pu se proposer d'expliquer le complotisme ou le conspirationnisme par la psychologie, en termes de pathologie de la formation des croyances ; ou aussi de les expliquer par la sociologie, en examinant ce que deviennent et comment se développent les croyances dans des sociétés où les médias sont omniprésents. Ces explications, psychologiques et sociologiques, ne sont pas inutiles. Mais ce qui importe ici est que les complotistes manifestent des *défauts épistémiques*. Ils méprisent les faits ou les rebâtissent à leur façon. Ils se complaisent dans leurs pensées fausses et refusent de voir les choses comme elles sont. Ils sont butés et ne veulent pas reconnaître qu'ils ont tort, ni se ranger aux opinions les plus probables. Ils jugent leurs contradicteurs stupides, voire complices de forces obscures. Ils sont obstinés et arrogants. Ils sont mentalement refermés sur leurs croyances. Les complotistes *pensent mal*, en quelque sorte. Le blâme qu'ils encourent doit-il seulement être épistémologique, ou aussi moral ? Et sommes-nous autorisés à blâmer moralement des croyances ou même ceux qui croient quelque chose qu'ils ne devraient pas croire ?

Certains penseront que les complotistes sont coupables non seulement épistémologiquement (ils ont des croyances injustifiées), mais surtout moralement (leur vie intellectuelle est *corrompue*). C'est la raison pour laquelle ils sont évoqués dans ce projet d'éthique intellectuelle qui caractérise notre vie épistémique comme susceptible de corruption morale, et non seulement de désordre cognitif. Et s'il y a des raisons de penser que Jeanne est dans son bon droit intellectuel, mais que les complotistes ne le sont pas, la différence entre Jeanne et eux serait alors non seulement épistémologique, mais morale – et elle ne serait épistémologique qu'en étant morale.

LE RÈGNE DE L'IMPOSTURE

Un simple rappel à la raison ne suffit-il pas à régler les problèmes de certaines attitudes contestables ? Il n'y aurait pas besoin d'ergoter sur une prétendue immoralité intellectuelle. L'épistémologie ferait pleinement son office : dire quand nous avons le droit strictement épisté-mologique de croire. Pourquoi *faire de la morale* (voire, faire *la morale*) quand il s'agit de la vie intellectuelle et scientifique ?

Examinons un autre cas, différent de celui des « illuminés », comme l'on pourrait être tenté de dire à propos de Jeanne, ou des « allumés », comme on peut le penser des complotistes. C'est celui des imposteurs intellectuels. Ce sont plutôt des « rusés ». Leur cas est finalement plus troublant, du seul fait que toute critique des milieux culturels et académiques reste, dans ces milieux mêmes, toujours controversée.

En 1997 paraissait un livre intitulé *Impostures intellectuelles*. [1] Ses auteurs, Alan Sokal et Jean Bricmont, y critiquaient l'attitude de certains penseurs français parmi les plus réputés. Jacques Lacan, Julia Kristeva, Gilles Deleuze, Jean Baudrillard, Michel Serres, Régis Debray, Bruno Latour étaient explicitement visés. Ces noms couvrent une part importante de la vie intellectuelle, en France, des années soixante du siècle dernier jusqu'à nos jours, au moins dans le domaine de la philosophie et des sciences humaines et sociales. Que leur était-il reproché ?

Pour les auteurs du livre, ces penseurs, afin d'exposer leurs conceptions, recourent à des théories ou des concepts empruntés aux mathématiques ou à la physique. En réalité, leurs propos sont sans véritable fondement dans ces deux sciences – et tout laisse penser qu'ils ne les maîtrisent qu'imparfaitement, voire aucunement. Ce qu'ils leur empruntent est un vocabulaire ou des idées générales mal comprises, débordant les domaines scientifiques initiaux par des spéculations de leur cru. Ils n'ont, disent leurs critiques, aucune considération pour la signification originelle des termes empruntés, et seulement des idées détournées et factices. Leurs affirmations sont généralement dépourvues de justification empirique et théorique. Leur rhétorique peut impressionner ceux qui ignorent les théories scientifiques utilisées. Mais certains, qui pourtant les connaissent, sont eux aussi fascinés par ce qui n'est guère que supercherie. L'imposture tourne ainsi à la prestidigitation intellectuelle.

1. A. Sokal et J. Bricmont, *Impostures intellectuelles*, *op. cit.*

Sokal et Bricmont suggèrent que certaines des théories dominantes sur le marché intellectuel des années soixante-dix et quatre-vingt du siècle dernier n'étaient guère que du vent. Elles étaient « bidon » ! Cette critique est-elle applicable aux seuls intellectuels français singeant la science et prétendant avoir fait des découvertes extraordinaires ? Ce qui ferait déjà une bonne partie des tenanciers du monde intellectuel français au XXᵉ siècle ! Mais ne peut-on généraliser aux intellectuels, en général, l'imposture invoquée ? Répondre par l'affirmative risquerait de conduire à un diagnostic sans nuance. Ce serait condamner, en bloc, la majeure partie des sciences humaines et sociales. Elles se caractériseraient par une apparence de sérieux intellectuel et de scientificité, et ne seraient alors que du verbiage prétentieux. N'est-ce pas excessif ? La *French Theory*, pour parler comme les Américains quand ils caractérisent l'efflorescence de l'intelligentsia française à partir des années soixante-dix du siècle dernier, y compris les vedettes comme Michel Foucault ou Jacques Derrida, n'a-t-elle pas apporté beaucoup à la connaissance des hommes et des sociétés ? De plus, quelle honte, diront certains, de jeter l'opprobre sur ces penseurs, sans même examiner dans le détail leurs écrits, sur un simple soupçon, discutable, d'imposture. Ne serait-ce pas une jalousie d'intellectuels dépourvus de notoriété ? À moins qu'il ne s'agisse, finalement, de rejeter des idées qui ont bouleversé le douillet conformisme intellectuel. Ou encore, ne serait-ce pas une forme d'anti-intellectualisme ?

La parution du livre de Sokal et Bricmont fut suivie d'une polémique, dans les journaux, les magazines, dans des émissions de radio. Certains défendirent les penseurs injustement vilipendés. Fascinés par les théories scientifiques, ils les auraient utilisées de façon métaphorique, afin de donner corps à leurs idées à la fois lumineuses et révolutionnaires. Pourquoi devrait-on attendre d'eux une connaissance approfondie de ces théories scientifiques ? Ils auraient su aussi, pour certains, en tirer des conclusions bien au-delà d'un usage scientifique limité. La critique de Sokal et Bricmont n'aurait dès lors pas lieu d'être. La critique de la critique vilipenda le scientisme ou le positivisme de deux auteurs du livre.

Pourtant, aujourd'hui, au sujet des mêmes grands penseurs et d'autres apparus depuis, dans le même registre, une question peut se poser. La faveur que l'opinion accorde aux intellectuels ne repose-t-elle pas sur une *supercherie* ? Si la réponse est positive, la tromperie serait au cœur du monde des idées. Paradoxalement, il est aisé de constater que si la supercherie est dévoilée – mais peut-elle l'être jamais sans quelque doute ? – la réputation de l'imposteur n'est qu'à peine entamée. Je me demande si nous ne sommes pas réticents à envisager la possibilité d'une telle corruption morale dans le monde pur des idées. Quand elle est avérée et qu'en douter deviendrait de l'imbécillité, l'indulgence à l'égard des truqueurs intellectuels est presque illimitée. Il y a maints exemples de certains dont l'ignominie est patente, faite de grossières approximations, mais aussi de plagiats manifestes, mais dont la carrière continue. C'est peut-être que, même patente, l'imposture, sous ses multiples formes, est jugée sans gravité morale. – Quoi, c'est le jeu de la vie intellectuelle, toute pétillante d'esprit, n'est-ce pas ? C'est aussi la vie parisienne, que le monde entier nous envie. Un peu d'ouverture d'esprit, que diable ! Même brouillonne et farfelue, cette vie des idées – cette conversation brillante – témoigne d'une bonne santé, malgré toutes ces années, de l'esprit français. – C'est ainsi que peut s'exprimer le défenseur des intellectuels accusés d'imposture.

Pourtant, mépriser la rigueur, la clarté, l'honnêteté dans la vie intellectuelle, ne pas hésiter à faire feu de tout bois, se moquer en réalité de ses auditeurs ou lecteurs, ne penser qu'à s'imposer sur la scène médiatique, n'est-ce pas *moralement grave*? L'imposture intellectuelle n'est-elle pas un *péché cognitif*? Si nous répondons positivement à ces questions, alors l'immoralité n'est pas seulement une caractéristique de l'action, mais aussi de la pensée. Elle peut s'incruster dans notre intelligence elle-même. Ce jugement sera examiné dans tout ce livre. S'il est correct, l'imposture ne serait plus seulement une façon de parader, simplement ridicule quand elle apparaît pour ce qu'elle est. Elle serait le symptôme d'un mal moral touchant la vie de l'esprit.

BARATIN, FOUTAISE ET CONNERIE PRÉTENTIEUSE

Un autre phénomène, apparenté à l'imposture, concerne aussi la question de l'éthique intellectuelle. Il est décrit par Harry Frankfurt dans un petit livre : *De l'art de dire des conneries* [1]. Son titre initial, malaisé à traduire, était plus suggestif : *On Bullshit*. Le con prétentieux peut aussi être appelé baratineur, même si ce terme adoucit quelque peu la gravité morale de son comportement. C'est l'intellectuel de service. Il se répand dans les journaux, sur les ondes, à la télévision. Il a toujours quelque chose à

---

1. H. Frankfurt, *De l'art de dire des conneries*, trad. fr. D. Sénécal, Paris, 10/18, 2005.

expliquer, un profond commentaire à proposer sur chaque moment de l'actualité, une théorie à développer à propos de tout et n'importe quoi. Bref, il pense pour tous, livrant une interprétation du temps qui passe. Elle nous révélerait le fond des choses, nous qui, sinon, en resterions à des idées superficielles.

Frankfurt dit ainsi :

> Personne ne peut mentir sans être persuadé de connaître la vérité. Cette condition n'est en rien requise pour raconter des conneries. Un menteur tient compte de la vérité et, dans une certaine mesure, la respecte. Quand un honnête homme s'exprime, il ne dit que ce qu'il croit vrai ; de la même façon, le menteur pense obligatoirement que ses déclarations sont fausses. À l'inverse, le baratineur n'est pas tributaire de telles contraintes : il n'est ni du côté du vrai ni du côté du faux. À l'encontre de l'honnête homme et du menteur, il n'a pas les yeux fixés sur les faits, sauf s'ils peuvent l'aider à rendre son discours crédible. Il se moque de savoir s'il décrit correctement la réalité. Il se contente de choisir certains éléments ou d'en inventer d'autres en fonction de son objectif[1].

Le baratineur ne se prononce pas *contre* la vérité. Il n'a simplement pour elle aucun égard. Il peut même posséder une compétence et avoir du talent ; sa pensée est brillante, miroitante, chatoyante, évocatrice. On aime écouter sa belle voix, parfois. C'est même pourquoi les médias font appel à lui, pour livrer un « décryptage », comme on dit. Il décrypte, c'est-à-dire interprète à sa façon – et toujours pour faire son effet. Ce que le baratineur cherche, c'est à plaire, à impressionner, voire à provoquer l'enthousiasme.

---

1. H. Frankfurt, *De l'art de dire des conneries, op. cit.*, p. 65-66.

Dans la version la plus répandue aujourd'hui, le baratineur présente la vérité comme une idole (il aime dire qu'il convient de nous méfier de ceux qui prétendent dire la vérité – c'est sa vérité !). Il affirme sentencieusement qu'elle est relative. Comme s'il venait de nous libérer, par cette seule remarque, d'une pesante aliénation[1]. Une vulgate hostile à l'exigence de vérité s'est ainsi répandue dans la lignée de penseurs comme Nietzsche et Foucault – même si la façon dont ces penseurs y souscrivaient, serait, si cela a un réel intérêt, à examiner de près. Mais attention, le con prétentieux peut au besoin en venir à défendre la recherche de la vérité. Il vitupère contre les fausses informations, critique (dans les médias) le rôle des médias. Le baratineur sait toujours tirer profit de l'air du temps. Il en vit intellectuellement. Il a toujours un « essai » à défendre devant un public qui n'a que tout juste eu le temps de survoler le précédent ou simplement d'en entendre parler. Comme il est peu inquiet de justification, d'argumentation, de clarté, de rigueur, de précision, il peut aller vite en besogne.

La mission, que le baratineur s'accorde parfois de défendre une cause politique ou sociale, joue un rôle déterminant dans son attitude. Pour affirmer le bien, nul besoin après tout de s'encombrer de scrupules épistémologiques. Du reste, la défense de prétendues bonnes causes ne fait pas mauvais ménage avec la recherche du prestige personnel. Si le bien supposé est en réalité l'idéologie dominante, c'est autant de gagné. Le baratin se présentera ainsi comme une lutte contre le mal et un antidote à la vieille pensée. Et le baratineur

---

1. Voir la caractérisation et la critique de cette attitude par Julien Benda, présentée et expliquée par Pascal Engel (*Les lois de l'esprit, Julien Benda ou la raison*, Paris, Ithaque, 2012).

n'est jamais plus sûr de remporter la mise dans les médias qu'en parvenant à convaincre son public de ce que celui-ci croit déjà [1].

Imposture et baratin montrent, à mon sens, que l'immoralité ne concerne pas seulement des actes et des comportements, mais aussi des attitudes intellectuelles et même nos manières de penser. Ce qui encourage à penser que l'épistémologie est bien un aspect de l'éthique.

LA FORCE DES ARGUMENTS

Dès le début de ce livre, une objection a été faite au projet de s'interroger, en termes de moralité, sur la légitimité des croyances – et elle reviendra plusieurs fois par la suite. Y a-t-il vraiment une question morale de notre vie intellectuelle ? La bonne question n'est-elle pas de savoir si nous disposons d'arguments autorisant l'adoption d'une thèse ou même une conclusion ? Est-ce d'une éthique intellectuelle ou de règles épistémiques, en

---

1. L'imposture intellectuelle et le baratin ont été favorisés par l'emprise du journalisme sur le monde académique – en France au moins – dans le domaine des sciences humaines et sociales. L'Internet accentue encore le phénomène. Il ajoute aux journaux, radio et télévision, un outil efficace de promotion de l'imposture et du baratin. Comme les universités n'assurent nullement une reconnaissance, ne serait-ce que symbolique, aux penseurs, les « enseignants-chercheurs » sont tentés d'aller la chercher dans les médias. Mieux vaut passer sur France-Culture, avoir une interview dans *Le Monde*, sur un site grand public, ou apparaître à la télévision, que d'avoir son livre recensé et discuté dans une revue savante. L'universitaire doit « valoriser » son travail académique. Le critère de sa reconnaissance devient son affichage médiatique. Un penseur est d'autant plus important qu'il est connu de ceux qui n'ont finalement aucun moyen d'évaluer la pertinence de ce qu'il avance. Mais la critique du monde médiatique qui avilit le monde de l'esprit devient elle-même aisément un poncif, alors laissons-là.

particulier de l'argumentation, dont il convient d'attendre les normes appropriées de la vie de l'esprit ?

Après tout, il serait possible d'objecter aux affirmations de Jeanne qu'avoir entendu des voix n'est pas une raison plausible pour croire avoir reçu une mission divine. Ce n'est, tout simplement, pas un argument. Certains trouvent l'histoire de Jeanne d'un romanesque fou ; d'autres la pensent d'une grande profondeur spirituelle ; des patriotes y alimentent leur amour de la France. Mais tous ne font-ils pas *comme si* elle avait reçu une mission divine, par l'intermédiaire de saintes et d'anges, sans y croire réellement ? Et nombreux sont ceux pour penser que Jeanne n'aurait elle-même pas dû croire dans ce qu'elle disait. Croire aux apparitions témoignerait simplement d'un dérangement mental ou d'une grande légèreté épistémologique. N'y aurait-il pas, de plus, d'excellentes explications, psychologiques, de la folie de Jeanne, pour peu que l'épistémologie emprunte à la psychologie ? Et aussi des explications politico-sociologiques du rôle véritable que la sainte joua dans une intrigue exigeant surtout un éclairage (un décryptage !) historique ?

Aux complotistes, il convient de reprocher l'absence d'arguments en faveur de leurs affirmations fantasques. Ils n'ont pas de raison de croire ce qu'ils affirment ! Et c'est la même chose pour l'imposture et toutes les formes de discours inspirés qui, en envahissant l'espace culturel, se parent de rhétorique. Rien ne devrait être cru sans argument ; et les arguments viennent à bout de tous les discours délirants, complotistes, des impostures et autres faux-semblants. Ceux qui réclament des arguments et ne croient qu'à partir d'eux ne sont pas impressionnés par les visionnaires, les complotistes et les imposteurs ou baratineurs en tous genres. Ceux-ci n'ont alors d'autre ressource que de critiquer la demande d'arguments, voire de récuser l'argumentation comme norme du droit de croire. Ils vont mettre en avant leur conviction injustifiable mais, selon eux, incontestable. En cela, ils dévoilent la faiblesse ou même la débilité épistémiques de leurs affirmations.

S'il existe une éthique intellectuelle, elle n'aurait dès lors que deux règles principales : « Il est mauvais toujours, partout et pour quiconque de croire quoi que ce soit sans argument », et « Il est mauvais, partout, toujours et pour quiconque d'affirmer quoi que ce soit sans argument ». Seule une conclusion, résultant de prémisses vraies, d'un argument correct, peut être affirmée et crue. Et, pour une part, la philosophie qu'on appelle « analytique » aura été, au XXe siècle, la défense de cette norme argumentative dans la vie philosophique[1]. Faire de la philosophie consisterait à proposer des raisons et des arguments. Dans la logique, la philosophie analytique aurait trouvé l'instrument privilégié du respect d'une telle norme argumentative. Cette conception se distingue d'une autre, dite « continentale », qui fait de la philosophie le projet de « donner un sens » à des phénomènes, c'est-à-dire de les interpréter. Pour les « Analytiques », cette philosophie continentale courrait constamment le risque de l'imposture et de la foutaise, voire y verserait inévitablement. Des figures principales les auraient admirablement exemplifiées. (Certains seraient tentés ici de reprendre la liste de la p. 30, et d'ajouter d'autres cas.) Argumentation et interprétation seraient les deux

1. Voir R. Pouivet, *Philosophie contemporaine*, Paris, P.U.F., 2e éd., 2018. Voir aussi P. Engel, *La dispute, une introduction à la philosophie analytique*, Paris, Minuit, 1997.

voies principales de la philosophie, aujourd'hui, mais peut-être toujours. La voie argumentative serait sobre intellectuellement, mais sans éclat ; l'autre brillerait de mille feux, mais serait trompeuse. Le peu de cas fait des arguments ferait de cette philosophie interprétative la version contemporaine de la divination, de l'astrologie et de la magie.

Cependant, aux pratiques de la philosophie baratinante, à son accueil par les médias culturels, à la rhétorique de la foutaise, suffit-il d'opposer l'exigence de l'argumentation et le contrôle par les pairs, l'expertise scientifique ? Après tout, l'argumentation ne peut-elle pas aussi dégénérer en vaine rhétorique ? La mauvaise philosophie analytique ferait ainsi un recours mécanique à l'argumentation, mais sans bénéfice intellectuel manifeste [1]. Reprendre le dernier article paru dans une revue toute dévolue à des problèmes étroits et rebattus, un article qui lui-même répondait à un précédent à peine moins étroit et stéréotypé, tourner en rond dans une argumentation d'autant plus sûre qu'elle est creuse, n'est-ce pas ce à quoi le tout argumentatif conduit parfois ? Ce n'est pas vraiment la panacée épistémologique. Et une philosophie qui devrait nous guérir des nœuds que le penseur a lui-même faits, comme disait Wittgenstein [2], ne serait-elle pas préférable ? À moins qu'il s'agisse là encore d'une forme d'imposture ? Assure-t-on mieux ainsi une vie intellectuelle plus saine

---

1. P. Engel, « Bad Analytic Philosophy », *Dialectica*, vol. 66, n° 1, 2012, p. 104.
2. L. Wittgenstein, *The Big Typescript : TS 213*, éd. par C.G. Luckardt et A.E. Aue, Oxford, Blackwell, 2005, § 90, p. 422 : « La philosophie défait les nœuds dans notre pensée ; dès lors son résultat doit être simple, mais son activité aussi compliquée que les nœuds qu'elle défait ».

que ne le fait une philosophie acharnée à l'argumentation
et à la formalisation ?

ARGUMENTATION, RATIONALITÉ ET MORALITÉ

Réfléchissons à ce qui fait un bon argument. Il ne
l'est pas exclusivement pour une raison logique ou
épistémique. Il ne l'est pas en lui-même, mais toujours
pour une personne. Quand la classe de personnes pour
laquelle l'argument est bon est très large, et que cette
classe est définie par des conditions de rationalité
elles-mêmes reconnues, nous sommes tentés de dire que
l'argument est bon, tout court. Mais la reconnaissance
de ces conditions de rationalité n'est-elle pas alors
une question plus éthique qu'épistémologique ? Un
argument serait bon quand il oblige une personne ayant
certaines dispositions éthiques à accepter sa conclusion,
indépendamment de ce qu'elle désirerait. Mais cela
suppose qu'elle doit désirer ne pas être irrationnelle. C'est
ce désir qui constitue la raison pour elle d'être obligée
par un argument. Elle endosse une norme intellectuelle,
en la traitant comme ce qui est préférable, c'est-à-dire
comme une valeur. Cette reconnaissance d'une valeur,
et non pas la norme elle-même, est *à la fois* la marque
de la rationalité et une exigence éthique. La condition
fondamentale de la rationalité serait ainsi morale, et non
exclusivement logique ou argumentative. Ou elle n'est
l'est qu'en étant avant tout morale.

Un argument oblige une personne si et seulement
si : a) elle comprend les prémisses de l'argument, b) ces
prémisses sont vraies ; c) la personne comprend que
l'argument est valide ; d) elle comprend aussi qu'elle doit
reconnaître la (vérité de la) conclusion. Qu'un argument

oblige une personne n'est donc pas une propriété logique, mais déontique. Il n'existe pas d'argument qu'il serait irrationnel, du seul fait de l'argument lui-même, de ne pas accepter. Si l'argument est solide, et même s'il est imparable, une personne qui serait « intellectuellement perverse »[1], comme le dit Peter van Inwagen, le refuserait. C'est parce qu'une personne est intellectuellement bonne, je dirais vertueuse, qu'elle l'accepte. La rationalité de son attitude intellectuelle, qu'elle ne soit pas prête à croire contre de bonnes raisons de ne pas croire, est une attitude morale. La vertu intellectuelle est aussi une vertu morale, comme l'est en particulier la studiosité (dont parle Thomas d'Aquin, et dont il sera question par la suite[2]).

Une personne peut ne pas comprendre les prémisses, ni que l'argument est valide (logiquement correct). J'ai rencontré des étudiants ne comprenant pas que « si p alors q ; et p ; donc q ». Ce qui est pourtant l'un des principes logiques les plus élémentaires, appelé traditionnellement le *modus ponens*. Les étudiants qui ne le comprennent pas disent : « Je ne vois pas pourquoi... ». Leur professeur est décontenancé. Il finit par répliquer : « Le problème n'est pas de voir pourquoi. Il *faut* accepter le *modus ponens*. C'est ainsi dans la logique standard. Et puis, il le faut pour faire les exercices de logique. » Pour l'étudiant, l'impression d'arbitraire n'en devient que plus grande. De plus, pourrait-on faire à une personne le reproche de ne pas comprendre des prémisses ou que les prémisses sont vraies et, dès lors, de ne pas saisir la validité d'un argument ? Certes, ne pas comprendre les prémisses ou en quoi l'argument est valide pourrait être tenu pour

---

1. P. van Inwagen, *La Métaphysique*, trad. fr. P.-A. Miot, Paris, Ithaque, 2017, p. 22 (note).
2. Voir *infra*, p. 165 *sq.*

un défaut intellectuel. Mais est-ce un défaut dont une personne est forcément coupable ? Encore faudrait-il qu'elle en soit responsable. Elle pourrait se voir reprocher de n'avoir pas fait l'effort de formation grâce auquel elle pourrait comprendre et suivre l'argument. Elle serait alors responsable de n'avoir pas entrepris le travail requis pour comprendre l'argument. Mais à l'impossible nul n'est tenu. Si, même au terme d'efforts de formation, une personne ne comprend toujours pas, quel reproche peut-on encore lui faire ? Pas plus qu'une personne n'est coupable de ne pas comprendre ce qui lui est dit dans une langue étrangère, qu'elle ne connaît pas, ou qu'elle n'est jamais parvenue à maîtriser suffisamment [1].

Toutefois, la capacité de comprendre l'argument (la condition (c) pour qu'un argument oblige une personne), si elle est nécessaire, ne suffit pas. Une condition supplémentaire (d) est de *comprendre* l'argument en tant qu'exigence, d'appréhender la nature de sa normativité. En un sens, à défaut de comprendre l'argument, il serait même possible de trouver le ressort de la condition de normativité (d). C'est ce qu'il se passe quand l'argument est accepté sur la base d'une confiance en celui qui argumente, voire sur son autorité. Si la normativité argumentative est avant tout déontique, cela n'a rien d'épistémologiquement honteux que la condition (c)

---

1. Dans l'enseignement de disciplines comme les mathématiques ou la physique, l'informatique aussi, la compréhension est parfois (si ce n'est souvent) identifiée à l'acceptation, d'une formule, d'un principe, d'une règle, suivie de son usage efficace dans la résolution d'exercices et de problèmes. Dans ces disciplines et d'autres, ce qui est considéré comme l'excellence scolaire est alors solidaire d'une incompréhension finalement plus efficace pour être considéré comme « bon » que de chercher vraiment à comprendre !

puisse être mise entre parenthèses pour peu qu'on ait une bonne raison de croire que l'argument est normatif – et la confiance en une autorité n'est pas une si mauvaise raison. Ce qui suffit pour satisfaire la condition (d). Quoi qu'il en soit, ce qui importe est qu'un argument n'oblige pas une personne du seul fait de ses caractéristiques logiques. Les caractéristiques intellectuelles et morales de la personne obligée sont indispensables. Ce n'est en rien rendre l'argument subjectif ou relatif à la personne qui le comprend. Que l'argument soit valide ou non reste une question de savoir si la conclusion suit des prémisses ou non. Mais encore faut-il que la validité de l'argument oblige. C'est cette obligation qui fait de la norme argumentative une valeur morale bien plus que logique.

Il n'y a pas d'autres principes auxquels la vie intellectuelle doive se conformer que celui de raison : rendre raison de ce que l'on avance, dans des termes que tout un chacun est en mesure de comprendre ; et que le principe de contradiction : accepter les conséquences logiques de ce que l'on avance et y renoncer si elles conduisent à des contradictions. Cette affirmation est éthique tout en étant épistémologique. Et cette affirmation suggère une *attitude morale* de celui qui argumente et de celui qui comprend l'argument : il considère que dans sa vie intellectuelle, il *doit* être rationnel. L'exigence de rationalité est celle d'une certaine sorte de personnes. Quelles personnes ? Celles qui exemplifient la rationalité humaine, réalisant cette rationalité par l'obligation à laquelle elles se sentent tenues par un argument valide. Il est préférable pour une personne d'être rationnelle et de ne pas se contredire. C'est en quoi, pour un argument, « être obligeant pour une personne » est une qualification déontique – même si, par la suite, j'insisterai pour dire qu'elle est plutôt arétique, c'est-à-dire relative à des vertus[1].

Il faut encore ajouter, c'est important, que la plupart des arguments, en réalité, n'obligent pas. Nous pouvons, *sans perversité intellectuelle*, contester leurs prémisses, douter qu'elles soient vraies, nous demander si leurs conclusions suivent vraiment des prémisses. Le lot commun des arguments, c'est qu'ils sont discutables. Prenons l'argumentation au sujet de l'immortalité de l'âme[2]. Aujourd'hui, peu de philosophes y croient. (Et peu croient même que nous avons une âme.) Il est possible en effet d'avancer nombre d'arguments, et certains bons, contre l'immortalité de l'âme. Est-ce une raison pour y renoncer ? Pas du tout, s'il existe aussi de bons arguments en sa faveur ou même si les bons arguments ne le sont pas au point qu'on doive renoncer à la croyance. On peut ainsi connaître les arguments contre l'immortalité de l'âme tout en continuant à y croire ; et réciproquement, connaître de bons arguments en faveur de l'immortalité de l'âme, sans pourtant y croire. Et il n'y a pas besoin de connaître un argument en faveur de l'immortalité de l'âme pour qu'il soit légitime d'y croire, ni besoin d'avoir un bon argument contre pour avoir le droit de ne pas y croire.

Nous croyons en effet, et à juste titre, de très nombreuses choses sans argument, contraignant ou non ; et bien sûr, nous rejetons certaines croyances sans disposer d'argument contraignant pour nous dissuader de les avoir. Par exemple, le lecteur, probablement, croit qu'une personne appelée Roger Pouivet a écrit ces lignes. Mais a-t-il un argument contraignant, au sens d'une preuve

---

1. Voir, chap. III, en particulier.
2. Voir P. van Inwagen, *La Métaphysique*, *op. cit.*, p. 28-30.

comme on en trouve en logique ou en mathématiques ? (Il n'y a pas que le lecteur qui soit mis ici en question. Je crois exister, mais je n'ai pas d'argument imparable à opposer à un philosophe proposant un argument, plutôt solide, mettant en question ma croyance, comme Peter Unger[1]. Je ne crois pas être une citrouille, et n'ai même aucun doute à ce sujet, mais ai-je un argument contraignant que je n'en suis pas une ? Je peux cependant, quand on en vient à des questions de cette sorte, hausser les épaules[2].)

MORALE ET ÉPISTÉMOLOGIE

La vie intellectuelle nous confronte à des attitudes douteuses, celle du visionnaire, de l'imposteur, du con prétentieux (le *bullshitter*). Et encore, on a laissé de côté la bêtise, la suffisance, l'arrogance, l'ignorance sûre d'elle-même, etc. La question qui se pose est de savoir si des normes purement épistémiques peuvent nous conduire à écarter tous les vices de l'esprit.

Qu'est-ce qui nous permettrait de dire, de Jeanne d'Arc par exemple, qu'elle a le droit de croire en ses visions, et nous de croire qu'elle les ait eues ? Qu'est-ce qui permettrait de juger à juste titre que certains noms réputés de la philosophie contemporaine sont ceux d'imposteurs ou de cons prétentieux, et finalement rien de mieux ? Nous pourrions être tentés de penser que la teneur en argumentation permet d'en décider. Mais la plupart du temps, dans la vie intellectuelle, nous ne pouvons

---

1. Voir P. Unger, « Je n'existe pas », dans F. Nef et Y. Schmitt (dir.), *Textes clés d'ontologie. Identité, structure et métaontologie*, Paris, Vrin, 2017.

2. Voir le chapitre VII, portant sur le sens commun et le sentiment du ridicule, *infra*, p. 209 *sq*.

pas déterminer la valeur des affirmations simplement en examinant des arguments. Ce qui ne signifie en rien que les arguments, dans la vie intellectuelle, ne constituent pas des normes de la rationalité. Mais la rationalité tient au fait que nous ne pouvons accepter une croyance qui se maintiendrait contre des raisons imparables (un argument strictement coercitif), et cela ne concerne qu'un secteur restreint de la vie intellectuelle. Tout ce qui est, en particulier, réductible à des langages formalisés. Dès lors, c'est à mon sens une certaine attitude morale qui est décisive pour notre vie intellectuelle, bien plus que des normes strictement épistémologiques. Et la vraie question en épistémologie est de savoir comment nous pouvons échapper à la corruption intellectuelle, qui est aussi morale.

Sous ses multiples guises, souvent chatoyantes, le sophiste, qu'il soit imposteur, baratineur, prestidigitateur intellectuel, est foncièrement *immoral*. Notre vie intellectuelle n'est pas un domaine à part de notre vie morale, mais elle en est un épisode. Alors oui, le cas des visions de Jeanne est bien différent de celui de l'imposture ou du baratin. Car Jeanne est honnête, épistémologiquement et moralement. (Le lecteur devra attendre la suite du livre pour s'en convaincre tout à fait s'il a des doutes[1].) L'imposteur ou le baratineur sont eux malhonnêtes. Une épistémologie qui confondrait les deux cas, celui de Jeanne et celui des sophistes, aurait raté une différence radicale, philosophiquement fondamentale. C'est ce que ce livre entend montrer[2].

---

1. Voir, *infra*, p. 109-112.
2. Voir aussi R. Pouivet, *Épistémologie des croyances religieuses*, Paris, Le Cerf, 2013 – où la question de la légitimité des croyances religieuses est examinée.

Chapitre II

L'ÉPISTÉMOLOGIE REDEVENUE MÉTAPHYSIQUE

> *La personne humaine étant douée d'intelligence et de liberté est un sujet, au sens moral du terme. Cela signifie qu'elle est sujet de devoirs et de droits, lesquels sont déterminés par la situation concrète où elle se trouve, mais sont fondés sur la fin dernière à laquelle elle est ordonnée*[1].

Qui fait des fautes d'orthographe, des erreurs de calcul, voire manque de goût, en est blâmé. On lui dit : « Fais un peu attention, il faut un *s* ici ! », « Non, 9 fois 8, cela ne fait pas 66 ! », « Enfin, tu vois bien que ces deux couleurs ne vont pas ensemble ! » Ce blâme est dépréciateur. Cependant des compétences orthographiques, arithmétiques ou esthétiques, peuvent aussi être contestées sans pourtant que la personne soit en cela *moralement* dévaluée. Elle n'est dévaluée qu'*intellectuellement* ou *esthétiquement* : elle sera dite « un peu bête », on moquera son manque de goût. Cela fait une nette différence avec l'orgueilleux et le menteur, lesquels sont *moralement* dépréciés.

---

1. R. Verneaux, *Philosophie de l'homme, op. cit.*, p. 188.

Les défauts intellectuels, manifestes dans l'imposture ou le baratin, se rapprochent-ils de l'incompétence en orthographe et d'une faute de goût, ou plutôt de l'orgueil et du mensonge ? L'imposture intellectuelle et le baratin supposent-ils un blâme intellectuel ou un blâme moral ? Ces questions étaient déjà dans le chapitre précédent. Je les reprends en examinant quatre conceptions : la déontologie strictement intellectuelle, la déontologie morale de l'activité intellectuelle, l'utilitarisme épistémique, et la thèse du désir des biens épistémiques. C'est cette dernière thèse qui sera défendue. Mais elle se heurte à une objection de taille : peut-on identifier une norme, intellectuelle ou morale, à un désir naturel ? Une norme, n'est-ce pas ce qui s'oppose à un tel désir ? Plus généralement, peut-on tirer une norme ou une valeur de la nature – et faire ainsi de l'exigence de rationalité une loi naturelle de la vie intellectuelle ?

NORMES INTELLECTUELLES

Soit une première thèse. L'examen de l'activité de l'esprit est déontologique, sans pourtant être moral (au sens pratique du terme). L'imposteur ou le baratineur est condamnable, certes, mais parce qu'il n'a pas, et souvent ne recherche même pas, les justifications épistémologiques indispensables, déontologiquement, de ses prétentions cognitives. Il prétend savoir quelque chose ; mais en réalité, il ne satisfait pas un certain cahier des charges. Une personne doit le respecter pour que nous puissions reconnaître qu'elle sait quelque chose. L'imposteur ou le baratineur contreviendrait ainsi à des normes *strictement* épistémiques.

L'expression d'« éthique intellectuelle » désignerait la part normative de l'épistémologie. On y définit des obligations exclusivement intellectuelles. Il ne s'agit dès lors pas d'éthique au sens d'une détermination morale des comportements humains. Car l'imposteur ou le baratineur n'est pas *moralement* malhonnête. Il ne contrevient qu'à certaines exigences épistémiques ; il est dépourvu de respect pour des obligations épistémiques. De telles obligations le limitent considérablement s'il cherche à s'imposer dans le monde des idées, si son ambition est une reconnaissance médiatique, voire universitaire, et non la justification épistémique et la connaissance. Alors, il les jette par-dessus bord dans son activité intellectuelle. Mais cela n'a rien d'immoral.

L'épistémologie est alors comprise comme une discipline en charge de formuler les principes, règles et normes épistémiques. Voici un exemple d'un tel principe : « Il faut proportionner les croyances à l'évidence disponible », que Locke a défendu. Voici un exemple de règle : « Ne recevoir jamais aucune chose pour vraie que je ne la connusse évidemment être telle », ainsi formulée par Descartes. Voici un exemple de norme : une personne sait que p (une proposition quelconque, comme « La porte est fermée » ou « Il n'y a pas de hors-texte ») si et seulement si p est vrai (condition de vérité), la personne croit que p (condition de croyance) et dispose de raisons justifiant sa croyance (condition de justification). Platon discute cette norme ; et elle a constitué pour beaucoup de philosophes la définition de la connaissance – jusqu'à ce que Edmund Gettier, dans un célèbre article, « La connaissance vraie et justifiée est-elle une connaissance ? » [1], jette un sérieux trouble sur sa pertinence.

À suivre Gettier, les trois conditions de vérité, de croyance et de justification, si même elles sont nécessaires pour définir la connaissance, ne sont pas suffisantes. Il peut arriver que nous ne soyons justifiés que *par hasard*. Par exemple, Pierre lit l'heure sur une montre arrêtée, mais ne sait pas qu'elle l'est ; il se trouve que c'est *exactement* l'heure qu'il est ; Pierre est justifié dans sa croyance qu'il est l'heure lue sur sa montre. Après tout, regarder l'heure sur une montre, n'est-ce pas la façon normale et sûre de savoir l'heure ? Pourtant, dans ce cas, s'il connaît l'heure qu'il est, c'est par le hasard de la coïncidence entre l'heure effective et le moment auquel la montre a arrêté de fonctionner. Pierre croit qu'il est telle heure (condition de croyance), il est vrai qu'il est telle heure (condition de vérité) et il a de bonnes raisons de le croire (condition de justification). Pierre a de bonnes raisons de croire qu'il est une certaine heure, mais pourtant ce n'est pas ces raisons-là qui rendent vrai qu'il est cette heure-là. Savoir par hasard, ce serait ne rien savoir du tout. Pour qu'on puisse parler de connaissance, ne faut-il pas une condition d'élimination du hasard ? Dès lors les trois conditions énoncées plus haut ne suffisent pas et l'on doit rechercher une condition supplémentaire. Mais laquelle ? Dire que rien n'est jamais su par hasard ne procure aucune règle, sinon négative (si on sait par

---

1. E. Gettier, « La connaissance vraie et justifiée est-elle une connaissance ? », dans J. Dutant et P. Engel (dir.), *Textes clés de philosophie de la connaissance*, *op. cit.* L'article, publié en 1963, fait quatre pages. Il est célèbre pour avoir été le plus commenté et discuté (disputé aussi) dans l'épistémologie contemporaine – au point que, pour en caractériser une large part, on parle de « gettierologie ».

hasard, c'est qu'on ne sait rien[1]). Il semble ainsi malaisé de fixer tous les *critères* nécessaires pour caractériser, sans coup férir, une croyance vraie et justifiée comme une connaissance[2].

D'autres philosophes disent qu'en réalité la connaissance n'est de toute façon pas du tout la croyance vraie et justifiée. La connaissance est, selon eux, un état mental différent de la croyance, et qui lui est même irréductible ; la connaissance n'est donc pas une espèce, particulièrement bien justifiée, de la croyance[3]. Le critère de la connaissance devrait alors être recherché par la caractérisation précise de cet état mental. (En un sens, c'est ce que fait Descartes : il entend caractériser cet état de l'esprit tout à fait particulier qui serait la certitude.) Est-ce un état mental *intrinsèquement cognitif* dans lequel aucun doute n'est plus permis quant à l'évidence et à l'objectivité de ce qui est connu ? Il serait ainsi intuitif, il aurait une certaine *luminosité*, assurant une transparence de la conscience à elle-même. Savoir, ce serait être certain parce qu'il n'est pas possible de penser autre chose ou autrement. Mais ce critère d'évidence, peut-être infaillible, est apparu à certains plus psychologique qu'épistémologique. Dans la lignée cartésienne (qui est aussi celle de Malebranche), on peut toutefois être tenté d'insister sur la réflexivité du sujet examinant ses propres contenus mentaux, observant les caractéristiques de ses propres activités intellectuelles. Mais d'autres sont

---

1. Voir D. Pritchard, *Epistemic Luck*, Oxford, Clarendon Press, 2005.

2. Que ce soit justement ce que veut dire Gettier fait l'objet d'âpres discussions.

3. Voir T. Williamson, *Knowledge and Its Limits*, Oxford, Oxford University Press, 2002. C'est toute une tradition qui remonte à Platon.

tentés de penser que c'est là l'illusion caractéristique du rationalisme réflexif : croire qu'on accède à ses contenus mentaux, pour les examiner, comme on regarde le contenu d'une boîte, pour en faire l'inventaire[1].

Quoi qu'il en soit, les discussions des épistémologues nous situent alors dans une éthique intellectuelle, comprise comme une critériologie des attitudes intellectuelles : la croyance justifiée, le doute légitime, la certitude appropriée, la connaissance infaillible, ou simplement l'hypothèse sensée. Il s'agit de déterminer les normes ou les règles qui les régissent. L'éthique intellectuelle aurait pour finalité de dire ce qui fait la rectitude intellectuelle de nos attitudes cognitives et, si possible, de fournir une liste d'impératifs épistémiques à respecter. L'idéal serait d'avoir des Tables de la Loi épistémique, comme nous en avons en morale avec les Dix commandements. (Si un décalogue épistémique n'était pas reçu, comme celui de la morale, directement de Dieu, ce pourrait être de la déesse Raison. Certains philosophes, dans leur appel constant à la rationalité, semblent tout prêts à le croire.)

Voici donc une première conception selon laquelle l'épistémologie est une *déontologie épistémique* de l'activité intellectuelle et de la rationalité. Certains principes, certaines règles et normes, régissent des activités professionnelles. De la même façon, l'activité intellectuelle en général aurait son code de déontologie à respecter.

---

1. Cette objection est typiquement wittgensteinienne. Voir L. Wittgenstein, *Recherches philosophiques*, trad. fr. F.Dastur *et al.*, Paris, Gallimard, 2004, I. 293.

LA MORALE DE LA RATIONALITÉ

Passons à une deuxième conception : Le manque de respect pour les normes épistémologiques est moralement coupable. Ce qui est mal pensé ou mal raisonné, est *moralement* mauvais. L'*éthique de la croyance* – pour reprendre le titre d'un fameux article de William Clifford[1] – affirme ainsi que nous sommes moralement mauvais si nous ne respectons pas certains principes, normes ou règles qui régissent notre vie intellectuelle.

Clifford raconte l'histoire suivante. Un armateur sait que la fiabilité de son bateau est douteuse, mais, se dit-il, le navire a jusqu'alors supporté bien des tempêtes et la Providence protégera les familles d'émigrants à son bord. « [L'armateur] assista [au départ du navire] le cœur léger, en formulant de pieux souhaits pour le succès des exilés dans le pays lointain qui allait devenir leur patrie – et il encaissa le paiement de la compagnie d'assurances quand son bateau sombra en pleine mer », dit Clifford. Il demande aussi : « Que dire de cet armateur ? ». Et il répond :

> Il est sûrement coupable de la mort de ces personnes. Même si nous admettons qu'il croyait sincèrement à la solidité de son bateau, il reste que la sincérité de sa conviction ne peut en aucune façon le disculper, parce qu'il n'avait pas le droit de fonder cette croyance sur les informations qu'il possédait. Il avait acquis

---

1. L'article date de 1877. Il en existe une traduction récente, par B. Gaultier, dans un volume intitulé *L'immoralité de la croyance religieuse* (Marseille, Agone, 2018). Le titre du volume s'explique par le fait que l'article de Clifford défend, implicitement du moins, l'idée d'une telle immoralité.

cette conviction non pas sur la foi d'une investigation
minutieuse, mais en étouffant ses doutes [1].

Ce qu'on appelle le « Principe de Clifford » s'énonce
ainsi : « Il est mauvais, toujours, partout et pour
quiconque, de croire quoi que ce soit sur la base d'une
évidence insuffisante » [2]. Si le terme « mauvais » peut,
dans ce principe, recevoir une interprétation morale – ce
que d'aucuns contestent – alors irrationalité et immoralité
ont partie liée. Ce serait une obligation morale, et non
seulement intellectuelle, de respecter certaines normes
épistémologiques définissant la rationalité. L'irrationalité
d'une attitude intellectuelle est ainsi identifiable à son
immoralité.

Être mauvais intellectuellement, irrationnel, et avoir
trompé la confiance des émigrants, ce sont cependant
deux choses différentes. Supposons que le bateau,
finalement et heureusement, n'ait pas coulé. C'est alors
par chance (épistémique) que la croyance en la fiabilité
du bateau s'est avérée justifiée. L'armateur n'en a
pas moins trompé la confiance des émigrants. Que le
bateau arrive à bon port n'efface pas la faute morale
de l'armateur, puisque son arrogance épistémique était
injustifiée. L'absence de justification suffisante de la
croyance en la fiabilité du bateau et la tromperie morale
des émigrants ne sont pas deux attitudes distinctes. C'est
la même, considérée une fois épistémologiquement et
une autre fois moralement. C'est pourquoi la culpabilité
morale de l'armateur est engagée par l'absence de

---

1. Ma traduction.
2. « On a tort, partout, toujours et qui que l'on soit, de croire
quoi que ce soit sur la base d'éléments de preuve insuffisants », dit la
traduction de Benoît Gaultier. La difficulté de traduire *evidence* par
« évidence » se pose. Il me semble que « raison insuffisante » irait aussi.

justification de sa croyance, et non pas simplement par le naufrage du bateau. Croire sur la base d'une évidence insuffisance est moralement lamentable indépendamment des conséquences désastreuses que cela peut avoir. N'est-ce pas alors une bonne raison de penser que contrevenir à certains principes de la vie intellectuelle est moralement coupable ? Cela vaudrait aussi pour les intellectuels mondains dont il a été question dans le premier chapitre. Le laxisme intellectuel et un certain jeu avec les idées seraient des formes de corruption morale.

On en vient alors à parler d'éthique intellectuelle. Il s'agit de moralité, et non seulement de normes exclusivement épistémiques de la vie intellectuelle.

L'UTILITARISME ÉPISTÉMIQUE

Une troisième conception est possible : La moralité suppose que les conséquences de nos attitudes épistémiques soient bénéfiques pour chacun de nous et pour la communauté épistémique à laquelle nous appartenons. Selon cette conception, notre vie intellectuelle ne tient pas au respect de règles épistémiques, ou à un principe comme celui de Clifford – un principe à la fois épistémologique et éthique. Nous devons cependant être attentifs aux *conséquences* de notre attitude épistémique. Le principe régissant notre vie intellectuelle est celui du plus grand *bénéfice épistémique* possible. Ce qui régit la vie intellectuelle est la recherche de la connaissance ; tout ce qui nous l'assure est intellectuellement bon.

L'imposture introduit dans la vie intellectuelle des affirmations dépourvues de fondement rationnel solide. Par son indifférence à l'égard de la vérité, le baratin corrompt la vie intellectuelle. Encore une fois, nos intellectuels mondains ne sont pas seulement en tort épistémologiquement, mais moralement coupables. Ces deux attitudes, imposture et baratin, ont de néfastes conséquences pour la vie de l'esprit et, en particulier, pour la formation de croyances justifiées et des connaissances. C'est l'inverse d'une éducation réussie. C'est un encouragement au trucage, à la tromperie, au mensonge. Le même dégoût *moral* nous vient à l'égard de ces philosophes dont les prétentions cognitives promeuvent des idées, aussi fausses que dépourvues du moindre commencement de justifications sérieuses, mais non dépourvues quelquefois de conséquences politiques dramatiques. Ils n'avaient pas les mêmes idées, mais d'aucuns penseront à Heidegger ou à Sartre (et d'autres diront que proposer dans ce cadre de telles références est indéfendable et honteux).

Ainsi menée, la critique de la débauche intellectuelle repose sur ce qu'on peut désigner comme un *utilitarisme épistémique*. Tout ce qui assure notre succès cognitif réel, non pas seulement apparent, est bénéfique. (Comment faire la différence entre succès cognitif *réel* et succès *apparent* ? Voilà un rude problème pour cette conception.) Dès lors, l'imposture et le baratin, plus généralement toutes les formes de tromperie intellectuelle, sont moralement condamnables ; elles encourent le blâme non seulement épistémologique, mais moral. Une vie intellectuelle réussie doit aussi être attentive aux conséquences, cognitives et autres, des théories soutenues. Ce serait l'essentiel de l'éthique intellectuelle.

Qu'est-ce ce qui alors constitue une réussite dans le domaine épistémique ? Non pas de briller ou de s'imposer dans un débat, mais la fiabilité intellectuelle. Elle assure la solidité cognitive que la plus grande partie de ce que nous croyons, pensons, disons, enseignons et, autant que possible, sa sûreté. Ce qui, dès lors, fait la valeur morale de notre vie intellectuelle est l'accroissement des biens cognitifs. John Greco dit :

> [...] la connaissance est une sorte d'*aboutissement*, ou une sorte de succès dont il convient de créditer celui qui connaît. Et, en général, un succès à partir d'une capacité (*i.e.* un aboutissement) possède une valeur spéciale et attire une sorte particulière d'estime [1].

Extrapolons à partir de cette formule. Supposons que le succès cognitif soit une conséquence de notre fiabilité intellectuelle ; que nous puissions être crédités de ses conséquences bénéfiques ; alors c'est une obligation de maximiser le bien-être cognitif en étant intellectuellement fiable. Le meilleur fonctionnement épistémique possible est loué pour ses effets intellectuellement bénéfiques.

La définition de la connaissance comme « succès à partir d'une capacité » fait des conséquences bénéfiques de la connaissance authentique une raison morale d'en créditer celui qui connaît. Par ses conséquences bénéfiques, notre attitude cognitive n'a pas seulement une valeur épistémique, mais également une valeur morale [2]. Donc, notre fiabilité intellectuelle fait aussi notre valeur morale. À l'inverse, notre manque de

---

1. J. Greco, *Achieving Knowledge., A Virtue-Theoretic Account of Epistemic Normativity*, Cambridge, Cambridge University Press, 2010, p. 7.

2. John Greco présente sa propre thèse en utilisant la notion de vertu. Mais je ne crois pas qu'elle joue un rôle fondamental au regard des notions de « succès », de « réussite », d'« aboutissement » qu'il utilise. Elles sont *conséquentialistes*. Ce que j'entends par une épistémologie des vertus (voir le chapitre suivant) ne conduirait pas à y classer l'épistémologie de John Greco.

fiabilité serait immoral, par ses conséquences cognitives dommageables, effectives ou possibles. Et elles peuvent être dommageables pour nous et pour d'autres.

Dans une théorie conséquentaliste en morale, il y a toujours deux aspects. Premièrement, une valeur intrinsèque est définie : ce qui vaut absolument. Dans le cas d'un conséquentialisme épistémique, la valeur intrinsèque est la croyance vraie et justifiée, autrement dit la connaissance. Deuxièmement, un conséquentialisme définit la façon de parvenir à ce qui possède une valeur intrinsèque. S'agissant de la vie intellectuelle, il s'agit de processus fiables. Troisièmement, un conséquentialisme affirme que la moralité d'une action tient à ses effets. Il s'agit dans notre cas de la connaissance elle-même, dans sa plus grande extension.

Dès lors un conséquentialiste est conduit à considérer que la situation épistémique dans laquelle nous sommes détermine, en grande partie, si sommes ou non épistémiquement justifiés, et si nous pouvons, ou non, savoir quelque chose. Le conséquentialiste sera tenté de considérer que des facteurs pratiques (les conséquences de nos croyances) déterminent ainsi la valeur épistémique de nos croyances. Si les enjeux d'une croyance sont décisifs – et les conséquences pratiques d'une croyance erronée dramatiques – alors les exigences de notre fiabilité s'élèvent d'autant. Si la vie des personnes dépend de ce que nous croyons – comme dans le cas du pilote d'avion ou du chirurgien, voire de l'armateur dont parle Clifford – que nous soyons épistémiquement fiables exige alors plus de notre part. Et en un sens, cette exigence est morale. Mais c'est vrai aussi dans la vie intellectuelle, du professeur, du journaliste, du prêtre, et aussi dans celle du père et de la mère de famille. Eux aussi devraient mesurer leur réussite intellectuelle aux conséquences bénéfiques ou non de leurs croyances.

L'absence de valeur morale de notre vie intellectuelle ne serait dès lors pas liée à nos actes intellectuels eux-mêmes, à ce qu'ils sont intrinsèquement bons ou non, mais plutôt aux conséquences qu'une pensée attentive ou au contraire négligente a sur le succès de notre vie intellectuelle. L'arbre de notre vie intellectuelle se jugerait à ses fruits cognitifs.

LE DÉSIR DES BIENS ÉPISTÉMIQUES

Une quatrième conception s'énonce ainsi : La connaissance et la vérité, comme biens épistémiques de l'intellect, sont les objets du désir naturel de l'être humain. Le désir humain résulte d'une inclination naturelle. L'une de ses inclinations est la connaissance et l'appréhension de la vérité. Ce désir peut être ordonné ou non. La moralité est l'ordonnancement du désir à son bien naturel. Le désir de savoir, bien ordonné, est une motivation *morale* épistémique.

Dans la vie intellectuelle, la source de la normativité ne tient pas aux règles épistémiques, ni à la fiabilité du processus grâce auquel on parvient à la vérité, mais à ce désir ordonné aux biens épistémiques que sont la connaissance et la vérité. La rationalité théorique et l'amour de la vérité sont les valeurs d'une vie intellectuelle bonne. C'est ainsi par l'excellence dans la vie rationnelle qu'une personne réalise au mieux sa destination naturelle. La rationalité consiste moins à respecter une obligation épistémique qu'à l'attrait pour une personne des biens épistémiques. La rationalité est identifiable à un appétit rationnel dirigé vers les biens épistémiques. La préférence pour la connaissance et la vérité définit la vie intellectuelle vertueuse.

L'obligation de respecter des règles épistémiques pourrait être satisfaite indépendamment du désir de la rationalité ; de la même façon qu'une personne peut se conformer à des règles morales sans pourtant être morale. Elle agit alors *selon* le devoir et non *par* devoir. La seule conformité aux normes épistémiques, ou la seule fiabilité du processus d'acquisition de croyances justifiées, n'est pas la volonté d'atteindre les biens de l'esprit. Le respect des règles épistémiques (comme, disons, la règle de proportionner le degré de croyance à l'évidence disponible) n'implique qu'une rationalité formelle. Encore convient-il que l'application de la règle soit corrélative d'un désir de rationalité, qui est même la rationalité comme désir. Dans ce désir, se réalise la nature rationnelle de celui qui croit et connaît. Il faut une rationalité matérielle (et non seulement formelle). Elle s'incarne dans le désir des biens épistémiques. La rationalité est alors, pour un être humain, la réalisation pleine de son mode propre d'existence.

Distinguons bien la conformité à une règle et l'ordonnancement d'une activité. Une règle peut être formellement exemplifiée par une activité sans pourtant manifester sa signification et sa valeur. (C'est la différence entre un mime, qui fait le geste d'ouvrir une porte, en exemplifiant formellement le geste, et une personne qui fait le geste d'ouvrir une porte, parce qu'il lui importe de l'ouvrir et donc pour une certaine fin.) Une « épistémologie formelle » examine certes les règles auxquelles notre vie intellectuelle se conforme. Mais, philosophiquement, c'est la valeur de cet ordonnancement qui importe ; c'est la destination d'une vie intellectuelle qui a une valeur.

Pourquoi devons-nous nous efforcer d'êtres rationnels et rechercher la vérité ? Parce que notre nature rationnelle – ce qui fait de nous ce que nous sommes – se réalise dans cette recherche. Le désir naturel de la rationalité et de la vérité, la poursuite des biens épistémiques, donne ainsi sa valeur à la vie intellectuelle. Et non pas la règle formelle qui éventuellement serait suivie.

Comme le disait Aristote, tout homme par nature désire comprendre, c'est-à-dire parvenir à la vérité. Dès lors, quand ce désir fait défaut ou est désordonné, une valeur métaphysique, celle de notre nature humaine, est corrompue ou bafouée. L'imposteur et le baratineur sont intellectuellement vicieux parce que leur attitude intellectuelle est directement opposée au désir de rationalité et de vérité ; cette attitude n'est pas dirigée vers les biens épistémiques que notre nature rationnelle nous incline à désirer. Le désir intellectif (le désir de comprendre) de l'imposteur ou du baratineur, est affaibli ou désordonné. Une certaine motivation de rationalité et de vérité lui fait défaut. C'est donc une privation : il ne réalise pas pleinement sa nature. Mais c'est aussi une dévaluation morale de sa personne humaine.

Ainsi la vie intellectuelle n'est pas rendue bonne d'abord par le respect de règles ou de normes épistémiques, la satisfaction d'obligations épistémiques. Sa bonté n'est pas identifiable à la justification de nos croyances. C'est le désir de rationalité et de vérité par lequel notre vie intellectuelle est bonne. Défendre cette quatrième conception ne signifie pas que l'on conteste l'intérêt d'une déontologie épistémique et le rôle qu'elle peut jouer dans la formalisation des règles de la justification épistémique (première conception). Cela n'empêche pas non plus d'accepter que des règles et des normes épistémiques puissent posséder une signification morale (deuxième conception) ; ni de reconnaître que le processus de formation des croyances peut être examiné en fonction de ses conséquences épistémiques bénéfiques (troisième conception). Comme la loi morale sert à indiquer ce que nous devons désirer, les règles ou les critères de fiabilité du processus guident le désir pour qu'il s'ordonne aux biens épistémiques. Cependant, tant que le désir n'est pas ordonné aux biens épistémiques naturels de l'homme, les obligations épistémiques (règles, processus fiable) sont à la fois sans racine et sans objet dans notre vie intellectuelle.

DES NORMES INTELLECTUELLES
À LA NATURE RATIONNELLE DE L'HOMME

Quatre conceptions des normes à l'œuvre dans la vie intellectuelle viennent d'être exposées. Ce sont aussi quatre manières d'envisager la relation entre notre activité théorique (ce que nous pensons et comment nous en venons à le penser) et le comportement intellectuel (comment cette activité théorique est menée, à partir de quelles normes propres ou non aux actes intellectuels).

Selon la première conception, les normes épistémiques réglant le travail intellectuel sont exclusivement théoriques. Ce sont les règles de la logique et de la méthodologie des sciences. La déduction, les probabilités inductives, la vérifiabilité empirique sont les critères de notre activité théorique, et rien de ce qui concerne la vie pratique ne doit en être part. Ceux qui contreviennent aux normes épistémiques sont coupables dans un sens non pratique de la notion de moralité. Selon cette conception, il y a une normativité strictement théorique à l'œuvre dans l'activité intellectuelle. Si des intellectuels y contreviennent, c'est sans qu'on doive ou même puisse leur en faire un reproche *moral*. Car dès qu'entrent en considération des normes pratiques dans l'activité théorique, sa pureté se corrompt, pense le défenseur de la première conception[1].

En revanche, selon la deuxième conception, il est bien *immoral* de ne pas respecter les règles de la logique et plus généralement de la méthodologie du raisonnement[2]. Également, un discours totalement métaphorique, sans aucune rigueur, dans lequel les termes utilisés sont mal définis, où la plupart des raisonnements sont des sophismes habillés de rhétorique, ne devrait pas tant provoquer l'admiration – même si c'est quelquefois le cas – qu'un dégoût moral.

La troisième conception ne fait plus du respect des règles ou de principes le fondement de la moralité intellectuelle. Elle insiste sur la fiabilité, parce qu'elle est utilitariste. C'est la réussite du processus intellectuel – le succès dans la connaissance – qui permet de déterminer s'il a un mérite. Ce sont des conséquences bénéfiques – la justification, la vérité – qui disent si un processus est

---

1. Une version de cette thèse se trouve chez Franz Brentano. Elle lui sert de critère pour juger du sérieux spéculatif des doctrines philosophiques. Elle permet aussi de donner une structure à toute l'histoire de la philosophie. Les doctrines philosophiques (et scientifiques) dégénèrent dès qu'elles tiennent compte de motivations pratiques. Voir F. Brentano, « Les quatre phases de la philosophie et son état actuel » trad. fr. H. Taïeb dans *Essais et conférences I. Sur l'histoire de la philosophie*, trad. fr. sous la dir. de D. Fisette et G. Fréchette, Paris, Vrin, 2018, p. 141-166.

2. Voir P. Engel et K. Mulligan, « Normes éthiques et normes cognitives », *Cités*, 2003/3, 15, p. 171-186, qui examine cette question. Tout un aspect de l'œuvre de Susan Haack serait aussi pertinente à ce sujet ; voir S. Haack, *Defending Science – Within Reason*, New York, Prometheus Books, 2nd ed., 2007.

fiable. Mais n'est-ce pas circulaire ? Un processus est fiable s'il aboutit à la vérité ; elle est ce qui résulte d'un processus fiable. Nous serions crédités d'être parvenus au vrai ; mais sommes-nous responsables d'y parvenir ? Toutefois, le modèle fiabiliste peut comprendre aussi une attention au processus suivi. Ce qu'Ernest Sosa appelle une « connaissance réflexive », la distinguant d'une « connaissance animale »[1]. Cette dernière s'identifie au processus fiable lui-même, sans qu'il ait jamais à être attribué à une compétence cognitive. La connaissance réflexive suppose la connaissance animale, le bon fonctionnement des facultés cognitives. Mais elle suppose surtout une attention au processus cognitif lui-même. C'est une croyance de deuxième ordre (contrôlant le processus d'acquisition de la croyance) portant sur une croyance (de premier ordre : issue du processus fiable), qui l'explicite et la justifie. La connaissance réflexive serait ainsi la croyance apte (issue d'un processus fiable) accompagnée par une croyance elle-même apte de la source de la première croyance – examinant si cette source est fiable. Notre obligation épistémique tiendrait dans cette réflexivité du double processus cognitif et de cette double fiabilité. On voit ainsi que le modèle fiabiliste peut être aménagé de façon à ce que certains aspects de la première conception, voire de la seconde, y soient repris.[2]

La différence radicale se situe en réalité entre les trois premières conceptions, aussi différentes soient-elles, et la quatrième. Car cette dernière n'est ni une *déontologie*

---

1. Voir E. Sosa, *Reflective Knowledge*, Oxford, Oxford University Press, 2009, chap. 7 : « Human Knowledge : Animal and Reflective ».

2. C'est au moins ainsi que je comprends ce que dit Ernest Sosa. La réflexivité n'est en revanche pas du tout manifeste dans l'épistémologie de John Greco, dont le modèle est plus strictement fiabiliste.

(comme la deuxième) pas plus qu'elle ne fait appel à une attention réflexive portant sur le bien-fondé d'un processus (comme la troisième). C'est fondamentalement une *axiologie*. Ce qui importe est ce que vaut notre vie intellectuelle par la détermination des biens qu'elle recherche et des qualités humaines grâce auxquelles on entend y parvenir. Cette quatrième conception affirme ainsi l'existence de biens épistémiques (la vérité, la connaissance) dont l'appétit ou le désir nous rend moralement meilleurs. Nous en détourner pourrait même être une dépravation morale. Non pas seulement parce que nous n'aurions pas respecté des règles ou que nous ne pourrions être dûment crédités du succès de notre vie cognitive par sa fiabilité ou l'attention au processus menant à la connaissance. Mais nous ne réaliserions pas au mieux notre nature humaine rationnelle. Une axiologie épistémologique ne dit pas seulement ce que nous devons faire dans notre vie intellectuelle, mais ce que nous devons être en tant qu'êtres rationnels, comment nous pouvons être meilleurs ou même excellents dans l'existence rationnelle qui est la nôtre.

UNE MÉTAPHYSIQUE DE LA RATIONALITÉ

La spécificité de la conception axiologique de l'épistémologie est de se fonder sur une métaphysique de la personne humaine. Si l'on veut enquêter sur ce qu'est une croyance légitime, ou sur la nature de la connaissance, on a besoin de savoir ce qu'est un être humain. Si l'on veut savoir ce qu'est un être humain, on a besoin d'une théorie de ce qui existe réellement, de la nature des choses. Autrement dit, d'une façon générale, une épistémologie présuppose une anthropologie, laquelle repose sur une métaphysique. Il faut dire alors quels sont les principes fondamentaux de cette métaphysique sur laquelle repose une conception axiologique de l'épistémologie. Cette dernière consiste finalement à accorder à certaines qualités humaines – perfectionnant ce que nous sommes, en le réalisant pleinement – un rôle déterminant pour une vie intellectuelle bonne. C'est ce qu'on peut appeler une épistémologie des vertus – du moins, est-ce la version de cette épistémologie ici privilégiée.

Les trois premières conceptions de la normativité épistémologique présentées auparavant ont, à mon sens, ce grand défaut de ne pas reposer sur une telle métaphysique. (Leurs métaphysiques d'arrière-fond restent indéterminées.) Or, tant que nous ne savons pas ce qu'est un être humain, déterminer quelles sont les normes de la connaissance – lesquelles sont, en réalité, non pas simplement des normes, mais des valeurs de la vie intellectuelle – se réduit alors, de fait, à l'examen de règles ou à l'étude d'un processus d'acquisition des croyances. La plupart des philosophes aujourd'hui diraient que cela suffit bien ; et que les épistémologues n'ont pas besoin de plus. C'est ce que pensent les défenseurs de la première conception dans la classification précédente. Une bonne part de l'épistémologie contemporaine est de cet ordre, en se limitant à n'être qu'une technologie de la justification épistémique. Elle examine cette justification dans le détail – et avec une grande minutie, en particulier dans l'épistémologie analytique [1]. Ne conduit-elle pas à un cul-de-sac philosophique ? S'ajoutent toujours plus de détails techniques, sans pourtant que la menace sceptique [2] (nous

---

1. Voir P. Engel, *Va savoir ! De la connaissance en général, op. cit.*
2. Voir C. Tiercelin, *Le Doute en question, Parades pragmatiques du défi sceptique*, Paris, L'Éclat, Nouvelle édition, 2016.

ne pouvons rien connaître) s'en trouve éloignée, ni qu'on sache jamais à quoi bon la connaissance. Pourquoi devons-nous désirer les biens épistémiques, nous inquiéter de la vérité ? C'est la vraie question. À défaut d'y répondre, on laisserait toute sa place à un discours postmoderne qui, justement, trouve dans cette inquiétude l'indice d'une aliénation et encourage des discours ironiques à l'égard du projet de la connaissance. Une certaine philosophie analytique tend à s'alimenter de ses propres impasses : la recherche des règles ou des normes à respecter dans la justification des croyances conduit à toujours plus de cas, d'exemples, de contre-exemples, à considérer. Si vous ajoutez, en sus, une dimension contextuelle (et pragmatique) de la vie intellectuelle, alors l'enquête épistémologique se spécialise, se ramifiant sans cesse. Mais pour quel bénéfice ?

Cependant, la technologie épistémologique, si elle est vaine, n'est pas intellectuellement pernicieuse, comme peut l'être le discours postmoderne. Nous prendrions un risque en sous-estimant l'importance de l'analyse des conditions nécessaires de la justification épistémique. Elles sont rappelées dans une formule comme « La connaissance est une croyance (condition doxastique) vraie (condition aléthique) et justifiée (condition de justification) ». Cette dernière condition, celle de justification, se heurte à des difficultés que les philosophes s'honorent d'examiner dans le détail. Mais il reste qu'une épistémologie comme procédure de justification ne répond pas à la question de *la valeur de la connaissance*, et donc pas à celle de savoir pourquoi la connaissance est moralement bonne. Elle ne dit pas non plus pourquoi toute attitude faisant obstacle à la connaissance et à la vérité, comme celle des imposteurs

et des « déconneurs » intellectuels, est moralement
déplorable, voire repoussante. Elle ne permet pas de
comprendre pourquoi certaines attitudes intellectuelles
ne sont pas un aspect du folklore de la vie des idées, mais
mettent en question la finalité même de la vie rationnelle.

Toutefois, certains philosophes analytiques se sont
demandés, non pas seulement ce qui pourrait justifier une
croyance, mais pourquoi elle *devrait* être justifiée – ce
qui fait d'elle une connaissance, dont on ne peut douter,
irréfutable et infalsifiable. La notion de « connaissance
réflexive », distinguée de la « connaissance animale »
va dans la même direction de ménager un « espace des
raisons »[1] irréductible à la psychologie du raisonnement
ou à la sociologie de la science. La problématique
normative ainsi conçue réintroduit alors les notions
de bien et de mal dans le domaine de la connaissance.
Mais souvent c'est en évitant les termes bien et mal qui
tendraient à « moraliser » l'épistémologie. La question
de la valeur de la connaissance ne reçoit toujours pas de
réponse si la normativité n'est pas elle-même justifiée.
Après tout, pourquoi conviendrait-il d'être rationnel ?
En quoi et pourquoi est-ce une obligation de notre vie
intellectuelle ? Suffit-il comme réponse à ces questions
d'en appeler à la déesse Raison et à la Vérité comme
norme ? Pourquoi la raison est-elle bonne ? Pourquoi la
vérité est-elle un bien ? (Pourquoi, pour reprendre une
formulation médiévale, sont-ils « convertibles » ?)

La quatrième conception affirme que le désir des
biens épistémiques est le rejet moral de tout ce qui le
corrompt. La rationalité n'est pas simplement procédurale
(ce que dit la première conception) ; elle ne consiste pas

---

1. C'est la formule utilisée par John McDowell (*L'esprit et le
monde*, trad. fr. Ch. Al Saleh, Paris, Vrin, 2007).

à suivre des règles. La rationalité est substantielle : elle donne sens à notre activité intellectuelle. Elle est aussi ce qui fait notre humanité. Dès lors, une philosophie de la connaissance doit expliciter cette fonction constitutive et même essentielle de la rationalité – et non seulement en appeler à ses bienfaits (comme la deuxième et la troisième conception). L'explicitation de la fonction constitutive de la rationalité est une métaphysique de l'homme : elle explique ce qu'il est et pourquoi la vie rationnelle est pour lui non pas un moyen mais une fin. Elle explique aussi pourquoi la connaissance possède une valeur – et autrement, en tous les cas, que par l'utilité de la connaissance. Elle met en évidence la raison pour laquelle la vérité est la fin de notre vie intellectuelle.

ANTHROPOLOGIE DE LA RATIONALITÉ

La métaphysique de Thomas d'Aquin offre les principes fondamentaux de cette métaphysique de l'homme sur laquelle se fonde l'anthropologie nécessaire à une épistémologie répondant à la question de la valeur de la connaissance.

Premier principe. Ce qui fondamentalement existe, ce sont des substances, c'est-à-dire des entités composées de forme (qui fait d'une chose ce qu'elle est) et de matière (ce qui est potentiel et peut être informé par une nature). Parmi ces substances, certaines sont des êtres vivants ; parmi ces vivants, certains sont des animaux ; parmi ces animaux certains sont des êtres humains ; dès lors leur spécificité suppose une certaine forme, qui fait leur nature. Cette forme est leur âme rationnelle. Cet inventaire du monde est aussi une hiérarchie des êtres : la rationalité fait la différence spécifique et supérieure de l'humain parmi les animaux. Le désir de vérité et l'appréhension de la vérité – fruits de l'activité rationnelle – sont dès lors caractéristiques de la nature humaine et ce qui fait la valeur de l'homme.

Deuxième principe. L'acte suit de l'être (*Agere sequitur esse*). Tout ce qui arrive à quelque chose est lié à sa nature. Soit ce qui arrive manifeste cette nature, comme lorsque la fleur en bouton s'ouvre en exhalant son parfum. Soit ce qui arrive à une chose est contingent et possible seulement en fonction de la nature de la chose. Par exemple, une fleur peut se trouver avec d'autres et composer un bouquet, mais une fleur ne peut pas chanter ou faire un clafoutis. Nos actes intellectuels et ce qui les rend bons suivent ainsi de notre nature rationnelle ; la bonté de ces actes est la réalisation de notre nature. C'est parce que nos actes suivent de ce que nous sommes que la connaissance est une valeur : elle manifeste ce qui en nous fait la valeur de notre être.

Un autre principe métaphysique s'ensuit : Telle opération, telle substance (*Qualis operatio, talis adae-quate substantia*). Premièrement, une substance est une entité composée de deux parties. D'abord, sa forme (*morphé*), qui en fait ce qu'elle est ; ensuite, sa matière (*hylé*) qui l'individualise, faisant d'elle telle chose particulière, aux dimensions spatiales déterminées. C'est donc un composé hylémorphique. Dans le cas de l'homme, la forme est l'âme rationnelle. Deuxièmement, les propriétés en général et les opérations d'une substance sont ordonnées à sa nature. Ou encore, selon le principe que l'acte suit de l'être, tout ce qu'est actuellement et sera une substance est l'actualisation de ce qu'elle est et peut être essentiellement. Ainsi connaître c'est pour un homme se réaliser pleinement et parvenir, autant qu'il est possible, au bonheur, voire à la béatitude, comme pleine réalisation de sa nature.

Ces principes métaphysiques – que ce qui existe fondamentalement ce sont des substances et que l'acte suit de l'être, que telle opération, telle substance (réalité fondamentale) – composent ainsi la base d'une anthropologie *hylémorphiste*. Il s'ensuit une épistémologie très différente de celle qui recherche, dans des règles ou dans un processus, les normes de la légitimité de nos croyances ou de connaissance, faisant de la rationalité une procédure. Pour comprendre ce que font les êtres humains quand ils croient ou connaissent quelque chose, nous devons réfléchir avant tout à la sorte d'êtres qu'ils sont. (Ce qui, à n'en pas douter, est tout autre chose qu'un processus mental se déroulant dans l'esprit – ce que, pourtant, la plupart des philosophes modernes ont tendance à penser quand ils s'interrogent sur la pensée humaine.)

Comme tous les vivants, les êtres humains ont une âme, c'est-à-dire un principe d'existence faisant d'eux ce qu'ils sont ; parmi les vivants et dans le genre animal, leur spécificité est la rationalité. L'âme rationnelle est la forme substantielle d'êtres d'une certaine sorte. Indépendamment de toute forme, la matière (première) est pure potentialité. Informée par l'âme rationnelle, la matière (seconde) est le corps d'un être humain, principe de son individualité. L'âme rationnelle (la forme du corps humain) consiste fondamentalement en deux dispositions : comprendre et vouloir.

Les actes humains suivent de ce que sont les êtres humains : des animaux rationnels. (C'est toujours ce même principe selon lequel l'acte suit de l'être.) Certains actes passent dans des objets extérieurs (*actio transiens in objectum*) et d'autres restent dans l'agent (*actio manens in agente*). Thomas dit ainsi :

> Il y a deux espèces d'actions. L'une passe dans une matière extérieure, comme chauffer ou scier ; l'autre demeure dans l'agent, comme concevoir, sentir ou vouloir. Il y a entre les deux cette différence que la première action n'est pas la perfection de l'agent, qui meut, mais du sujet qui est mû. La seconde, au contraire, est la perfection de l'agent [1].

Ces deux dispositions que sont la compréhension et la volonté ne sont pas les actes d'un organe physique, mais de la personne humaine comme substance. Vertueuses, les dispositions perfectionnent ce que nous sommes, plutôt qu'elles ne réalisent quelque chose d'extérieur. Le bien épistémique est aussi notre bien naturel ou essentiel, ce qui nous rend meilleurs. (C'est un autre principe, d'esprit dionysien, que « *Bonum diffusivum sui* » – que le bien tend à se répandre.) Une vertu est ainsi une disposition de second ordre participant à la meilleure réalisation possible des deux dispositions de premier ordre d'un être humain : comprendre et vouloir, c'est-à-dire de notre nature humaine rationnelle. La nature humaine se réalise téléologiquement. Les êtres humains sont faits pour comprendre et vouloir, et par ces actes, quand ils sont vertueux, ils atteignent leur bien épistémique et moral.

Ces thèses anthropologiques entrent dans une métaphysique pour laquelle un être humain est une chose matérielle, mais son statut métaphysique est différent de celui des autres animaux, parce que la rationalité est son principe immatériel. Ici, ce n'est pas la justification de cette affirmation métaphysique qui m'intéresse,

---

1. Thomas d'Aquin, *Somme Théologique*, I, 18, 3, ad. 1.

mais uniquement ce qui s'ensuit pour ses conséquences épistémologiques : la façon dont la rationalité peut alors être considérée comme une disposition vertueuse[1].

ANTHROPOLOGIE DES VERTUS

La question primordiale est de savoir comment nous pouvons réaliser ce pour quoi nous sommes faits : croire et connaître. Si un acte intellectuel vertueux réalise au mieux la perfection de notre nature, les normes épistémologiques sont déterminées, téléologiquement, par le bien épistémique de notre nature. Autrement dit, les normes épistémiques sont des valeurs humaines : ce par quoi l'être humain se réalise parfaitement selon ce qu'il est. Dès lors, le rôle des vertus n'est pas celui de fonctions cognitives, comme la perception, la mémoire, l'introspection, le raisonnement. Les vertus ne sont pas de simples compétences, des *skills*, comme on dit en anglais. Pas plus qu'elles ne sont des normes épistémiques de justification des croyances ou des conditions de la connaissance.

Si l'on peut parler d'une moralité de la vie intellectuelle, selon l'anthropologie métaphysique ici reprise, c'est que la nature humaine détermine ce que nous devons faire, y compris dans notre vie intellectuelle, en précisant ce que nous devons être. Quand nos actes intellectuels ne réalisent pas au mieux notre nature rationnelle – par exemple quand ils ne visent pas la vérité – nous faisons tout autre chose que contrevenir à des règles épistémiques. Notre attitude intellectuelle est, pour ainsi dire, contre-nature.

---

1. Voir, pour une conception proche de celle ici proposée, L. Schumacher, *Rationality As Virtue*, Farnham, Ashgate, 2015.

Pour le dire de façon plus positive, l'argument est alors le suivant :

1) Croire et connaître sont des actes intellectuels propres à une sorte de substances, les êtres humains.

2) Si l'acte suit de l'être, comprendre les actes intellectuels suppose d'examiner la nature des êtres humains.

3) Une vertu fait exceller une chose selon sa nature et permet ainsi sa pleine réalisation.

4) Certaines vertus assurent l'excellence des actes intellectuels humains et ainsi la pleine réalisation de la nature des êtres humains.

Les vertus sont ici définies comme ce qui rend préférable un acte cognitif en exemplifiant une valeur – disons, l'humilité, le courage ou l'impartialité dans la vie intellectuelle[1]. En étant dirigés vers certains biens ou certaines fins – la vérité, la connaissance – les actes cognitifs vertueux réalisent alors au mieux la nature rationnelle de l'être humain. Si l'acte suit de l'être, l'acte préférable est aussi ce qu'il est préférable d'être en tant qu'agent cognitif. (C'est finalement la thèse de la convertibilité de l'être, du vrai et du bien, mais je n'insiste pas, car j'ai déjà suffisamment chargé de métaphysique la barque épistémologique, sans l'alourdir encore.) Autre façon de le dire : sachant ce en quoi consiste d'être un bon ou un mauvais spécimen d'une espèce, on sait aussi ce qui est bon ou mauvais pour une chose ; sachant ce en quoi consiste d'être un bon ou mauvais agent cognitif, nous savons quelle vertu cet agent cognitif doit posséder ;

---

1. Voir R.C. Roberts and W. Jay Wood, *Intellectual Virtues, An Essay in Regulative Epistemology*, Oxford, Clarendon Press, 2007.

et donc, quelle doit être son attitude épistémologique : comment il doit se comporter intellectuellement.

La thèse, dans toute sa généralité, est alors la suivante : Le bien de l'intellect n'est pas différent de ce que, pour un être humain, il est bon d'être. Si l'épistémologie des vertus est fondée sur une anthropologie métaphysique, elle n'est pas complètement séparable d'une éthique intellectuelle. On peut alors compléter le schéma général qui nous guide ici. La métaphysique détermine une anthropologie, qui détermine non seulement une épistémologie, mais en même temps une éthique de l'activité intellectuelle.

DE LA NATURE HUMAINE
AUX NORMES INTELLECTUELLES

Dans ce qui précède, deux thèses métaphysiques majeures sont apparues. Premièrement, la thèse qu'une épistémologie présuppose une anthropologie, laquelle repose sur une métaphysique. Deuxièmement, la thèse que l'épistémologie des vertus – au sens donné au mot vertu ici : un trait de caractère lié à une conception de l'être humain – est fondée sur une métaphysique entrant dans une tradition thomiste.

Les objections à ces deux thèses ne manquent pas[1], mais je n'en évoquerai qu'une, majeure. Une norme,

---

1. Je laisse de côté une objection aujourd'hui courante selon laquelle la psychologie contemporaine n'aurait pas l'usage de la notion aristotélicienne de caractère, comme disposition stable, pourtant indispensable dans une théorie des vertus. Voir à ce sujet le livre de Mark Alfano (*Character as Moral Fiction*, Cambridge, Cambridge University Press, 2013). Je renvoie à une réponse, à mon sens fort juste et suffisante, faite par Kristian Kristjansson : « An Aristotelian Critique of Situationism » (*Philosophy*, Vol. 83, No. 323, 2008, p. 55-76).

qu'elle soit intellectuelle ou non, ne peut suivre d'une nature, par exemple humaine. On a ainsi pu contester la possibilité de passer, dans un argument, de phrases à l'indicatif à des phrases à l'impératif, en tirant d'une description une prescription. Hume, Moore ou Henri Poincaré, chacun à sa façon, ont ainsi dénoncé ce que le second appelle un « sophisme naturaliste ». Or, si une norme morale ne se conclut pas d'un fait ; une norme épistémique ne s'en conclut pas non plus. Ainsi, à supposer même que nous puissions dire ce qu'est la nature humaine, pourquoi dicterait-elle des obligations épistémiques ? (Et qu'elles soient aussi morales ne changerait rien !)

Un argument proche dirait que la description de la nature humaine, telle qu'elle a été proposée, présuppose les normes épistémiques ou morales que nous sommes supposés en tirer. En particulier, si l'homme est défini comme essentiellement rationnel, « rationnel » n'est pas un terme descriptif, mais normatif et évaluatif. Ce qui suppose, sauf circularité épistémique manifeste, que les normes ne sont pas tirées de la description de la nature humaine, mais présupposées dans la description qui est faite.

Distinguons d'abord deux sortes de dépendance, logique et ontologique. La thèse proposée auparavant, et que l'objection entend terrasser, ne consiste pas à affirmer qu'on peut déduire les normes épistémiques de la nature de l'être humain, en passant du fait à la norme. Ce n'est pas un naturalisme de cette sorte, fort commun aujourd'hui, quand par exemple on prétend opérer une réduction naturaliste des normes, que ce soit en morale ou en logique. On dit alors que les normes, à y regarder de près, ne sont rien d'autre que des fonctionnements naturels. En revanche, la thèse d'un fondement métaphysique et anthropologique de l'épistémologie signifie une dépendance non pas logique, mais ontologique, des vertus à la nature humaine. Et cette dépendance signifie que l'activité intellectuelle comprend des valeurs de rationalité qui sont celles de notre nature humaine. Mais ce n'est en rien une réduction des normes à la nature. Pour expliquer pourquoi, je vais faire une comparaison[1].

Le Verrier a constaté certaines irrégularités dans l'orbite d'Uranus, et il en a conclu à l'existence de Neptune. Puis, ayant découvert Neptune, il peut renverser l'ordre logique et passer à un ordre ontologique : de l'existence de Neptune, il peut en conclure aux irrégularités de l'orbite d'Uranus. Par analogie, nous sommes conduits d'abord à rechercher les normes épistémiques qui sont constitutives de la connaissance. À cette étape, il n'est pas encore question de la nature humaine, mais bien de l'examen de ce qui assure la légitimité de nos croyances et de nos connaissances. Mais ensuite, nous pouvons nous demander d'où vient que nous suivions ces normes, pourquoi ce sont les bonnes et même pourquoi c'est important que nous les suivions. L'affirmation métaphysique est qu'elles manifestent notre nature. Que nous soyons rationnels dans notre activité intellectuelle, ce n'est pas contingent et encore moins moralement indifférent. Les normes intellectuelles suivent de notre nature métaphysique.

Les vertus manifestent ainsi à la fois *ce que nous devons faire* et *ce que nous sommes*. Elles font l'un parce

---

1. Voir S.J. Jensen, *Knowing the Natural Law, From Precepts and Inclinations to Deriving Oughts*, Washington (D.C.), The Catholic University of America Press, 2015, p. 20-21.

qu'elles sont l'autre. Elles sont à la fois prescriptives et ontologiques. Nous pouvons alors affirmer l'existence d'une dépendance des normes épistémiques à l'égard de notre nature humaine, en particulier de ce qui la caractérise, la rationalité. La connaissance et la vérité, en tant que biens épistémiques, sont essentiellement bonnes pour les êtres humains parce que nous avons des âmes rationnelles, grâce auxquelles nous pouvons connaître et appréhender la vérité. Le bien intellectuel – et donc les normes intellectuelles – dépend de notre nature.

Dans ce chapitre nous sommes partis d'une conception procédurale de la rationalité. Nous en sommes venus à sa conception substantielle, en passant par différentes possibilités intermédiaires, comme une conception déontologique de la vie intellectuelle ou celle de la connaissance réflexive. La thèse soutenue est que l'ordre épistémologique est un ordre ontologique. Dès lors, l'épistémologie ne peut se réduire à une technologie de la justification épistémique – comme cela l'a été pour une bonne part dans l'épistémologie analytique. Cette réduction tend en réalité à éliminer ce qui importe philosophiquement quand nous nous demandons comment vivre une vie intellectuelle digne. Elle ne permet pas de comprendre ce qu'ont de moralement indignes certaines attitudes intellectuelles – comme celles évoquées dans le premier chapitre – qui ne tiennent pour rien l'exigence de rationalité et de vérité.

CHAPITRE III

LES VERTUS DE LA VIE INTELLECTUELLE

Si nous faisons de la vertu l'élément central de la moralité, celle-ci est alors conçue comme une manière d'être, plutôt qu'un ensemble de choses à faire[1].

DÉONTOLOGIE ET AXIOLOGIE

Une déontologie formule des règles, des normes, des principes, des commandements, des impératifs auxquels doivent satisfaire une activité, qu'elle soit théorique ou pratique. Dès lors, ce serait seulement si nous sommes justifiés, c'est-à-dire si nous avons respecté des obligations épistémiques, que nous aurions le droit de croire ou de prétendre savoir. « Justifié » signifie « rendu droit » par l'application d'une règle appropriée ou l'application d'un principe[2]. Une déontologie fixe des *critères* de légitimité

---

1. T. Irwin, « Virtue and Law » *in* J. Marenbon (ed.), *The Oxford Handbook of Medieval Philosophy*, Oxford, Oxford University Press, 2012, p. 606.
2. La notion de justification est abondamment utilisée par les épistémologues contemporains. Le rôle qu'elle joua – et joue encore – dans certains débats théologiques ne les préoccupe pas. Justifié y signifie alors *rendu droit par Dieu*, alors même que l'homme reste pécheur. La question fut (et reste) de savoir si suivre la règle de vie chrétienne assure la justification. L'idée de justification épistémique

de nos croyances ou de notre prétention à savoir. L'épistémologie est ainsi pensée comme la recherche des normes de la pensée scientifique ou, plus largement, de toute activité intellectuelle : elle devrait aboutir à un règlement intérieur de la pensée, comprenant des lois de l'esprit, dont l'application garantirait de penser comme il convient.

Une axiologie, en revanche, formule les valeurs manifestées dans une activité. Les valeurs sont de deux sortes. Premièrement, certaines sont à l'œuvre dans l'activité elle-même. La valeur de la promenade à pied est, parmi d'autres choses, d'entretenir la santé. Ainsi, le promeneur se porte bien, en préservant au mieux, par l'exercice et l'entretien du corps, sa nature humaine corporelle. La valeur de l'activité intellectuelle est l'entretien de notre bien-être spirituel par l'exercice de vertus et la réalisation, au mieux, de notre nature rationnelle. Il est bon pour nous d'être vertueux, mauvais d'être vicieux. Nous valons plus, en tant qu'être humain, quand nous sommes vertueux, moins quand nous sommes vicieux. De même, dans notre activité morale, c'est-à-dire dans les choix que nous faisons dans nos actions, nous pouvons nous réaliser au mieux. Les vertus sont cette réalisation elle-même. Les valeurs à l'œuvre dans nos activités, corporelles, intellectuelles, morales, sont le bonheur, l'honnêteté, le courage, et bien d'autres. Il

---

n'est-elle pas une transposition de ce sens chrétien ? Comment est-on épistémologiquement sauvé ? N'est-ce pas la question que se pose l'épistémologue contemporain ? N'est-ce pas le salut épistémique qui l'intéresse ? Ne se demande-t-il pas quelle est son origine ? Suivre les normes épistémiques suffit-il ou non ? L'obsession de la justification dans l'épistémologie analytique pourrait ainsi être un impensé religieux, comme certains philosophes continentaux seraient tentés de le dire.

est ainsi *préférable* et *meilleur* de bien se porter, d'être honnête, d'être courageux. Les valeurs des activités humaines sont celles des êtres humains eux-mêmes, celles de la personne humaine. Deuxièmement, les valeurs indiquent aussi les fins de l'activité : le bien dans le cas de la vie morale, la vérité dans celui de la vie intellectuelle. Ils nous attirent pour la pleine réalisation de notre nature. Nous ne trouvons donc pas notre perfection *en nous-mêmes*, même quand il s'agit de notre réalisation, mais dans ce à quoi nous aspirons, ce que nous désirons. C'est l'ouverture à ce qui est le plus désirable – bonté et vérité – qui nous perfectionne. Et nous réalisons notre nature en manifestant, par et dans l'exercice des vertus, une *connaturalité* avec le meilleur : le bien et le vrai.

Il apparaît clair qu'une épistémologie pensée comme une axiologie sera fort différente d'une épistémologie pensée comme une déontologie. Elle va examiner des valeurs, des vertus, des attitudes humaines, plutôt que des normes, des croyances, des énoncés dont il s'agirait de déterminer s'ils satisfont des normes ou des règles. La différence est telle que certains peuvent même être tentés de penser qu'il ne s'agit plus du tout d'épistémologie ! Mais ce livre se propose au contraire de montrer que l'épistémologie est une axiologie plutôt qu'une déon-tologie. De fait, l'épistémologie, chez les modernes, est identifiée à une déontologie de la croyance justifiée et de la connaissance. La légitimité d'une croyance sup-pose qu'elle ne contrevienne pas à des règles ou à des principes. Les philosophes auraient montré, présente-t-on parfois comme évident, que ces règles et principes fixent les lois de l'esprit rationnel. Pour le contester, on va plutôt vers un scepticisme ou un relativisme ravageurs. Si nous ne pouvons fixer les lois de la rationalité, elle est illusoire. Ce qui suit propose de modifier le programme de l'épistémologie, en suggérant une autre conception de la rationalité humaine. (Certes, comment ne pas reconnaître que c'est un projet ambitieux et démesuré, au-dessus de mes pauvres moyens ! Au moins, puis-je essayer d'expliquer pourquoi je le pense nécessaire.)

LA RÉALISATION VERTUEUSE DE LA NATURE HUMAINE

Dans une épistémologie des vertus, quand nos croyances sont vraies et quand nous parvenons à la connaissance, par la réalisation, dans l'exercice des vertus, de notre propre nature rationnelle, nous gagnons un bien intellectuel : la vérité ou réalité même des choses. C'est possible si notre connaissance est motivée par la vertu, comme exercice de ce qui est le meilleur en nous. Dans l'ordre de la connaissance, l'exercice des vertus est notre sensibilité à la vérité. Nous pâtissons d'elle, si elle est pour nous attirante et préférable, plus que tout autre chose. C'est le cas si, étant le plus parfaitement humain, c'est-à-dire vertueux, nous réalisons ce pour quoi nous sommes faits : l'appréhension intellective de la réalité, de ce qui est. La finalité même de notre existence est dans cette saisie du vrai et de la réalité. Nous ne pouvons manquer d'y échouer en étant au mieux ce que nous sommes.

Mais, en quoi les vertus exercées dans notre vie intellectuelle consistent-elles ? Distinguons, pour répondre à cette question, deux théories des vertus, auxquelles correspondent deux variétés d'éthique intellectuelle.

Dans l'une, les vertus sont nos facultés cognitives : la perception, la mémoire, le raisonnement, la réflexion, l'attention. Elles servent à nous gagner des biens épistémiques : avoir des croyances justifiées et connaître. Les vertus sont donc essentiellement instrumentales. La fiabilité de nos facultés n'est pas une fin en soi, pour la réalisation ce que nous sommes ; elle garantit la rationalité et permet de parvenir à la connaissance. Ce qui possède une valeur, ce sont ces biens épistémiques auxquels les vertus nous font parvenir, et pour l'obtention desquels elles constituent des moyens appropriés. L'exercice des vertus intellectuelles vise le succès cognitif, méritoire, qu'elles nous assurent. Le vertueux intellectuel en est alors crédité. Dans ce modèle, la valeur est la vérité ou la connaissance ; nos facultés cognitives fonctionnant comme il convient – vertueusement – nous permettent d'y accéder[1].

Dans l'autre éthique arétique, les vertus ne sont pas des facultés cognitives ; ce sont des qualités humaines comme la rigueur, l'impartialité, la persévérance, l'attention scrupuleuse, ou aussi l'honnêteté et l'humilité. Elles nous rendent bons dans l'activité intellectuelle, nous permettant ainsi d'obtenir les biens épistémiques : la connaissance, la vérité, la rationalité des croyances dans l'appréhension et la compréhension de la réalité. Mais,

---

1. Ernest Sosa et John Greco sont les deux principaux philosophes à avoir développé cette perspective. Voir E. Sosa, *A Virtue Epistemology*, Oxford, Oxford University Press, 2007 ; *Reflective Knowledge*, *op. cit.* ; *Epistemology*, Princeton, Princeton University Press, 2017 ; J. Greco, *Achieving Knowledge, A Virtue-Theoretic Account of Epistemic Normativity*, *op. cit.* Si la thèse défendue dans ce livre ne va pas dans la direction de projets épistémologiques tels que ceux de Sosa et de Greco, les quatre livres précédents n'en proposent pas moins des analyses remarquables de la vie intellectuelle. Voir aussi R. Chisholm (*The Foundations of Knowing*, Minneapolis, University of Minnesota Press, 1982 ; *Theory of Knowledge*, Englowood Cliffs (NJ), Prentice-Hall, 3rd ed. 1989).

surtout, elles nous rendent bons *tout court*, parce que, dans l'exercice des vertus, se réalise notre nature d'être humain rationnel.

La vie intellectuelle vertueuse serait alors *intrinsèque-ment* bonne (plutôt que de façon instrumentale), en manifestant la valeur propre de l'être humain dans son activité cognitive ; et aussi parce que cette activité est fondamentalement ou essentiellement caractéristique de l'être humain. Les vertus ne sont dès lors pas seulement des instruments fiables, des moyens, pour parvenir à des biens épistémiques ; la valeur finale de la vie intellectuelle est la personne même dont c'est la vie. Dans cette conception, les vertus sont essentiellement liées à la manifestation de ce que nous sommes, en tant que personnes. Et si nous avons besoin des vertus intellectuelles, c'est pour réaliser ce que nous, êtres humains, sommes.

C'est le second modèle qui va être suivi ici, celui d'une éthique intellectuelle arétique mettant l'accent sur la réalisation de notre nature dans l'exercice de qualités manifestant notre rationalité. Et cela, plutôt qu'un modèle où il s'agit du bon fonctionnement de facultés et de leur réussite cognitive, dont l'agent intellectuel est crédité.

Pourquoi avons-nous une vie intellectuelle ? La réponse se prend, chez le Philosophe : « Tous les hommes, par nature, désirent savoir », ou « désirent comprendre ». Si cette caractérisation de l'être humain est juste, alors l'activité intellectuelle, quelle qu'elle soit, a pour fin de réaliser ce pour quoi nous, êtres humains, sommes faits. Ce n'est pas tant une affaire de succès dans une activité que de réalisation d'un être dans sa nature. Pourquoi est-il désirable d'avoir une *bonne* vie intellectuelle, c'est-à-dire vertueuse ? Parce qu'une vie intellectuelle bonne réalise les personnes humaines. Dans toute activité intellectuelle, ce qui a de la valeur n'est donc pas seulement le produit de cette activité : une idée, une théorie, un produit intellectuel quelconque (y compris un article, une thèse de doctorat, un livre). La *valeur intrinsèque* est la réalisation de la nature même de la personne dans et par son activité intellectuelle.

Cependant, la satisfaction d'un désir, pour qu'il ait en lui-même une valeur, doit répondre à certaines exigences. La satisfaction d'un désir peut être ordonnée ou non. Expliquons pourquoi et comment.

Les vertus comme motivations

L'être humain à des appétits physiologiques (respirer, bouger, dormir, manger, boire), sensibles (éviter de souffrir, rechercher ce qui lui procure une satisfaction) et sensuels (sexuels en particulier) Ils résultent de sa nature animale, matérielle ou corporelle. Mais s'agissant de l'être humain, ces appétits physiologiques, sensibles et sensuels sont satisfaits selon sa nature humaine ; ils s'intègrent à sa vie rationnelle comprenant deux aspects fondamentaux : la compréhension et la volonté. Ce ne sont pas des aspects animaux de la vie humaine, mais des aspects humains d'une vie animale spécifiquement humaine. C'est pourquoi la satisfaction des désirs sensibles et sensuels est régie par des exigences éthiques, c'est-à-dire des valeurs, fins et biens qui sont propres aux êtres rationnels. Les appétits sensibles et sensuels humains supposent d'être rationnellement ordonnés en fonction de la nature humaine elle-même. La louange et le blâme moral des actes humains reposent sur cette exigence d'ordonnancement de nos appétits.

L'être humain a un désir ou un appétit résultant de ce qui fait sa spécificité humaine : la rationalité. Ce désir appelle un ordonnancement grâce auquel il devient passion vertueuse plutôt que vicieuse. En l'occurrence, le vice n'est pas identifiable à l'erreur, au raisonnement fallacieux, à l'obscurité des idées ou au manque de rigueur. Ce n'est pas que ces défauts n'aient pas à être combattus dans une vie intellectuelle bien ordonnée, et que le respect de règles intellectuelles ne concourt pas, et même efficacement, à les éviter. Mais ces défauts intellectuels résultent de vices plutôt qu'ils n'en sont l'origine. (C'est même pourquoi l'imposteur et le baratineur peuvent être dits vicieux ! Ils ne sont pas seulement dans l'erreur, obscurs ou dépourvus de rigueur – même s'ils peuvent l'être.) L'absence d'une motivation vertueuse, laisse place à un vice. Quand l'impartialité et le courage intellectuels font défaut, par exemple, alors l'indifférence ou la partialité intellectuelles, la couardise ou la témérité intellectuelles ont déjà pris le dessus. Ces vices consistent, en l'occurrence, à se servir de raisonnements fallacieux pour parvenir à imposer une hypothèse, une idée, une théorie ; et finalement, ces vices, répétés, finissent pas rendre indifférent (insensible) à la fausseté, à l'obscurité, à l'approximation. Ils peuvent devenir une véritable débauche intellectuelle, alors que la vertu se manifeste au contraire sous la forme de la sobriété intellectuelle.

Les vertus intellectuelles sont alors des motivations grâce auxquelles nous parvenons à trouver le juste milieu dans notre activité intellectuelle entre des vices par défaut et des vices par excès. Une éthique arétique pourrait proposer cette liste de vertus intellectuelles, comme celle contenue dans le tableau[1].

Vices par défaut	Vertus intellectuelles	Vices par défaut
Indifférence	Impartialité	Partialité
Étroitesse	Sobriété	Débauche
Pusillanimité	Humilité	Orgueil
Couardise	Courage	Témérité
Dispersion	Pertinence	Obsession
Laxisme	Équilibre réfléchi[2]	Rigidité

L'établissement d'une liste de vertus est cependant bien difficile et périlleux. Une définition de chacune des vertus et une liste apparaîtront inévitablement abstraites à l'égard de la vie intellectuelle concrète des personnes. Il conviendrait d'examiner des exemples précis et circonstanciés de vies intellectuelles, tout comme un romancier peut le faire avec les vies des personnages. Une telle liste est en quelque sorte paradoxale. Mener une vie intellectuellement et moralement bonne est grandement circonstanciel : nous avons une implantation historique et sociale, nous sommes placés dans certaines conditions. Il ne s'agit pas de rendre les vertus intellectuelles relatives à des circonstances particulières – ce qui reviendrait à n'en faire que de simples dispositions pratiques sans contenu propre, simplement utiles dans des circonstances données. Mais la formulation exacte des vertus et les modalités de leur exercice supposent une personne se

---

1. Je reprends, modifie et complète ici la liste déjà proposée dans mon *Qu'est-ce que croire ?* (*op. cit.*, p. 34-35).
2. Voir aussi *infra*, p. 189.

réalisant au mieux dans une certaine situation[1]. Des récits de vie intellectuelle nous donneraient une meilleure appréhension de ce que sont les vertus, plutôt qu'une liste. Laquelle pourrait revenir finalement à un répertoire : « Sois impartial et pour cela … », suivi de l'énoncé d'une règle à suivre. « Sois intellectuellement courageux, et pour cela… », suivi de l'énoncé d'une autre règle à suivre. Une éthique déontologique consiste ainsi à définir des normes ou des critères impersonnels composant une liste de commandements. C'est une démarche qui va du haut (les critères) vers le bas (leur application). Mais une éthique intellectuelle arétique consiste plutôt à partir de comportements éthiques *exemplaires*[2]. C'est en voyant agir intellectuellement certains hommes qu'on en tire des conclusions éthiques sur la nature de la vie intellectuelle bonne[3].

L'éthique intellectuelle a dès lors trois caractéristiques. Premièrement elle est axiologique, parce qu'elle met l'accent sur des valeurs (ce qui rend quelque chose préférable à autre chose) plutôt que sur une règle (ce qui justifie quelque chose par respect d'une norme). Deuxièmement, cette éthique intellectuelle est arétique, en mettant l'accent sur les vertus possédées par des personnes. Troisièmement, elle est métaphysique, parce que les vertus sont ici comprises comme la réalisation excellente de ce qu'une personne humaine est. L'éthique intellectuelle proposée ici insiste sur ce qui est absolument

1. Voir A. MacIntyre, *Après la vertu*, trad. fr. L. Bury, Paris, P.U.F., 1997.
2. Voir L. Zagzebski, *Exemplarist Moral Theory*, Oxford, Oxford University Press, 2017.
3. Voir A.-G. Sertillanges, *La vie intellectuelle*, Paris, Éditions La Revue des Jeunes, 1921.

essentiel dans l'activité intellectuelle humaine : *pour un être humain, être au mieux ce qu'il est.*

Dans l'exercice de la pensée, certaines vertus – l'impartialité, la sobriété, l'humilité, le courage, la pertinence, l'équilibre du jugement – permettent, non seulement, d'atteindre des biens épistémiques, mais réalisent, par leur exercice, ce qui, dans cette activité, est excellemment humain. L'éthique intellectuelle ainsi comprise décrit comment, et explique pourquoi, l'activité intellectuelle vertueuse fait bien mieux que justifier nos croyances ou accéder à la connaissance. Sa valeur n'est pas seulement épistémologique, mais aussi métaphysique et éthique.

THOMAS *VS* SOSA

Cependant, saint Thomas distingue fermement des vertus intellectuelles et des vertus morales. Pour l'Aquinate, les « habitus intellectuels », que sont les vertus intellectuelles, ne regardent que la partie intellectuelle de l'âme[1]. Certes, ils rendent capables de contempler le vrai, mais ils ne sont pas des motivations pour l'atteindre. C'est cet aspect d'*ordonnancement* de l'appétit ou du désir – d'ordonnancement au bien ou au vrai – qui n'est pas réalisé dans un simple habitus[2]. Or, c'est justement ce qui caractérise la vertu. Un habitus intellectuel, ou une

---

1. Thomas d'Aquin, *Somme Théologique*, I-II, 57, 1.
2. Voir S. Pinckaers, « La vertu est tout autre chose qu'une habitude », *Nouvelle revue Théologique*, 82, 1960, p. 387-403 ; voir aussi V. Aubin, « Thomas d'Aquin : le désir de connaître et l'amour de la vérité », *Les cahiers philosophiques de Strasbourg*, 2/2006, p. 109-142.

disposition, peut se former sans pour autant qu'elle soit dirigée vers les biens épistémiques.

Néanmoins, Thomas insiste sur le rôle déterminant d'une vertu intellectuelle, la prudence. Si les autres vertus intellectuelles, en tant qu'habitus spéculatifs, peuvent exister sans la vertu morale, pas la vertu de prudence. Elle se situe à la jonction de l'épistémologie et de la morale[1]. Thomas dit aussi :

> De ce qu'on a l'habitus d'une science spéculative, on n'est pas incliné à en faire usage, on est seulement capable de contempler le vrai dans ces choses dont on a la science ; mais l'usage que l'on fait de cette science est mû par la volonté. Et c'est pourquoi la vertu qui perfectionne la volonté, comme la charité ou la justice, fait aussi qu'on se sert bien de ces habitus spéculatifs[2].

Ce qui donc transmue l'habitus spéculatif en vertu intellectuelle est ce qui la fait tendre vers une vertu morale : l'aimantation vers le bien. Ici, c'est celui de l'esprit.

D'une part, les vertus intellectuelles et les vertus morales sont distinctes – et il est alors possible, pour reprendre l'exemple de Thomas, qu'un voleur se montre intelligent dans sa rapine. En ce sens, on peut parler d'une neutralité axiologique de l'activité intellectuelle, du moins tant qu'on s'en tient au fonctionnement fiable des facultés et aux compétences. Ainsi, dans une conception épistémologique qui fait des facultés cognitives elles-mêmes les vertus, et qui attendent d'elles le succès dans l'activité intellectuelle (et finalement rien de plus), on a une théorie des habitus spéculatifs, et non une épistémologie

1. Thomas d'Aquin, *Somme Théologique*, I-II, 58, 5.
2. *Ibid.*, I-II, 57, 1.

des vertus. Or, les vertus, intellectuelles et morales, sont *connexes*. La caractéristique essentielle de l'âme humaine, la rationalité, unifie toutes les fonctions humaines comme un principe de bien ; et non pas simplement pour rendre notre fonctionnellement intellectuel fiable – comme on le dirait d'un bœuf qui tire *comme il faut* la charrue, ou d'une machine qui *fonctionne bien*. L'articulation ou la connexion des vertus repose ainsi, en dernier ressort, sur l'anthropologie métaphysique, la définition de l'homme comme animal rationnel, pour peu qu'on comprenne ce qu'engage la rationalité : le bien d'un être.

Il existe un appétit rationnel : ce désir de compréhension, dont parle aussi Aristote, qui exige un ordonnancement. Thomas dit qu'une vertu perfectionnant la volonté fait qu'on se sert bien des habitus intellectuels. Il cite deux vertus qui les dirigent : la charité et la justice. Que viennent faire dans le cadre d'une épistémologie une vertu théologale, la charité, et une vertu morale, la justice ? La justice consiste à rendre à quelqu'un son dû. Par élargissement, il y a justice quand nous nous comportons avec justesse. Les habitus intellectuels grâce auxquels nous formons des croyances appropriées ou des connaissances doivent ainsi entrer dans des comportements justes – et ils ne sont vraiment des vertus qu'à cette condition. Et dès lors, avec ces vertus intellectuelles, nous réalisons notre nature rationnelle, qui est le principe du bien humain (dont la justice). En parlant dans ce cadre de la charité, une vertu théologale, notons-le infuse (c'est-à-dire donnée par Dieu) et non acquise, Thomas signifie que notre attitude cognitive, pour être ordonnée, doit être dirigée vers le Créateur, comme source aimante du bien humain. C'est pourquoi l'appétit rationnel à l'œuvre dans l'activité intellectuelle suppose aussi la charité, c'est-à-dire la source réelle de tout bien. (C'est un aspect de la pensée de Thomas qui sera repris dans le chapitre IX de ce livre et dans sa conclusion.)

Toutefois, puisque la connaissance ne relève pas directement des vertus morales, pourquoi la vie intellectuelle serait-elle une partie de la tempérance, comprise comme la vertu qui nous incline au bien ? Pourquoi, aussi, la vie intellectuelle serait-elle une partie de la justice et de la charité, des vertus directement connexes de la tempérance ? Ernest Sosa dit que « l'épistémologie n'est pas un département de l'éthique »[1]. S'il avait vécu au XIIIe siècle, Thomas aurait pu lui répondre dans une question disputée que nous pourrions ici tâcher d'imaginer.

Pour Sosa, champion d'une épistémologie des vertus pensée en termes de facultés et de compétences cognitives[2], l'évaluation épistémique peut être isolée de toute considération éthique ou prudentielle. Bien sûr, l'amour de la vérité, comme ordonnancement de la vie intellectuelle, n'a pas alors de rôle décisif. (Sosa est certes bien loin d'envisager que la charité puisse y jouer le moindre rôle dans l'évaluation épistémique.) De même qu'un assassin n'est pas une meilleure personne en tirant comme il faut avec son pistolet, un agent cognitif n'est pas moralement meilleur en étant cognitivement compétent. Si l'idée de responsabilité joue un rôle dans l'activité intellectuelle, ajoute Sosa, c'est au titre de la conscience réflexive, c'est-à-dire de l'examen de nos raisons de croire ; et cela n'a rien d'éthique. Il précise que

1. E. Sosa, « Virtue Epistemology : Character Versus Competence », *in* M. Alfano (ed.), *Current Controversies in Virtue Theory*, Oxon, Routledge, 2015, p. 71.
2. Voir la note 1, p. 83, de ce chapitre.

« c'est ce jugement conscient, endossé rationnellement, qui est au centre de la tradition épistémologique depuis les Pyrrhoniens en passant par Descartes »[1]. Autrement dit, l'évaluation épistémique est affaire de contrôle conscient dans lequel les routines et les présupposés (ou comme on dit aujourd'hui les « biais ») cognitifs sont épinglés et éliminés. Pour Sosa, les vertus intellectuelles qui constituent la connaissance ne sont pas morales : ce sont des compétences cognitives. Je suppose qu'un Sosa médiéval ne compterait nullement la studiosité comme l'une de ces compétences, alors que Thomas en fait une vertu liée à la prudence, et connexe de la justice et de la charité. Après tout, dit Sosa, pour un chercheur, par exemple, la poursuite obsessionnelle de la vérité, au prix d'une dépression ou de se négliger lui-même, serait même moralement critiquable ; pourtant, cette obsession pourrait être utile, efficace, si ce n'est indispensable, dans la recherche scientifique. Ni justice ni charité là-dedans. Les attitudes sociales ou morales devraient être laissées aux marges de l'épistémologie – évitant ainsi d'entremêler des domaines, théorique et pratique, qu'il convient de laisser distincts.

Imaginons ce que répondrait Thomas à Sosa. Que « l'acte de la faculté cognitive est commandé par la faculté appétitive, qui est motrice de toutes les puissances »[2]. Ce qui signifie : tout acte suit de l'être[3] ; l'acte de la faculté cognitive suit de la nature de la faculté cognitive comme disposition d'une certaine nature. Il serait dès lors arbitraire de séparer complètement connaissance et

---

1. E. Sosa, « Virtue Epistemology : Character Versus Compe-tence », art. cit., p. 72.
2. Voir Thomas d'Aquin, *Somme Théologique*, II-II, 166, 2, ad. 2.
3. Voir chapitre précédent, p. 70.

motivation. Mais cette réponse de Thomas présuppose une certaine anthropologie métaphysique comme fondement d'une épistémologie ; c'est cette anthropologie métaphysique que Sosa n'embrasse nullement. La définition de l'homme, c'est ce qui sépare les deux philosophes. Leur différence est anthropologique et métaphysique. L'anthropologie de Sosa suit, en gros, une métaphysique moniste et matérialiste, tout en acceptant l'idée d'un examen interne des raisons de croire, sous la forme d'une conscience réflexive, dans une tradition à la fois sceptique et cartésienne. L'anthropologie de saint Thomas, est hylémorphique, et affirme que nous sommes un composé d'une âme, immatérielle (et immortelle), qui fait, en tant que forme (principe structurant) de notre corps, ce que nous sommes, des êtres humains.

La réponse thomiste à Sosa peut être prolongée. Nous devons tenir compte d'un double bien. Premièrement, le bien de l'acte de connaissance, qui est la vérité. Certes, il est raisonnable de penser que certaines normes, sous forme de règles, sont indispensables à la poursuite de la vérité. Par exemple, il ne faut pas se contredire ; il convient donc de respecter le principe de non contradiction, norme épistémique absolue. En ce sens, nous pouvons formuler des obligations, des devoirs ou des impératifs épistémiques. Et la fiabilité cognitive comprend aussi la capacité d'une attitude réflexive, respectueuse de normes épistémiques. Mais, un autre bien importe dans l'acte intellectuel. C'est celui de l'appétit ou du désir dans l'exercice de l'intellection. Saint Thomas dit que ce bien appartient à l'acte de la faculté appétitive et « consiste pour l'homme à avoir un désir droit d'appliquer sa faculté de connaissance de telle ou telle façon, à ceci ou à cela »[1].

---

1. Thomas d'Aquin, *Somme Théologique*, II-II, 166, 2, ad. 2.

C'est, dit-il, ce qui appartient à « la vertu de studiosité qui se range donc parmi les vertus morales »[1]. Et cette fois, ce n'est plus affaire de compétences, de règles, de devoir épistémique ; mais c'est affaire de vertus, morales aussi bien.

La studiosité est une vertu morale ordonnant notre désir dans le travail intellectuel. Les habitus intellectuels perfectionnent les actes intellectuels ; mais il nous faut avant tout *vouloir comprendre* ; notre désir intellectuel est donc lui aussi à ordonner. La studiosité motive l'appétit intellectuel par une ardeur d'intention. Pour saint Thomas, le vice opposé est la curiosité. C'est, entre autres, l'excès de celui qui se torture dans l'art de la dialectique, pour parler comme saint Jérôme[2]. Mais un vice opposé à la studiosité serait, à mon sens encore plus évidemment, celui d'imposture intellectuelle. Ce que l'imposteur désire n'est pas la vérité, mais l'effet de fascination ou de sidération intellectuelles produit sur ses auditeurs ou ses lecteurs. C'est le désir à l'œuvre chez l'imposteur intellectuel, le désordre qui le motive ; son appétit intellectuel est ainsi corrompu et sa vie intellectuelle pervertie – ce qui a des effets délétères sur la vie des autres qui l'entendent ou le lisent. L'imposture intellectuelle est donc un vice moral. Ses effets sont cognitifs, moraux et sociaux. Elle détourne d'un bien qui est à la fois cognitif et moral.

Saint Thomas ne parle certes pas des vices d'imposture et de foutaise intellectuelles. Faut-il en conclure qu'elles étaient, à son époque, moins répandues qu'à la nôtre ? En revanche, il parle de l'orgueil intellectuel et cite le

---

1. *Ibid.*
2. Cité par Thomas d'Aquin, *Somme Théologique*, II-II, 167, 1, *sed contra*.

prophète Jérémie : « Ils ont exercé leur langue à proférer le mensonge, ils ont travaillé afin de mal faire »[1]. Nous pouvons développer quelques considérations sur ce vice qu'est l'orgueil intellectuel, mais en examinant la vertu grâce à laquelle nous y échappons, l'humilité. Pour cela il est utile de revenir sur la distinction entre deux sortes d'épistémologie, déontologique et arétique. En effet, le rôle épistémologique d'une vertu comme l'humilité n'est pas sensible dans la première, mais le devient dans la seconde et dans l'éthique intellectuelle à laquelle elle conduit

UN EXEMPLE DE VERTU : L'HUMILITÉ INTELLECTUELLE

Les défenseurs d'une épistémologie déontologique ont un avantage notable. Ils proposent une ou des règles à suivre pour s'assurer de la justification des croyances ou de l'authenticité d'une connaissance. Ils affichent des conditions en bonne et due forme de la justification et de la connaissance. Ils pratiquent des formules en « si et seulement si » : X est Y si et seulement si *C1, C2, C3*. L'impression se dégageant d'une formule de cette sorte est celle de sérieux et de rigueur, tout à l'honneur et pour la plus grande fierté des philosophes analytiques. La méthode complète est la suivante. Premièrement, une définition en termes de condition nécessaire et suffisante est énoncée ; deuxièmement, des contre-exemples sont trouvés ; troisièmement, la définition est amendée et reformulée, une fois, deux fois, trois fois, quatre fois, plus encore ; quatrièmement, une formule, jugée satisfaisante, se présente enfin ; cinquièmement, un autre article montre que la formule se heurte *encore* à des difficultés,

1. Jr 9, 5, cité dans *Somme Théologique*, II-II, 167, 1, r.

surtout si l'on pratique l'expérience de pensée sur des cas improbables, et d'autant plus significatifs ; et l'on repart du premièrement.

L'épistémologie analytique n'est certes pas réductible à cette procédure. Mais tout de même, dans ce courant, on en a quelque peu abusé dans des séries d'articles qui se répondent les uns les autres. Heureusement, les philosophes analytiques les plus significatifs ont proposé de véritables théories de la vie intellectuelle, sans se cantonner à une épistémologie formelle, qui formule et teste les principes d'une sorte de règlement interne de la pensée. Ce n'est pas tant la volonté d'être rigoureux et précis dans l'analyse qui fait échouer une certaine méthode formelle. Après tout, scrupuleuse et argumentative, n'est-ce pas, en un sens, celle de Socrate ? Mais l'objet à examiner est-il bien identifié ? S'agissant de la vie intellectuelle, cet objet se réduit-il aux croyances et aux conditions de leur justification ou de la connaissance ? Nous devons nous tourner plutôt vers les qualités de caractère des agents épistémiques dans leurs actes intellectuels. Le fond de l'affaire en épistémologie, ce sont les personnes, ce qu'elles sont, ce qu'elles veulent, comment elles vivent. Ce sont leurs vertus. C'est même pourquoi l'anthropologie métaphysique est le fondement de l'épistémologie et que sa forme achevée est l'éthique intellectuelle. Certes, en mettant en évidence ces qualités, l'épistémologue des vertus devient incapable de fournir un catalogue de règles et de normes. Il ne rédige pas le règlement intérieur épistémologique que l'épistémologue formaliste entend produire – sans en réalité y parvenir, sans doute parce que c'est vain. Les formules en « si et seulement si » disparaissent, les définitions et les principes se font rares. La philosophie de la connaissance ne saurait se confondre avec un mode d'emploi épistémologique.

C'est la justesse de notre vie intellectuelle – ce qui lui
donne sens et valeur – qui importe. Montrons-le sur le
cas, décisif, d'une vertu comme l'humilité. Elle est à la
fois intellectuelle et morale – et elle n'est pas vraiment
l'un sans l'autre, même dans un contexte cognitif. Mais
elle n'est pas réductible à une règle, un ensemble de règle,
ni même, on le verra, à une simple définition.

Pour savoir ce qu'elle est, nous devons la dégager de
ce à quoi elle s'oppose et de ce avec quoi nous pourrions
la confondre. L'humilité intellectuelle s'oppose à
l'arrogance, à la vanité, à la prétention, au snobisme, à
la présomption, à l'autosatisfaction, à l'ambition indue,
à la suffisance[1]. Mais elle ne consiste pas à s'effacer
intellectuellement. Elle ne suppose pas une méfiance à
l'égard de nos propres capacités intellectuelles. L'humilité
intellectuelle est la vertu qui nous fait rechercher le bien
épistémique plutôt que de nous préoccuper intellectuellement de nous-mêmes. Or, une façon de ne se préoccuper
que de soi, intellectuellement, est l'obsession, sceptique,
de ses propres limites. L'humilité intellectuelle ne suppose pas de battre sa coulpe épistémique dès qu'on se
surprend à prétendre savoir la moindre chose. C'est en
quoi l'humilité intellectuelle se distingue de la modestie
intellectuelle, comprise comme une méfiance à l'égard du
désir de vérité. Un tel désir est jugé épistémologiquement
trop risqué par le modeste[2]. La modestie est la crainte

1. Voir R.C. Roberts and W. Jay Wood, *Intellectual Virtues, An
Essay in Regulative Epistemology, op. cit.*. Ce livre a eu une influence
importante sur celui que le lecteur a entre les mains.

2. Ce n'est certes pas la conception de la modestie chez Thomas
(*Somme Théologique*, II-II, 160). La modestie, pour lui, est une partie
de la tempérance et l'humilité une espèce de la modestie. Modestie et
humilité ne s'opposent pas, comme je le propose. Mais il s'agit ici de
caractériser une modestie sceptique, puis une modestie kantienne.

de se tromper, voire celle d'encourir le reproche de se tromper, si ce n'est de pouvoir être l'objet du reproche de courir le risque de se tromper. Pour conjurer ses craintes, le modeste réduit son droit de croire, voire reconnaît, toute honte bue, qu'il n'en a pas. « Que sais-je ? », dit-il. Et cette formule pourrait encore être de trop, finalement, si elle sert d'étendard à la moindre assurance, ne serait-ce que sceptique.

Dans une version kantienne de la modestie épistémique, nous sommes supposés être irrémédiablement ignorants des choses telles qu'elles sont en elles-mêmes. Les limites de la connaissance sont en particulier telles que les croyances de foi perdent toute pertinence théorique. Elles ne jouent pas de rôle cognitif. Leur fonction est exclusivement morale. La foi commence là où la connaissance s'arrête. La modestie kantienne est ainsi incompatible avec la foi comme certitude au sujet de l'existence de Dieu, et avec des affirmations sur la création du monde (« Je crois en Dieu, le Père tout-puissant, créateur du ciel et de la terre... »), ou avec le devenir de l'humanité (Jésus Christ « reviendra juger les vivants et les morts »). Certes, l'idée de Dieu peut jouer un rôle dans la réalisation de nos devoirs moraux, pense un kantien. C'est pourquoi il serait moralement nécessaire d'admettre l'existence de Dieu. « Moralement nécessaire » signifie que ce n'est pas *cognitivement* nécessaire ; et que ce n'est donc pas *épistémologiquement* légitime. L'idée de Dieu fonde la synthèse de la vertu et du bonheur ; elle conduit ainsi à la perspective d'un triomphe final de la moralité. Nous faisons – voire nous devons faire – comme si Dieu existait et assurait la victoire de la loi morale[1].

---

1. Je suis conscient de proposer une interprétation que certains commentateurs rejettent de la pensée kantienne.

Ainsi comprise, la philosophie de Kant accorde un rôle fictionnel, mais fondamental, aux concepts de Dieu et d'âme immortelle[1]. Sur le mode du « comme si », ils ont un nouveau statut, non dommageable à la modestie épistémique.

Celle-ci conduit à renoncer à toute vérité qui ne pourrait jamais être indexée sur nos limites cognitives supposées. Ce qui diminue certes grandement son registre. (On peut se demander si, contrairement à ce que pense Kant, la science survit à ce traitement.) Affirmant plus encore la modestie intellectuelle, on peut aller jusqu'à l'abandon de la notion de vérité elle-même, jugée intellectuellement trop risquée. (Ce qui n'est certes pas le cas de Kant.) La vérité nous ferait courir un risque d'*hubris*, dont la modestie se présente comme l'antidote. Prétendre à la vérité, ce serait déjà avoir versé dans le dogmatisme (qui est nécessairement un mal épistémique) ou l'absolutisme. Croire que la vérité existe, la désirer, la rechercher ardemment, ce serait comme regarder une femme avec convoitise, en ayant ainsi déjà commis l'adultère avec elle dans son cœur. En ne désirant plus la vérité, nous assurerions notre bien intellectuel, mais par le renoncement épistémique. La modestie devient de la pusillanimité – le défaut de tant se limiter qu'on ne fait pas ce dont on serait pourtant capable.

---

1. Voir Ch. Bouriau, *Le « comme si », Kant, Vaihinger et le fictionalisme* (Paris, Le Cerf, 2013), qui explique cette position chez Hans Vaihinger, lequel s'inscrivait dans la lignée de Kant, et dont l'influence sur une conception fictionaliste de la religion ne peut être sous-estimée. À ce sujet, voir aussi R. Pouivet, « Against Theological Fictionalism », *European Journal for Philosophy of Religion*, 3 (2), 2011, p. 1-19.

La pusillanimité prend sa source dans la crainte désordonnée d'outrepasser ses capacités. Or, comme le disait Aristote, toute réalité naturelle a une inclination à exercer une activité proportionnée à sa puissance. Le présomptueux excède ses capacités, en visant des buts trop élevés pour lui ; le pusillanime reste en deçà de ce qu'il pourrait et devrait faire. Il se refuse à tendre vers ce qui lui est pourtant proportionné, voire d'accepter ce qui lui est donné[1]. Dans le *Nouveau Testament*, le serviteur qui ne fait pas fructifier l'argent confié par le maître est puni[2]. C'est justice. Refuser de réaliser ce que l'on est, c'est insulter le Créateur. La modestie intellectuelle devenue pusillanimité est une certitude indue au sujet de ses propres limites. Il existe un orgueil du philosophe – en particulier du philosophe critique et surtout du sceptique, trop sûr de lui dans sa dénégation de la connaissance. L'expression de « pusillanimité kantienne » conviendrait mieux, me semble-t-il, que celle de « modestie kantienne ». (Et celle d'« humilité kantienne » est, à mon sens, inappropriée, dès qu'on réfléchit à ce qu'est l'humilité[3].)

L'humilité intellectuelle ne doit donc pas être confondue avec le scepticisme, et pas plus avec la pusillanimité kantienne. Dans son désir de vérité, celui qui est humble ne se satisferait certes pas de briller faussement ou de paraître savoir. Il ne sera satisfait que par la vérité. Il *veut* la vérité. C'est en cela que consiste l'humilité intellectuelle. Elle s'oppose à l'orgueil, alors que la modestie devient facilement vaniteuse. En se contentant d'un savoir limité, elle claironne son renoncement

---

1. Je paraphrase ici Thomas, *Somme Théologique*, II-II, 133, 1.

2. Mt 25, 14 et Lc 19, 12.

3. Même si Rae Langton donne comme titre à son livre : *Kantian Humility, Our Ignorance of Things in Themselves* (Oxford, Oxford University Press, 1998).

intellectuel. L'humilité reconnaît en revanche la vérité comme la *norme absolue* de la croyance et de la connaissance. Elle s'incline devant la vérité. Elle admire sa splendeur[1]. Distinguée de la modestie et de la pusillanimité, l'humilité intellectuelle n'est pas l'exercice d'un contrôle épistémologique sur nos croyances ni la limitation, *a priori*, de nos prétentions cognitives. C'est une authentique *sensibilité intellectuelle* à la vérité. C'est la vérité qui nous rend humble. La reconnaître suppose d'abord de la désirer et de s'y ordonner, c'est-à-dire exige la vertu d'humilité. C'est pourquoi cette vertu est indispensable à une bonne vie intellectuelle.

Une personne croit *légitimement* si elle est sensible à la vérité. Une personne est sensible à la vérité si, pour peu que *p* soit faux, elle ne le croirait ni aisément (c'est son habitus de vérité) ni volontiers (elle rejette, voire déteste, la fausseté). Sans cette *sensibilité épistémique*, nous sommes intellectuellement tétanisés. Nous sommes modestes, mais pour quel bien intellectuel ? Peut-être sommes-nous même alors incapables de toute réflexion. La possibilité que nous soyons dans le vrai devient impossible. La prudence, mère de sûreté, y compris épistémique, suppose la sensibilité épistémique. Paradoxalement, le sceptique lui-même ne suppose-t-il pas cette sensibilité épistémique ? Sinon, il ne peut même pas formuler qu'il ne sait rien. Ce qui rend son attitude paradoxale, pour ne pas dire perverse. (Le sceptique est aussi un ironiste.) Quant à la pusillanimité, en philosophie, elle se répand en longues tirades.

---

1. Voir la Lettre encyclique de saint Jean-Paul II, *Veritatis Splendor*, le 6 août 1993.

L'humilité intellectuelle est la vertu de la sensibilité épistémique. Ce qui suppose du courage épistémique et même une certaine hardiesse intellectuelle. Mais toujours, aussi, la soumission à la vérité. Or, ce n'est pas tant la croyance qui est sensible à la vérité que la personne elle-même du croyant. Premièrement, ce sont toujours des qualités des personnes qu'on peut espérer le bien épistémique et non de leur état mental supposé. Deuxièmement, la sensibilité est moins un principe ou une norme qu'une disposition et une motivation – une aimantation intellectuelle à l'égard de la vérité, bref une vertu.

On a bien compris que l'épistémologie doit, à mon sens, décrire les vertus de la vie intellectuelle – comme l'humilité, par exemple. Elle doit s'interroger sur leurs conditions anthropologiques et métaphysiques. Elle doit être un axiologie de notre vie intellectuelle plutôt qu'un répertoire de principes et de normes épistémiques.

UN EXEMPLE DE VICE : LA VAINE GLOIRE

Qu'est-ce qu'un vice ? Tout comme une vertu, c'est un trait de caractère. Par exemple, s'agissant de la vie intellectuelle, la partialité est un vice redoutable. Elle nous fait négliger tout ce qui va contre nos idées. Un autre vice, dont il est difficile de ne pas se reconnaître trop souvent coupable, est cette paresseuse confusion mentale par laquelle nous nous complaisons dans les idées approximatives. Floues, indéterminées, trop plastiques, nous évitons ainsi tout risque de contradiction et de réfutation. Une bonne part de l'imposture et de la foutaise dans le monde intellectuel tient à l'expression, satisfaite d'elle-même, de ces idées approximatives.

Cette attitude est profondément vicieuse, aussi courante soit-elle. (Le lecteur peut penser qu'elle est surtout bien exemplifiée ici !) Dans le domaine de l'action, le vice nous fait préférer ce qui est mauvais et agir pour le pire ; dans le domaine de la connaissance, il nous fait penser mal. C'est un désir désordonné, d'une mauvaise chose, ou d'une bonne chose mais de la mauvaise façon (trop ou mal). N'ayant pas les passions appropriées, le vicieux dégrade ainsi ce qu'il est en tant qu'être humain rationnel.

La vaine gloire est le vice le plus dommageable à une vie intellectuelle bonne. C'est aussi le plus répandu dans la gent intellectuelle. C'est par cette vaine gloire que ceux qui, faisant profession de la manifestation des idées, sont le plus aisément corrompus. Le vice de vaine gloire est aussi la racine de tous les autres dans la vie intellectuelle.

Sans entrer profondément dans l'examen historique de la vaine gloire, on remarque que ce vice apparaît dans la liste des péchés ou vices capitaux (ou mortels), dès les Pères du Désert, au IVe siècle, en particulier chez Évagre le Pontique et son disciple Jean Cassien. Sont alors distingués des vices charnels : la gloutonnerie (affaiblie parfois en gourmandise), la luxure, l'avarice, la colère ; et des vices spirituels : la tristesse, la paresse (en particulier l'acédie, la paresse spirituelle), la vaine gloire (alors que nous utiliserions plus volontiers le terme de vanité) et l'orgueil. Le nombre de vices dans la liste a fluctué entre huit, chez Évagre et Cassien, et sept, dans les écrits du Pape Saint Grégoire le Grand, au tournant des VIe et VIIe siècles. Thomas, au XIIIe siècle fixe la liste, en faisant de l'orgueil la racine de tous les péchés. La vaine gloire reste en bonne place dans la liste.

Tous les vices ont la même racine : l'orgueil. Mais l'orgueil concerne plutôt l'attitude de supériorité et le pouvoir, alors que la vaine gloire concerne l'attention et la reconnaissance. L'orgueilleux tout court veut être supérieur, le vicieux de vaine gloire veut paraître supérieur. Ce passage est significatif :

> Un anachorète vint se plaindre à St Macaire de ce que tous les jours, dès neuf heures du matin, il sentait dans la solitude une faim étrange, quoique dans le monastère, où il était auparavant, il n'ait point eu de peine à passer quelquefois des semaines entières sans manger. Macaire lui répondit : n'en sois point surpris, mon fils, c'est que dans le désert tu n'as personne qui soit témoin de tes jeûnes, et qui te soutienne et te nourrisse de ses louanges, alors que la vaine gloire était ta nourriture dans le monastère, et le plaisir de te signaler parmi les autres te valait autant qu'un repas [1].

Les Pères du désert ont trouvé dans ce constat une raison (supplémentaire) pour renoncer à la vie monastique, et vivre dans la solitude. Il s'agissait d'échapper, entre autres vices, à cette vaine gloire qui accorde tant d'importance à notre image dans les yeux des autres, nous détournant ainsi de Dieu.

La gloire est l'éclat par lequel se manifeste la splendeur ; elle s'oppose au déshonneur. Par la gloire, une personne est distinguée et vue de tous, d'un groupe choisi ou même simplement d'elle-même (quand elle a une certaine complaisance à son égard). Être vain ou vide, c'est être faux, fictif, inconstant, incapable. Comme le remarque Aristote, « la gloire est ce qu'on ne se soucierait pas de posséder, si personne n'en savait rien » [2]. C'est bien ce qui, dans la plupart des cas, la rend vaine. Suivant Thomas, nous pouvons dire alors :

---

1. Marie-Ancilla Durliat, o.p., *Tu aimeras ton frère. À l'école des Pères du désert*, Vieille-Toulouse, Éd. Source de Vie, 1997, p. 48.
2. Aristote, *Topiques*, III, 3.

On peut donc parler de vaine gloire selon trois sens.
D'abord lorsque quelqu'un se glorifie faussement,
par exemple d'un bien qu'il ne possède pas. [...]
Deuxièmement, on parle de vaine gloire lorsque
quelqu'un se glorifie d'un bien qui passe rapidement.
[...] Troisièmement, on parle de vaine gloire lorsque la
gloire de l'homme n'est pas ordonnée à la fin requise : en
effet, il est naturel à l'homme de désirer la connaissance
de la vérité, parce que grâce à elle, son intelligence
atteint sa perfection ; mais le fait que quelqu'un désire
que son bien soit connu d'un autre, ce n'est pas un désir
de sa propre perfection, aussi comporte-t-il quelque
vanité, sauf dans la mesure où cela est utile à quelque
fin [1].

Dans la vaine gloire, l'intellectuel se satisfait du
seul affichage de sa différence. Sa superbe ne se fonde
en réalité sur rien qui soit substantiel. Surtout, la vérité
ne compte guère, et même sa recherche l'encombrerait.
Car la simple apparence lui suffit. Il importe seulement
de ne pas penser comme les autres, même si ce n'est tout
de même pas au point que les autres n'acceptent plus
du tout la différence. La vaine gloire parvient ainsi à
concilier une différence qui nous fait apparaître aux yeux
des autres, et une conformité grâce à laquelle le vaniteux
peut être apprécié. Il sait ainsi doser sa superbe sans se
couper des autres ou surtout être totalement rejeté par
eux. On connaît ainsi le personnage de l'intellectuel qui
a des idées surprenantes, mais finalement chatoyantes. Il
est invité à parler, sur tout et n'importe quoi, car il pourra
toujours plaire, sans ennuyer, sans non plus finalement
choquer, ou juste ce qu'il faut pour qu'il y ait un peu de
vie dans les idées.

1. Thomas d'Aquin, *Questions disputées sur le mal*, Q. IX, art. 1.

Les vices qui, de soi, ont pour fin celle d'un vice capital sont appelés ses filles. Or la fin de la vaine gloire est que l'on manifeste sa propre supériorité [...]. L'homme peut y tendre de deux façons. 1) Directement, par des paroles, et c'est la jactance[1] ; soit par des actes, s'ils sont vrais et de nature à étonner : c'est la manie des nouveautés qui étonnent toujours ; s'ils sont faux, c'est l'hypocrisie. 2) Indirectement, on tente de manifester sa supériorité en montrant qu'on n'est pas inférieur aux autres. Et cela de quatre façons. 1) Quant à l'intelligence, et c'est l'entêtement par lequel on tient trop à son avis, sans vouloir suivre un avis meilleur. 2) Quant à la volonté, et c'est la discorde, lorsque l'on ne veut pas abandonner sa volonté propre pour s'accorder avec les autres. 3) Quant au langage, et c'est la dispute lorsque l'on querelle à grands cris. 4) Quant à l'action, et c'est la désobéissance lorsque l'on ne veut pas exécuter le précepte du supérieur[2].

La première forme de la vaine gloire est ce que saint Thomas nomme « *praesumptio novitatum* », la manie des nouveautés. Le vicieux intellectuel attire alors sur lui l'attention, en produisant du nouveau et du surprenant, pour un public dont il recherche l'admiration. L'affichage d'une conception subversive, renversent les idées qui jusqu'alors avaient cours, trouve souvent son origine dans ce vice intellectuel. Il est même exigé des intellectuels qu'ils apportent toujours de l'original, du nouveau, que ce soit une possibilité ou non. Ils doivent, suppose-t-on, mettre en question les idées admises. Et si elles étaient en réalité bien meilleures que les nouvelles ? Il le faudrait

---

1. Il est à noter que la jactance – l'exaltation de soi en paroles – correspond à la connerie prétentieuse. Ce péché s'oppose à la vertu de vérité, explique Thomas (*Somme Théologique*, II-II, 112, 1).

2. Thomas d'Aquin, *Somme Théologique*, II-II, 132, 5.

encore ? L'intellectuel préfère alors la vaine gloire, au sens commun et à la vérité !

Le terme « jactance » n'est plus beaucoup utilisé. Mais on peut parler de « bla-bla », avec une dimension de tromperie du public. Et l'expression de « baratin » ou de foutaise » pourrait convenir aussi bien. La vaine gloire est encore certainement le vice de l'imposteur intellectuel. Comme celle du con prétentieux, ces affirmations ne sont destinées qu'à lui assurer l'attention indue du monde intellectuel. Par des idées fracassantes, des formules sidérantes et paradoxales, il en impose. Jusqu'à lui, on a même certainement baigné dans l'erreur. Voire pire que l'erreur – l'aliénation idéologique qu'il dévoile et subvertit. L'idée même de « déconstruction », dans son usage postmoderne actuel, accompagne cette attitude. L'un des traits de l'imposture intellectuelle est de dénoncer une tradition de pensée et de prétendre en finir avec elle. Un éditeur présente un livre comme « révolutionnaire ». Cela semble être un atout ! Les anglophones disent « *ground-breaking* » – et briser le fondement serait forcément une bonne chose.

La vaine gloire n'est pas l'ambition, laquelle est la recherche des honneurs et de l'estime que nos qualités et réussites nous font mériter. Ce qui suppose leur réalité. Et l'ambitieux s'adresse à ceux qui sont à même de la reconnaître. En revanche, la vaine gloire ne demande pas l'approbation de ceux qui savent, la reconnaissance d'un mérite réel. C'est pourquoi elle est vaine ou vide. Comme le dit Thomas, « l'appétit de la gloire vaine ou vide implique un vice, car désirer quelque chose de vain est vicieux »[1]. Le caractère vicieux de la vaine gloire tient au fait qu'elle soit un appétit ou un désir de supériorité,

1. Thomas d'Aquin, *Somme Théologique*, II-II, 132, 1.

mais sans fondement, à la différence de l'ambition ou de la fierté.

La vaine gloire apparaît dès lors comme le vice commun dans la vie intellectuelle, à l'opposé de l'humilité intellectuelle. Une éthique intellectuelle tient là, pour le moins, un vice et une vertu fondamentaux. Certes, nous ne pouvons pas aisément indiquer des principes ou des règles dont l'application nous délivrerait de ce vice et nous ferait exercer cette vertu. Sans doute, la description même de ce vice et de cette vertu supposerait de décrire des vies intellectuelles. On verrait alors comment, peut-être, la même personne a pu passer de l'un à l'autre, dans les deux directions, les manifester aussi à des degrés différents. On verrait alors l'éthique concrète des vies intellectuelles.

La vertu, manifestation de notre rationalité

Nous pouvons esquisser cette éthique concrète des vies intellectuelles en reprenant la réflexion sur Jeanne d'Arc dont la vie intellectuelle a déjà été examinée, certes brièvement, dans le premier chapitre. Elle croyait en ses apparitions de saintes et d'archanges à Domrémy. Elle croyait en sa mission confiée par Dieu de faire couronner le Dauphin sur le trône et de bouter les Anglais hors de France. Nous ne pouvions identifier ses croyances, même si elles furent et restent pour beaucoup inacceptables, à celles des complotistes. La thèse est ici que les croyances de Jeanne ne sont pas irrationnelles parce qu'elles ne supposent aucun vice intellectuel. Jeanne est l'humilité intellectuelle ; elle l'incarne. Le lecteur peut bien se gausser de telles affirmations. Jeanne, pense-t-il peut-être, croit n'importe quoi. Comment faire d'elle un parangon de rationalité ? Certes, mais comment pourrait-on être intellectuellement vertueux, comme l'est Jeanne, et irrationnel pourtant, comme certains le croient ? Pourrait-on être rationnel et intellectuellement vicieux ? Certes oui, mais par rationalité, on désigne alors une procédure consistant, par exemple, à suivre des règles logiques même en partant de présupposés erronés. Est-ce de rationalité dont on parle alors, ou de correction technique dans l'agencement d'énoncés ?

La rationalité est notre *forme de vie*, c'est-à-dire une *nature*, se manifestant dans des actes intellectuels et des actions pratiques. Dans notre activité intellectuelle, des règles sont à respecter – par exemple, le principe de ne pas se contredire, des règles d'inférence logique, le respect de l'évidence, etc. Mais la rationalité n'est pas l'obéissance à des lois, ni même leur respect. La rationalité est cette forme de vie que les êtres humains exemplifient et hors de laquelle ces règles n'opèrent plus ou ne sont guère que des mécanismes logiques. Cela n'aurait aucun sens de demander à un animal non humain de respecter certaines règles, pas même celle de ne rien croire sans raison suffisante ou de ne pas se contredire. Nous ne pouvons lui demander de respecter la règle de ne pas conclure p de si p alors q, et q. (Le sophisme consistant à affirmer le conséquent, plutôt courant, et revenant à transformer une condition suffisante en condition nécessaire.) Ce genre de défaut dans le processus logique, voire de sophisme, est évidemment à proscrire en fonction de règles ou de lois de la pensée correcte. Mais l'erreur du déontologiste en épistémologie est de croire que la rationalité est le respect, réflexif ou non, de telles règles. Ce respect est le *symptôme* de la rationalité. La rationalité n'est donc pas un processus, mais l'essence de certains êtres et la moralité de leurs comportements intellectuels. La rationalité n'est pas la normativité intellectuelle, mais le désir vertueux de cette normativité.

C'est la raison pour laquelle nous n'aurions pas de bonnes raisons d'affirmer que Jeanne est irrationnelle. Ou alors il conviendrait de montrer que la croyance en l'existence de Dieu, la croyance en des apparitions et d'avoir une vocation divine sont intellectuellement vicieuses. C'est évident diront certains. En quoi ? Sauf à présupposer déjà que certaines croyances, celles de Jeanne en particulier, sont irrationnelles. Mais peut-on définir des croyances comme rationnelles si ce sont des personnes qui le sont ? Elles le sont en étant vertueuses, c'est-à-dire en réalisant au mieux leur nature rationnelle. Comment leurs croyances le seraient-elles si elles ne le sont pas ? Peut-être le lecteur jugera-t-il alors que l'épistémologie des vertus est réduite à l'absurde en conduisant à l'affirmation que les croyances de Jeanne ne sont pas irrationnelles, puisqu'elle-même ne l'est pas et que sa rationalité se manifeste dans sa vie intellectuelle vertueuse. Mais c'est le changement d'épistémologie qui fait toute la différence. En effet, si nous partons des croyances en recherchant des règles qu'elles doivent satisfaire, il est possible que certaines de ces règles – le principe évidentialiste de Clifford, par exemple[1] – entraînent l'irrationalité de Jeanne. Si la rationalité n'est pas dans le respect des règles, mais dans l'exercice des vertus, Jeanne n'est plus condamnable. Il faut plutôt reconnaître chez elle un amour de la vérité et un courage intellectuel admirables[2].

---

1. Voir *supra*, p. 53-55.

2. Voir *Jeanne d'Arc, Le procès de Rouen*, lu et commenté par J. Trémolet de Villers, Paris, Les Belles Lettres / Perrin, 2017.

Nous pouvons être crédités de nos succès cognitifs. Mais nous sommes aussi, et surtout, jugés moralement pour ce que nous sommes intellectuellement. L'usage réussi de nos facultés intellectuelles n'assure pas encore que nous soyons vertueux. Nos vertus sont les énergies appropriées d'une destinée pleinement humaine. C'est pourquoi l'épistémologie des vertus n'est ni une recherche des normes (au sens de principes ou de règles) qui régissent des processus légitimes de pensée – et moins encore ceux de la pensée dite scientifique. Elle n'est pas non plus la description des processus fiables conduisant à des succès cognitifs dont nous pourrions être crédités. Elle signale la finalité de notre vie intellectuelle comme notre perfectionnement indissociablement intellectuel et moral. Elle pense notre vie intellectuelle en termes d'une destinée humaine bonne.

CHAPITRE IV

VERTU ET OBLIGATION

*La définition de la moralité par le rapport à la loi va, en
fait, réduire indûment le champ de la morale*[1].

MORALE DE L'OBLIGATION ET MORALE DE LA VERTU

Deux conceptions de l'éthique intellectuelle sont
possibles. L'une est centrée sur la notion de norme
épistémique ; l'autre sur la notion de bien épistémique.
La première insiste sur les lois, conçues comme des
obligations de notre vie morale. L'autre met l'accent sur
l'attrait du bien, le désir de faire ce qu'il convient. Sont
ainsi distinguées une morale de l'obligation et une morale
de la vertu.

Dans la première conception, la loi morale détermine
la nature et le contenu de nos actions. Elle dicte notre
devoir : si telle est la loi, alors c'est ainsi que nous devons
agir. S'il est interdit de mentir, alors notre devoir est de
dire la vérité. Une action est morale parce qu'elle est régie

---

1. S. Pinckaers, *Les Sources de la morale chrétienne*, Fribourg-
Paris, Academic-Le Cerf, 1985, p. 279. Ce chapitre doit beaucoup à
la pensée du Père Pinckaers. Toutefois, l'usage fait de sa distinction
entre obligation et vertu se situe dans un autre domaine que le sien (la
théologie morale).

par une norme, un impératif ou un principe. Pourquoi l'homme politique qui ment au sujet de son compte en banque caché en Suisse est-il immoral ? Parce que dire qu'il n'en a pas ne satisfait pas la règle de ne jamais mentir. Son action est en revanche motivée par le désir de tromper ceux qui lui reprocheraient d'avoir ou d'avoir eu ce compte en banque. Elle n'est donc pas régie par une règle, mais par un désir. Dans une morale de l'obligation, pour savoir si une action est morale, il faut ainsi répondre à la question : « Quel acte (ou quelle sorte d'actes) doit-on faire ou s'interdire de faire dans ce cas ? » La raison pratique contrecarre les désirs, émotions, passions, s'ils menacent la moralité de l'action conçue comme la détermination de la règle. Cette moralité suppose que la norme de l'action soit régie par la loi, comprise comme un impératif. « Quelle est la loi et comment lui obéir ? », telle serait l'interrogation morale fondamentale. Le problème moral se pose au sujet des actions particulières, qui sont autant de « cas moraux ». Vais-je ou non mentir pour échapper à la honte ? Nous sommes libres ; nous pouvons choisir ; faire une chose ou faire le contraire. La conduite morale se présente comme une succession d'actions particulières ; dans chacune d'elles notre moralité est engagée. La conduite morale est ainsi atomisée. Dans chaque action, la moralité dépend de la subsumption de la règle déterminant l'action sous la norme morale générale. Et à chaque moment, dans cette suite d'actions, la liberté humaine est engagée. Un bien final n'entre donc pas dans cette perspective. Comment s'inscrirait-il dans les actes pris indépendamment les uns des autres ? Il concernerait le sens donné à l'action humaine en général, et même à la vie de celui qui agit, lequel échappe à une normativité dont le cœur est l'obligation morale.

Dans la seconde conception, celle d'une morale de la vertu, la volonté droite requiert l'intellect, c'est-à-dire la meilleure compréhension – ce qu'Aristote appelle *orthos logos*, une droite raison. Ainsi éclairée, la volonté ordonne le désir au bien. Quand le désir est ainsi orienté, sans aucunement être contrecarré ou réduit, le bien est attrayant. Il est la fin d'actes dans lesquels notre nature se réalise pleinement, en particulier dans le contenu même des désirs. Ils ont une fin : le bonheur, qu'une vie pleinement morale garantit. « Quel est le bonheur de l'homme et quelle personne dois-je être pour l'atteindre ? » : telle est alors la question principale. (Et ainsi, la question morale n'est pas de savoir, pour chaque acte, comment la règle morale va s'y appliquer, comme dans une *casuistique*.) Comment ordonner nos désirs et nos passions à nos inclinations naturelles, fondamentalement bonnes ? Comment nous perfectionner en fonction de notre nature ? Dans une morale de la vertu, ce sont les bonnes questions. La vie morale n'est pas une agrégation d'actions, mais elle a une fin : le bonheur. Il ne se réalise pas de façon instantanée, mais dans une orientation bénéfique de la vie. La moralité humaine ne se saisit alors que dans un récit ; et non dans la description d'un acte à la fois isolé et coupé d'une continuité orientée.

Une morale de l'obligation pose la question de savoir ce que doit faire un sujet rationnel dans chaque circonstance de sa vie ; la morale de la vertu demande ce qu'il est bon d'être pour un être humain. Dans une morale de l'obligation, à chaque moment, à défaut du respect de la règle ou de la loi, nous manquons de faire ce que nous devons. La vie morale est ainsi un constant effort, en suivant la norme, pour ne pas *chuter* moralement. Notre volonté n'est bonne que par le respect de la norme. Le sujet moral ne doit pas se laisser entraîner sur la pente naturelle, sensible et passionnelle, de l'être humain. En revanche, une morale de la vertu voit dans les vertus, qu'elles soient acquises ou infuses (données par Dieu), le perfectionnement grâce auquel, finalement, nous sommes attirés par le bien. Nous sommes enclins par nature au bien. Le vice ou le péché sont des corruptions de notre nature. La liberté n'est pas un choix entre des contraires, mais une transformation qualitative de notre vie, lui permettant, en allant vers le bien, de réaliser notre nature. Quand le désir s'ordonne au bien, il ne va pas contre notre nature. Bien au contraire, il la réalise. La vie vertueuse fait que nous ne vivons pas, à chaque moment, dans la tension morale de l'obligation morale, mais que nous sommes attirés vers le bien.

Ces deux conceptions de la morale – celle de l'obligation et celle de la vertu – se retrouvent dans l'éthique intellectuelle.

CE QUE LA TORTUE DISAIT À ACHILLE

En quoi consiste une morale de l'obligation s'agissant de la vie intellectuelle ? Elle s'y présente comme une série d'actes de l'esprit (ou d'actes mentaux). Pour chacun, l'agent épistémique décide s'il respectera, ou non, certaines lois logiques, certaines règles ou normes épistémiques d'argumentation, de rigueur, de clarté, de précision. Après tout, dans la série de ses actes mentaux, il lui serait possible de ne plus accepter de telles règles à l'étape suivante. La vie intellectuelle serait ainsi discontinue : une suite de choix de faire ou non son devoir intellectuel, en respectant les normes de la pensée rationnelle ou en les refusant. Serai-je intellectuellement irréprochable ou vais-je me vautrer dans la luxure épistémique ? Telle serait la question que chacun aurait à se poser pour chacune de ses croyances et chacune de ses pensées.

Examinons alors une histoire édifiante racontée par Lewis Carroll dans l'article intitulé « Ce que se dirent Achille et la Tortue »[1]. C'est une variation savoureuse sur une vieille histoire, formulée initialement par Zénon d'Élée. Elle racontait qu'Achille, le célèbre coureur à pied à la vélocité renommée, ne rattraperait jamais la Tortue, partie en avance. Car si Achille court jusqu'au point où vient de se trouver la Tortue, celle-ci a encore avancé un peu, et ainsi de suite. Le paradoxe est devenu fameux. Il en inspire un autre, que voici.

Dans l'article de Lewis Carroll, Madame Tortue énonce les trois propositions suivantes :

A. Deux choses égales à une même troisième sont égales entre elles (transitivité de l'égalité).
B. Les deux côtés de ce triangle sont égaux à un même troisième.
Z. Les deux côtés de ce triangle sont égaux entre eux.

La Tortue demande à Achille si Z suit de A et B. Achille assure que oui. La question de la Tortue est de savoir s'il serait possible d'accepter A et B sans reconnaître le lien logique entre les deux prémisses, et donc la conclusion Z.

Achille écrit A, B et Z et demande à la Tortue d'accepter la proposition :

C. Si A et B sont vraies, alors Z est nécessairement vraie

1. L. Carroll, *Logique sans peine*, Paris, Hermann, 1966. Cet article a paru dans *Mind*, en décembre 1894. (Il s'agit bien de l'auteur des *Aventures d'Alice au Pays des Merveilles*.)

La Tortue accepte de reconnaître la vérité de cette proposition, à condition qu'Achille l'écrive. Une fois que la proposition C est écrite, la Tortue l'accepte ; pourtant, elle refuse la conclusion, Z. Achille insiste : « Si tu acceptes A, B et C, tu dois accepter Z ». La Tortue fait remarquer qu'il s'agit là d'une nouvelle proposition, et demande qu'elle soit écrite à la suite des autres. La Tortue accepte, et ainsi de suite, chaque hypothèse qu'Achille accepte d'écrire ; pourtant, elle n'accepte jamais la conclusion. À la n-ième itération, les hypothèses sont les suivantes :

> Deux choses égales à une même troisième sont égales entre elles.
> Les deux côtés de ce triangle sont égaux à un même troisième.
> Si (1) et (2) sont vraies, Z est nécessairement vraie.
> ....
> Si (1), (2), ..., (n-1) sont vraies, Z est nécessairement vraie

Mais la Tortue refuse encore et *toujours* de reconnaître la conclusion. À la fin du dialogue, arrivée à la 1001ᵉ itération, elle ironise sur le temps mis par Achille pour accomplir sa tâche : « Avez-vous noté cette dernière étape ? À moins que j'en aie perdu le compte, c'est la mille et unième. Il y en a encore plusieurs millions à venir ».

La Tortue accepte la validité de la règle logique qu'est le *modus ponens* – c'est d'elle dont il s'agit dans la suite A, B, Z – et que, pour cela, Z suive de A et B. Mais la Tortue traîne des pieds, si l'on peut dire. La règle ne peut pas la forcer à accepter Z. Pascal Engel fait dire à la Tortue :

Car accepter ou reconnaître une proposition comme vraie, ou *inférer* la conclusion des prémisses, sont des actes psychologiques. Et je ne vois pas en quoi le fait que les livres de logique me disent que je *dois* inférer *q* de *p* et *si p alors q* [la formulation du *modus ponens* : *p* & (*p* → *q*), donc *p*] pourrait me forcer à l'inférer. Je peux très bien ne pas *croire* que si une proposition A est vraie, alors une autre proposition B est vraie aussi. Je peux aussi croire que A est vraie et, pour une raison quelconque, ne pas croire que B est vraie ou s'ensuit. La logique en elle-même n'est qu'un ensemble de propositions écrites dans des manuels de logique. Elle ne nous dit rien des *raisons* que nous pouvons avoir de croire en la vérité de prémisses particulières, ou de croire en la vérité de conclusions qui s'ensuivent logiquement de ces prémisses. Même si nous appelons certaines propositions des *règles*, ces règles seront exprimées par des signes sur le papier, mais je ne vois pas pourquoi le fait qu'un manuel de logique les contienne pourrait me donner un quelconque motif pour faire les inférences correspondantes, à titre d'actes psychologiques. Et tu ne nies pas, n'est-ce pas, qu'il me faille entrer dans l'état mental d'inférer Z de A et B pour pouvoir tirer cette conclusion. Bref comment la logique peut-elle mouvoir mon esprit, comment peut-elle *par elle-même* me mettre en mouvement ?[1]

En effet, rien n'oblige la Tortue à accepter d'appliquer la règle. Il faut qu'elle reconnaisse la règle logique comme une règle qu'elle *doit* respecter, mais aussi qu'elle *veuille* faire son devoir.

---

1. P. Engel, « La logique peut-elle mouvoir l'esprit ? », *Dialogue*, XXXVII, 1998, p. 39-40. Je dois beaucoup à cet article, mais rien n'est moins sûr que son auteur partagerait l'usage que j'en fais dans le cadre d'une éthique intellectuelle. Voir aussi A. Bouvier et R. Künstler (dir.), *Croire ou accepter ?* Paris, Hermann, 2016.

Ce qu'il nous est proposé est de nous représenter la vie intellectuelle de la Tortue comme une suite de prises de décisions. Elle ne se demande pas simplement : Z s'ensuit-il de A et B ? Mais elle se demande plutôt : Vais-je accepter Z ? Et C m'y force-t-il vraiment ? Finalement, accepter Z, surtout croire que Z, n'est pas une affaire de règle. Est-ce pour moi, se demande la Tortue, une raison de conclure Z ? C'est, pour elle, non pas une question de règle, mais une question de *motivation* pour suivre la règle.

Malgré cette explication au sujet du comportement de la Tortue, l'attitude de l'animal caparaçonné nous embarrasse. L'animal dit ne pas être obligé par la règle logique. Mais n'est-ce pas comme une personne ne ressentant pas l'obligation de respecter des commandements moraux : ne pas tuer, violer, voler ou mentir ? On lui répondrait que les règles morales obligent (ce sont des impératifs catégoriques et non hypothétiques, une affaire de devoir, non de sentiment, dirait le kantien qu'est peut-être aussi Achille). Il n'y a pas à tergiverser. Fais ce que tu dois faire. De même, quoi qu'en pense la Tortue, les règles logiques l'obligent. La Tortue semble dire qu'elle doit accepter d'être obligée pour l'être. Comprend-elle ce qu'est une obligation ? Sacré Tortue, c'est toujours comme elle veut ; et ce qu'elle veut, c'est comme elle sent ou même se sent. Pourtant, quel reproche pourrait-on lui faire ? En face de celui qui ne voit aucune raison de faire son devoir, sauf si et quand ça lui chante, à quoi sert de lui rappeler qu'il *doit* le faire ? Il ricanera. Il dira : « Et pourquoi donc, cher ami ? ».

Après tout, si la Tortue ne *croit* pas la proposition Z, pourquoi devrait-elle accepter cette règle qui l'obligerait à y croire ? Au mieux, justement, elle l'acceptera, c'est-à-dire qu'elle cèdera. Cette Tortue a carrément une conception moderne de la liberté, comprise comme indifférence entre des inclinations qui finalement se valent. Une préférence ne doit reposer sur rien qui oblige. Cette indifférence fait la souveraineté du choix libre. Libre parce qu'absolu, jusqu'au risque de l'arbitraire. La volonté dicte, la raison suit[1]. Chaque acte de la volonté est ainsi indépendant, séparé des autres et pris dans l'instant de la décision. La Tortue *ne veut pas* conclure Z, et à chaque étape, et encore à la mille et unième, elle dit non. Son moi se pose en s'opposant. La Tortue est une authentique rebelle. Elle pourrait invoquer sa liberté d'esprit, le dépassement des normes argumentatives communes, le renversement des valeurs logiques, la déconstruction des lois de la pensée. Va-t-elle, ou non, respecter ce qui lui est présenté comme une règle logique ? Mais cette règle ne s'impose à elle que de l'extérieur ; l'accepter reste un acte volontaire absolument libre. (Ne serait-ce pas une tortue sartrienne ? C'est d'elle seule que viendrait le sens à donner aux contraintes, qui dès lors n'en seront plus. Elle fait le choix de son projet existentiel, même quand il s'agit d'admettre ou non une conclusion.)

La Tortue fait tourner Achille en bourrique. Elle refuse de respecter la règle du *modus ponens*. Elle nous offre le modèle d'une révolte épistémologique. « Vais-je respecter ou non le principe de ne pas croire quand l'évidence en faveur d'une croyance fait défaut ? Vais-je respecter l'injonction de clarté ou de rigueur ? Vais-je me

---

1. Initialement, ce volontarisme est lié à des débats théologiques au sujet de la liberté divine, de la nature des commandements divins et de la prédestination. Le nominalisme et le volontarisme se sont imposés, en partie contre l'aristotélisme de Thomas d'Aquin, à la fin du XIVᵉ siècle. Voir S. Pinckaers, *Les Sources de la morale chrétienne, op. cit.*

contredire si et quand je veux ? » Comme la Tortue, forte tête, à chaque étape de notre démarche intellectuelle, nous pourrions ainsi refuser les normes épistémiques. Et, après tout, ceux que, dans le premier chapitre, nous avons traités d'imposteurs et de baratineurs, auxquels nous avons reproché leur immoralité intellectuelle, ne pourraient-ils pas, eux aussi, clamer n'avoir cure des exigences d'un moralisme intellectuel prétendant imposer des règles ? Ils adopteraient, en épistémologie, l'attitude que la Tortue réservait pour le seul *modus ponens*, ou, disons, la logique en général. Ces obligations n'entravent-elles pas la liberté de la pensée, la puissance indomptable d'une production conceptuelle (de l'invention de concepts, comme dit un philosophe français contemporain), la capacité de déconstruction ou d'invention ?

Liberté d'indifférence et liberté de qualité

Avec Servais Pinckaers, nous pourrions alors distinguer deux sortes de liberté : la « liberté d'indifférence » et la « liberté de qualité ». La première se définit par un pouvoir de choisir entre des contraires : la liberté réside uniquement dans la volonté. Aucune inclination naturelle ne l'entrave. Elle ne se forme pas ; elle n'est pas progressive ; elle est tout entière dans le moment du choix. Dès lors, chaque choix libre est indépendant, affaire d'une décision souveraine. L'être libre n'a que faire des vertus, acquises (et donc supposant une formation) ou infuses (et donc éliminant l'autonomie du choix). Toute loi est extérieure – même la loi naturelle. Elle limite la liberté. À quoi la liberté d'indifférence est-elle indifférente ? À toute valeur déterminant, y compris par son attractivité, le choix souverain en quoi consiste la liberté.

En revanche, la liberté de qualité, est l'orientation vers le bien et le pouvoir d'agir pour lui. Le choix volontaire est éclairé par la raison ; un être rationnel est attiré par le bien et la vérité ; il les désire. La rationalité est ainsi un désir ordonné à des valeurs, morale et épistémique. Une éducation réussie assure, petit à petit, que nous soyons attirés par le vrai et le bien, et la formation de notre caractère permet que nous allions dans leur direction. Ce sont là des finalités naturelles d'une vie humaine – celles auxquelles s'ajuste une vie heureuse. Les vertus sont les qualités essentielles à notre liberté. Et donc, en étant vertueux, nous sommes libres.

Si nous faisons de la liberté d'indifférence l'essence de la vie morale, alors toute obligation restreint la liberté, sauf en étant elle-même l'objet de la décision. L'obligation ne tient pas à son contenu. Car si c'était le cas, la liberté ne serait justement plus indifférente et purement décisionnelle. Elle disparaîtrait sous la contrainte. Être libre, c'est se donner à soi-même sa loi ; et c'est dès lors un pouvoir de choisir entre des contraires. C'est tout autre chose dans la liberté de qualité. Elle est le ressort moral nécessaire pour que nos inclinations naturelles, perfectionnées par des vertus, assurent notre perfectionnement humain. L'essence de la vie morale est alors l'attractivité du bien et la qualité de la liberté consiste à ce qu'elle lui soit ordonnée.

Appliquons cette distinction à la vie intellectuelle. C'est une liberté d'indifférence que l'on constate chez la Tortue de Lewis. Tant qu'elle ne veut pas, elle n'est pas obligée par la règle logique ; toute obligation logique supposerait sa décision d'accepter d'être ainsi obligée. Une vie intellectuelle réussie, selon ce modèle, consiste à examiner une croyance en nous demandant si nous allons l'accepter – si donc nous acceptons d'être obligé. La réflexivité intellectuelle est comprise comme l'exercice d'un contrôle par lequel nous affirmons notre souveraineté intellectuelle. N'est-ce pas une telle liberté d'indifférence que vante le rationaliste. « *Sapere aude !* », dit-il. C'est, selon Kant, la devise des Lumières : « Aie le courage de te servir de ton propre entendement ! ». Sinon, dit Kant, ce n'est que « paresse et lâcheté », qui sont des vices intellectuels autant que moraux apparemment[1]. La morale de l'autonomie, selon laquelle chacun doit être à soi-même son propre législateur, vaudrait ainsi dans la vie intellectuelle comme dans l'action morale[2]. Cette morale de l'autonomie suppose que chaque acte de l'esprit, après examen, soit *un choix intellectuel*. Il n'oblige qu'en termes d'une décision de croire ou non. La Tortue refuse le *modus ponens*. Par sa valeur logique, il aurait dû l'attirer. Mais la Tortue n'est pas impressionnée. Elle se pense libre par une indifférence à tout ce qui n'est pas sa liberté, règle logique y compris. La vie intellectuelle est alors une série de cas de conscience intellectuelle. Et chaque fois, une personne accepte ou non. Il n'y a pas un bien

---

1. E. Kant, *Réponse à la question : « Qu'est-ce que les Lumières ? »* (1784), trad. fr. J.-F. Poirier et F. Proust, Paris, Garnier-Flammarion, 2006.

2. Kant définit ainsi la vertu : « La vertu est le produit de la raison pure pratique, en tant que celle-ci, qui a conscience de sa supériorité, triomphe, au moyen de la liberté, de la puissance des penchants contraires » (*Doctrine de la vertu*, § 49, *Métaphysique des mœurs*, trad fr. A. Philonenko, Paris, Vrin, 1996). Je serais tenté de penser que l'exercice de la raison dépend de la vertu, plutôt que le contraire. (Mais c'est sans doute que je ne suis pas kantien !) La raison triomphe, pour Kant, au moyen de la liberté en exerçant le rejet de toutes les inclinations qui s'opposent à elle. C'est le triomphe d'une souveraineté de la raison pure (indépendante de tout ce qui est empirique).

extérieur (moral ou intellectuel) auquel l'adhésion serait préférable, donnant ainsi un contenu à la liberté. Dans le modèle de la liberté d'indifférence, la vie intellectuelle est ainsi décomposée en actes mentaux séparés de choix distincts. On en est à mille, dans le cas de la Tortue, et chaque fois elle a dit non. La Tortue est la championne de la liberté d'indifférence intellectuelle.

La liberté de qualité, dans la vie intellectuelle, s'identifie à l'exercice des vertus. Elle résulte de la maturation d'un esprit. Celui-ci sait quels sont les biens, moraux et intellectuels ; il sait comment les atteindre ; ou, au moins, il sait comment éviter l'erreur à leur sujet. La liberté intellectuelle est une sensibilité au vrai et à tout ce qui assure la qualité de la vie intellectuelle : clarté, rigueur, précision, équilibre, selon ce qu'il convient relativement à ce qui est à appréhender et à comprendre. La liberté de qualité est ainsi l'ordonnancement du désir naturel de la vérité à son objet. La norme extérieure, comme les règles logiques et aussi, plus généralement, toutes les exigences d'une saine vie intellectuelle, la renforcent. Elles ne s'opposent nullement, comme de pénibles obligations. Certaines dispositions naturelles, bénéfiques quand elles sont ordonnées par les vertus [1], sont ainsi les racines de la liberté, bien loin qu'elles en soient des entraves. La liberté de qualité n'élimine pas nos obligations, qu'elles soient morales ou intellectuelles. Mais elle prend sa place dans une morale de l'attraction – et même du désir ou de l'amour.

Nos inclinations naturelles, y compris celle vers la connaissance et la vérité, ne garantissent pas que nous

---

1. On le verra plus loin (p. 280-287), elles le sont aussi par des dons.

soyons vertueux. Le désir de vérité peut se satisfaire aisément d'une apparence de pensée. Dans notre vie intellectuelle, nous allons trop vite en besogne ; nous refusons de recourir à de bons guides, ou nous ne les identifions pas. La liberté de qualité n'est donc pas sans risque. Qui veut faire l'ange fait la bête. La liberté de qualité suppose ainsi une discipline intellectuelle. Ce qui est bien différent du contrôle réflexif de la liberté d'indifférence. La liberté intellectuelle n'est pas dans l'instantanéité de l'acceptation ou du refus de la norme. Elle se comprend plutôt comme une éducation. Elle suppose donc des éducateurs ou des professeurs, des modèles, le rôle d'une culture et d'une tradition. Elle requiert l'acquisition progressive des vertus. Les commencements sont difficiles aussi bien dans la vie morale que dans la vie intellectuelle. Les vertus, une fois présentes, ne garantissent jamais des écarts, des chutes et des rechutes. Ainsi, la discipline de la croyance et de la connaissance consiste toujours en une vigilance, qui elle-même prend la forme de vertus génériques, comme la prudence, laquelle en pilote d'autres, comme la docilité (dans l'apprentissage), la sagacité, la circonspection ou l'attention[1]. La prudence s'oppose aussi à des vices, comme la tromperie ou la fraude.

Dans une conception qui suppose une liberté d'indifférence, la vie intellectuelle consiste à suivre, comme des contraintes, les obligations épistémiques. Et alors l'attitude de refus de la Tortue devient possible. La Tortue est l'Esprit qui dit non à la règle logique. Certains pensent qu'il est aussi possible de négocier avec elle ou même de la contourner. Par exemple, ils font appel au caractère absolu de la liberté de pensée pour la mettre

---

1. Thomas d'Aquin, *Somme Théologique*, II-II, 49.

en question, ou habilement pour s'en arranger, sans la respecter. C'est la sophistique, l'imposture intellectuelle, la foutaise, toutes les manières de contourner les normes épistémiques tout en prétendant les dépasser. Au moins, notre Tortue ne joue pas le jeu : elle n'est pas sur le modèle de l'intellectuel médiatique. En revanche, ce sont les biens épistémiques, et la vérité principalement, qui nous rendent qualitativement libres. Qualitativement, parce que dans l'exercice des vertus nous sommes rendus meilleurs en menant une meilleure vie intellectuelle. Non pas que les obligations épistémiques ne s'imposent plus. Mais au lieu d'être extérieures, les suivre manifeste notre liberté en assurant l'excellence de notre pensée.

CASUISTIQUE OU NARRATION

La distinction entre morale de l'obligation et morale de la vertu recoupe celle entre une conception fragmentée et une conception finalisée de la vie morale. Nous retrouvons la même distinction dans la vie intellectuelle. Se représenter la vie morale comme une série d'actes séparés en fait une casuistique : une suite de décisions portant sur des actes séparés les uns des autres. Chaque décision consiste à déterminer comment une norme sera satisfaite. Une casuistique épistémologique revient au même : chacune de nos croyances est séparée des autres. Chacune est examinée en fonction de critères épistémiques. La vie intellectuelle pourrait être décrite comme une suite discontinue de pensées et de décisions mentales. La possibilité de modéliser notre vie intellectuelle sous forme de procédures logiques, voire informatiques, a encouragé cette image computationnelle de l'esprit.

Revenons alors à ce qui est appelé, justement, un
« *cas* de Gettier », déjà rencontré auparavant[1]. Smith et
Jones sont tous les deux candidats à un certain emploi.
Smith a de bonnes raisons de croire que 1) Jones est celui
qui sera embauché, car le directeur de l'entreprise le lui
a dit, et 2) Jones a dix pièces dans sa poche, car il les a
comptées. Smith peut donc en déduire que 3) celui qui
sera embauché a dix pièces dans sa poche. Supposons que
Smith soit finalement embauché. Smith a aussi, mais sans
le savoir, dix pièces dans sa poche. Il est alors toujours
vrai que celui qui sera embauché a dix pièces dans sa
poche. Dans cet exemple, la proposition (3) est vraie,
Smith croit qu'elle est vraie et a de bonnes raisons (par
1 et 2) de la croire vraie ; cependant, ce cas est destiné à
nous convaincre que Smith ne peut pas être dit savoir que
la proposition (3) est vraie.

Le flot de livres et d'articles écrits au sujet d'un tel
cas, ou d'autres plus ou moins similaires[2], est caractéristique d'une casuistique épistémologique et une représentation logique de notre réflexion. Tout un pan de
l'épistémologie contemporaine, en gros analytique, a
accrédité ce modèle de la vie intellectuelle. Elle serait une
série de décisions au sujet de nos croyances. D'une part,
la définition de la connaissance (ou de la justification,

1. Voir *supra*, chap. II, p. 48-52.
2. En voici un autre. Vous regardez un champ depuis une hauteur.
Vous voyez un point blanc que vous identifiez comme un mouton. Vous
croyez qu'il y a un mouton dans ce champ. Mais ce n'en est pas un,
c'est un chien blanc. Il y a un bien un mouton dans ce champ, mais de
là où vous êtes vous ne pouvez le voir. Il est vrai qu'il y a un mouton
dans le champ et que vous avez une bonne raison d'y croire (vous voyez
quelque chose de blanc) ; pourtant vous ne pouvez être dit savoir qu'il y
a un mouton dans le champ. Le chien pourrait en plus avoir été déguisé
en mouton !

ou plus généralement de la normativité épistémique) est elle-même une liste de conditions à remplir par une croyance pour en être une connaissance ou pour être rationnelle. D'autre part, dans certains cas, l'application des conditions pose un problème – c'est même pourquoi on parle de « *problèmes* de Gettier ». Il faut trancher en ajoutant une condition. Le modèle casuistique est à la fois celui dans lequel l'épistémologie analytique se place. Nous sommes supposés avoir une vie intellectuelle constituée d'une série de croyances, une suite de cas. Le modèle casuistique est aussi celui qui est appliqué à sa propre démarche. Pour tester la valeur de notre prétention à la connaissance, il faudrait ainsi examiner des cas. De nombreux travaux en philosophie analytique deviennent alors des répertoires de cas.

C'est la même chose avec une loi morale, disons celle de ne pas tuer, et un cas, comme « le dilemme du tramway ». Le conducteur d'un tramway ne peut plus que choisir de lancer son tramway fou sur l'une des deux voies possibles : cinq hommes travaillent sur l'une, et sur l'autre il y a un seul homme. La voie prise par le tram entraînera automatiquement la mort des personnes qui s'y trouvent. À lui de choisir : que fera-t-il ? Décider de tuer une personne pour en sauver cinq autres ? Est-ce agir moralement ? La philosophie morale se mue en casuistique ; tout comme l'épistémologie s'il s'agit de décider dans un cas (de Gettier). Dans les deux cas, celui du tramway comme celui de Smith et Jones, les décisions morales ou intellectuelles sont en relation avec des lois, des normes, des obligations. Mais il s'agit d'examiner *comment* nous allons les appliquer.

Une casuistique épistémologique repère et examine des cas difficiles, comme celui de Smith. Par exemple, ne suffirait-il pas d'ajouter comme condition supplémentaire à la définition de la croyance qu'elle soit vraie, justifiée mais ne soit pas obtenue par hasard ? D'autres cas difficiles ne manqueraient pas encore d'apparaître, exigeant de trouver une nouvelle parade. Une part importante de l'épistémologie analytique, et une petite industrie dans ses revues spécialisées, depuis de longues années, a consisté, à les faire apparaître. Le problème est de savoir comment nous en sortir avec une définition de la connaissance (comme croyance vraie et justifiée) qui fonctionne comme une *obligation*. L'application de la règle ne résout pas chacun des cas qui se pose. Alors la casuistique s'impose. En plaçant une rustine sur cette obligation qui toujours se dégonfle, on espère régler un problème. Mais un autre surgit et il faut de nouveau regonfler. L'épistémologie (analytique) décrit alors notre vie intellectuelle en termes d'obligations épistémiques à remplir, mais aussi d'une décision à prendre, à chaque fois, c'est-à-dire pour chaque croyance. Le philosophe analyse la vie intellectuelle ainsi décrite en découpant des énoncés qu'il examine à la loupe. Notre pensée se présente comme une série d'états mentaux identifiés à des croyances exigeant un contrôle selon des normes épistémiques. L'épistémologie analytique a largement vécu de cette image de l'esprit comme contenant des croyances, autant de grains à moudre dans le moulin épistémologique[1].

---

1. La psychologie des sciences cognitives me semble surenchérir encore.

Dans une éthique de la vertu, la démarche est fort différente. Ce qui est récusé est pour une grande part cette décomposition de la vie intellectuelle en états séparés les uns des autres. L'idée que nous devrions nous intéresser à des cas, en procédant à leur analyse, en examinant des conditions de satisfaction de règles, dans le cadre d'une théorie *formelle* de la connaissance, est mise en doute. La vie intellectuelle est celle d'une personne ; ce n'est pas une somme de croyances. *Quelle sorte de personne* est Smith, telle est la question à poser. Intellectuellement, Smith est-il impartial, sobre, humble, réfléchi ? Déterminer ce que Smith sait n'est pas possible indépendamment d'une séquence, nettement plus élaborée et surtout plus longue que celle de la situation décrite dans ce cas de Gettier. C'est en réalité tout un ensemble de facteurs d'une vie intellectuelle, celle de Smith, qu'il conviendrait de décrire. Et la casuistique épistémique ne le permet pas. Une épistémologie fondée sur une telle casuistique peut-elle comprendre notre vie intellectuelle ?

Alasdair MacIntyre dit qu'une histoire narrative s'avère le *genre* fondamental et essentiel pour la caractérisation des actions humaines[1]. C'est tout aussi vrai pour la caractérisation des croyances humaines, des connaissances humaines, des pensées humaines. Et c'est exactement ce que l'épistémologie fondée sur une casuistique délaisse. MacIntyre parle de genre, au sens de ce terme s'agissant d'un genre littéraire, une nouvelle, un roman, une satire, un polard, etc. Savoir ce que vaut la vie intellectuelle de Smith, c'est faire une sorte de récit,

---

1. C'est le sens du chapitre 15 de *Après la vertu* (Paris, P.U.F., 1997), intitulé : « Les vertus, l'unité d'une vie humaine et le concept de tradition ».

celui d'une *biographie intellectuelle*. L'épistémologie pourrait ainsi elle aussi relever d'un genre : le récit d'une vie intellectuelle. Indépendamment de ce récit, on décrit une suite de prises de décisions et de croyances, dont certaines apparaîtront satisfaire une obligation, et d'autres non. Si les décisions sont indépendantes les unes des autres, ou si elles renvoient seulement à des règles, au coup par coup, nous n'avons pas un récit et nous ne sommes pas dans le genre biographique. Nous avons pu nous demander si l'éthique intellectuelle est vraiment de l'épistémologie. Mais c'est peut-être le contraire : une casuistique épistémique est-elle une épistémologie ? Il faut avant tout savoir comment tel épisode, dans lequel Smith forme une croyance vraie qui n'est cependant pas une connaissance, entre dans sa vie intellectuelle. Il faut dire qui est Smith, ce qu'il veut, comment il pense, etc. Est-il ou non vertueux intellectuellement ?

L'objection serait que la personnalité intellectuelle de Smith ne permet en rien de s'assurer que sa croyance est *justifiée*. Elle ne garantit pas non plus que Smith sache réellement quelque chose. C'est ce que remarque l'objecteur défendant l'épistémologie analytique, telle qu'elle a été beaucoup pratiquée. C'est vrai : une épistémologie des vertus ne fournit pas de critères de la justification ou de la connaissance. Et elle ne recourt pas à un cas de Gettier sur lequel on pourra jusqu'à la nausée ajouter des arguments. Mais c'est peut-être qu'une régulation épistémique *standard*, à laquelle nos efforts d'analyse nous permettraient de parvenir, est un projet dépourvu de sens, du seul fait de ce qu'est la vie intellectuelle. Peut-être n'était-ce pas une telle régulation que l'épistémologie avait à constituer, parce que l'épistémologie n'avait pas à consister en cela. Cela ne veut pas dire que les normes épistémiques qui ont été discutées dans ce cadre étaient des illusions, ni que tout ce bel effort des philosophes analytiques ait été complètement vain. Mais il reste que c'est bien l'attitude intellectuelle d'une personne qui importe. Qu'elle se tienne obligée par certaines normes ne résulte pas des normes elles-mêmes, mais des qualités de la personne. C'est la description de sa vie intellectuelle qui compte. La décomposition de la vie intellectuelle en étapes séparées dans lesquelles se pose la question du respect d'une obligation épistémique ne permet pas de comprendre ce qu'est une vie intellectuelle. Probablement, cette caricature de vie intellectuelle qu'on trouve dans les cas de Gettier est méthodologique : se passer d'une description complexe de la vie intellectuelle, tenant compte de nombreux éléments, entremêlant des aspects moraux et épistémologiques. Tout miser sur une analyse formelle. La procédure, apparemment scientifique, a constitué un espoir. Il était mal placé. Son abandon ne devrait pas laisser de regrets aux épistémologues, bien au contraire.

LA VIE INTELLECTUELLE BONNE

En décomposant la vie intellectuelle en une suite de moments séparés, il est certes plus facile de déterminer si une croyance est ou non justifiée, ou si une prétention à la connaissance est justifiée. On sait si la norme est respectée ou non ; on le sait de façon immédiate et précise. Enfin, sur le papier, comme on dit. Car l'histoire récente de l'épistémologie montre plutôt que des conditions supplémentaires sont ajoutées, et encore, et encore. Il s'agit de répondre aux difficultés particulières présentées par chaque cas, ou presque. En liant la recherche de conditions à la fois nécessaires et suffisantes au cadre contextualiste impliqué dans l'idée même de cas, on est conduit à transformer des règles en modes d'emploi de la justification épistémique. La traque au contre-exemple devient le sport épistémologique principal, et l'analyse doit indéfiniment se poursuivre.

Maintenant, que se passe-t-il si nous rétablissons une continuité dans une vie intellectuelle, si nous la pensons en termes de récit, au lieu de procéder par l'analyse de cas ? Nous ne serons plus tentés de partir d'une définition de la connaissance présentée comme un ensemble de conditions nécessaires et suffisantes. Nous ne serons plus tentés par la recherche de critères de justification sur le modèle de normes pour décider de l'appellation d'origine contrôlée d'un produit (comme on le fait pour le Châteauneuf-du-Pape, le fromage de Munster ou les moules de bouchot de la Côte d'opale). Nous serons moins enclins à nous demander si, dans un cas ou dans l'autre, ces critères sont satisfaits ou non. Une épistémologie des vertus demande ce qu'est la vie d'une personne intellectuellement vertueuse. Surtout, qu'est-ce qui, dans sa vie intellectuelle, l'attire ? Qu'est-ce que, dans sa vie intellectuelle, cette personne aime ?

Ce qui rend une personne vertueuse n'est pas son allégeance, fruit ou non d'une décision absolue, à des principes, moraux ou intellectuels. Ce qui laisserait incertain comment ils seront appliqués dans sa vie intellectuelle. C'est l'excellence de son activité intellectuelle qui est en jeu. C'est donc son histoire intellectuelle avec sa finalité – ce vers quoi elle se dirige – qui permettra de comprendre ce que cette personne a pu être, à chaque moment, de cette vie ; et ce n'est pas l'inverse, chaque moment, isolé, qui ajouté à d'autres, isolés eux aussi, forment une vie intellectuelle. Parmi les caractéristiques cruciales d'une vie intellectuelle bonne, on compte l'impartialité, la sobriété, l'humilité, le courage, la pertinence, et bien d'autres encore. Ces vertus n'ont pas de rôle dans une casuistique épistémologique ; l'analyste ne saurait pas quoi en faire. On peut objecter alors : « Il serait possible d'avoir toutes ces vertus et que pourtant l'on se trompe, en croyant pour de mauvaises raisons ». C'est juste. Nous restons faillibles. S'il s'agit de nous assurer que telle ou telle croyance est justifiée, alors l'épistémologie des vertus n'est certainement pas bien efficace. Car le seul critère serait de savoir si certaines obligations sont satisfaites : celles de vérité, de justification, d'absence de hasard. C'est aussi de savoir si quelqu'un, dans tel ou tel cas, a rempli son devoir épistémique. La thèse défendue ici n'est évidemment pas que nous serions autorisés à délaisser notre devoir épistémique, à suspendre nos obligations épistémiques ou à les contester. Mais l'obsession du respect des règles épistémiques passe à côté de ce qui importe vraiment dans la vie intellectuelle : l'orientation de toute la personne vers les biens épistémiques.

Un imposteur ou un baratineur – un mystificateur en général – est intellectuellement habile, brillant, fascinant. Sinon, nous ne serions en rien sensibles à ce qu'il raconte. Dans certaines circonstances, il peut posséder une authentique compétence. Il peut être habile pour respecter des principes épistémiques dont la mise en question serait par trop manifeste – par exemple, une contradiction patente, une argumentation clairement défaillante, une erreur évidente. Voire, il peut posséder une grande habileté dialectique et jongler avec les arguments. En ce sens, il peut être rationnel, dans un sens technique de la satisfaction de règles logiques ou d'exigences argumentatives. Le sophiste possède une certaine compétence, de ce type justement. Après tout, un sophisme ne l'est pas de façon transparente, sinon il ne fonctionnerait pas et ne pourrait être utilisé afin de tromper. Mais présenter quelqu'un comme un sophiste, un imposteur, un baratineur ou un mystificateur dans le domaine épistémique, c'est dire que sa vie intellectuelle est corrompue et corruptrice[1]. Le sophiste est dépourvu des vertus informées par la droite raison, c'est-à-dire par les biens épistémiques. Surtout, il n'a pas ces biens pour fin : la connaissance et la vérité. Ce jugement ne suppose pas de mettre en évidence des manquements à des règles ou des raisonnements incorrects. Et si manquements il y a, ils sont des indices d'un mal spirituel plus profond et d'une vie intellectuelle délétère.

Comprendre le rôle des vertus suppose d'appréhender une vie dans son unité. Une vertu n'est même intelligible que dans l'unité d'une vie humaine – et cette vie humaine dans une unité sociale au sein de laquelle les vertus sont acquises et exercées. Nos comportements ne sont pas intelligibles indépendamment de nos intentions – et nos intentions ne le sont pas indépendamment de finalités. Nos actes mentaux, nos attitudes cognitives ne sont pas des atomes isolés, au sujet desquels l'épistémologie poserait *seulement* la question de leur légitimité. Tout jugement sur la valeur intellectuelle d'une personne porte sur sa vie, sur un chemin parcouru, un récit existentiel, et non sur des cas (à la Gettier).

---

1. Platon, dans *Gorgias* ou dans *Le Sophiste*, montre quel genre de personne est le sophiste, non pas en quoi ses raisonnements, en tel ou tel cas, sont incorrects ou ne satisfont pas certaines règles.

Une épistémologie du devoir ou de l'obligation conduit à une technologie de la justification épistémique et de la rationalité cognitive. Mais elle échoue à rendre compte de la finalité qui est à l'œuvre dans notre vie intellectuelle. Pourquoi avons-nous des croyances ? Pourquoi désirons-nous savoir ? Pourquoi aimons-nous la vérité ? À l'inverse, pourquoi craignons-nous l'erreur, détestons-nous le mensonge, sommes-nous dégoûtés par les faux-semblants de l'imposture et de la foutaise ? La réponse est que toute notre vie intellectuelle s'ordonne aux biens épistémiques. Elle n'en dévie que par notre propre corruption intellectuelle, ou celle qui provoque en nous au mieux une forme de mépris, et parfois du dégoût, voire de la colère. Mais la réalisation de notre rationalité est l'essentiel d'une vie intellectuelle bonne, qui est aussi une part de notre vie morale.

VERS LE JUGEMENT DERNIER ÉPISTÉMIQUE

Dans une biographie intellectuelle – le récit d'une vie de pensée, de son cheminement, errance parfois, des interrogations, efforts, découvertes, rejets, que cette vie comprend – la dimension épistémologique est fondamentale. L'épistémologie porte ainsi sur les qualités de caractère des personnages du récit. Elle dit en quoi ces qualités consistent et la valeur qu'elles ont pour l'acquisition et le développement de la connaissance.

Lors du Jugement dernier épistémique, chacun sera l'objet d'une évaluation de sa vie intellectuelle. Des divagations, des erreurs, des illusions, des simplifications, de l'irresponsabilité, et même des impostures et des foutaises, il y en aura à reconnaître. La valeur épistémique de notre vie intellectuelle sera finalement évaluée sur la façon dont elle s'est orientée vers les biens épistémiques, et non comme une addition d'épisodes. Il ne suffira pas que, pour une bonne part, lors de ces épisodes, nous ayons été respectueux de règles ou de lois épistémiques. C'est bien le désir des biens épistémiques qui sera l'étalon. Avons-nous été vertueux ou vicieux ? Certes, pour peu que l'un ou l'autre de ces épisodes n'ait pas consisté en une chute abyssale dans une corruption intellectuelle perverse et absolue, répandant l'erreur et le mensonge dans notre propre esprit et autour de nous. Une éthique intellectuelle porte donc sur notre *personnalité intellectuelle*.

   Qu'as-tu fait de tes dispositions rationnelles, constitutives de ton être ? Qu'as-tu fait de tes talents, ou du seul talent, pour celui qui n'en a reçu qu'un seul, comme il est demandé dans la Parabole (Mat. 25, 14-30) ? Telle serait la question posée lors du Jugement dernier épistémique. Et non pas : quel est le taux de réussite de tes obligations intellectuelles ? Quels sont tes succès cognitifs ? Le Jugement dernier épistémique ne sera pas la proclamation des résultats d'un concours. À lire Platon, Aristote, Thomas d'Aquin, qu'est-ce qui est essentiel à l'examen de notre vie intellectuelle ? L'examen de cas et des multiples lois épistémiques ? Ou, la vie intellectuelle bonne ? À mon sens, la bonne réponse est la seconde. Ainsi, l'affirmation que l'épistémologie porte sur notre personnalité intellectuelle est un retour à une conception traditionnelle de l'épistémologie (à l'époque où le terme n'avait pas cours !), en termes de vertus intellectuelles. C'est cette conception qui s'était estompée dans la philosophie moderne, au profit d'une épistémologie des règles et des lois de l'esprit. Et même, au profit d'une épistémologie conçue comme une technique de l'acquisition de croyances justifiées ou de connaissances.

Notre personnalité intellectuelle ne se comprend qu'au sein d'une vie intellectuelle comportant une dimension historique et sociale. Elle appartient à une *tradition épistémique*. Cette expression désigne la façon dont une communauté historique, sur plusieurs siècles parfois, établit les modalités d'une vie intellectuelle bonne. La scolastique médiévale, la théorie des idées aux XVIIe et XVIIIe siècles, la philosophie analytique aujourd'hui, en sont des exemples historiques. L'exercice des vertus intellectuelles s'inscrit dans une tradition qui nourrit la vie intellectuelle en lui donnant sa dimension communautaire. La tradition est le cadre de l'acquisition des vertus intellectuelles aussi bien que le lieu de leur exercice. Une vie rationnelle bonne n'est pas socialement et historiquement désincarnée ; elle ne consiste pas en une pensée solitaire.

L'épistémologie contemporaine porte sur la façon dont les connaissances sont des productions de communautés épistémiques (en particulier dans le domaine des sciences). Le contrôle et la justification épistémiques peuvent profiter d'une visée commune dans des groupes humains, en particulier au sein d'institutions. Ce qui apparaît encore plus nettement dans la recherche scientifique organisée et financée que nous connaissons aujourd'hui. L'insistance est grande dans l'épistémologie « sociale » sur le témoignage épistémique : ce qu'une personne sait dépend de connaissances reçues, et notre connaissance est dans une grande mesure testimoniale. Il est question aussi de dépendance épistémique, de confiance épistémique, de collaboration épistémique ou de désaccord épistémique. Les situations épistémiques ou les cas examinés ne concernent plus les seuls individus, mais comprennent les relations qu'ils ont entre eux et ce qu'on a pu appeler des « agents collectifs ».

Une épistémologie des vertus est sociale. Mais, encore une fois, il ne s'agit pas, ou pas seulement, de tenir compte des mécanismes d'agrégation des croyances individuelles. Il ne s'agit pas de règles à élaborer, mais de motivations collectives à identifier. L'attirance pour les biens épistémiques ne saurait être le seul fait d'individus isolés. Les biens épistémiques sont communs. Si nous avons besoin des vertus épistémiques pour parvenir à la connaissance, alors l'amour de la vérité n'est pas une caractéristique seulement individuelle. Cet amour agrège les personnes humaines vers cette même fin indispensable à la vie intellectuelle. Pour l'acquisition et le développement des vertus intellectuelles, il convient que leur valeur soit reconnue et promue par des institutions d'enseignement. Un système éducatif devrait ainsi constamment reconnaître et promouvoir les vertus intellectuelles[1]. Sans la préférence pour elles, une institution éducative ne serait rien d'autre qu'un moyen d'assurer la reproduction sociale et l'acquisition de compétences utiles à la production économique. Les deux ne sont pas incompatibles.

Le caractère social de l'épistémologie ne se réduit dès lors pas à l'étude des phénomènes d'interrelations entre les agents cognitifs, ni à prétendre que ces agents cognitifs, sont collectifs plutôt qu'individuels. Bien

---

1. Que ce soit effectivement le cas, il est permis d'en douter. Il est possible que des pans entiers de systèmes éducatifs encouragent le développement de vices intellectuels. Si un concours suppose l'exercice d'une rhétorique qui n'est pas mise en service du savoir, mais favorise le faux-semblant, l'esbroufe, voire la foutaise, alors c'est toute une institution qui encourage la corruption intellectuelle. Il y a alors une perversion dans la finalité même de l'enseignement, qui perd sa fonction éducative, pour être un instrument de reconnaissance sociale.

compris, ce caractère social signifie que l'épistémologie est une éthique intellectuelle. Or, une éthique porte sur les relations entre les personnes. Notre vie intellectuelle, comme notre vie morale, est commune. Et notre vie intellectuelle est commune parce qu'elle est morale, qu'elle est aussi une des manières dont nous vivons avec d'autres êtres rationnels à l'intérieur de communautés épistémiques, qui sont des traditions de pensée.

Chapitre V

LA MOTIVATION INTELLECTUELLE

> *La vertu de clarté est à la vie de l'esprit ce que l'humilité est à la vie morale – parce qu'elle témoigne d'une volonté d'être compris, offrant ainsi une vulnérabilité à la réfutation*[1].

ÉPISTÉMOLOGIE DES VERTUS, RATIONALITÉ ET MOTIVATION

Une épistémologie des vertus, telle qu'elle est présentée dans les chapitres précédents, modifie nettement la nature et la finalité de l'épistémologie. Au lieu que les croyances et les normes de leur acceptation soient centrales, ce sont les personnes et leur vie intellectuelle – sa valeur épistémique et morale à la fois – qui sont au cœur de la réflexion. S'il est question de personnes, c'est aussi de leurs motivations dont il s'agit.

Une différence a été explicitée dans le chapitre précédent : l'épistémologie des vertus n'accorde pas un rôle déterminant à la notion d'obligation épistémique, de normes ou de règles, dont le respect, en chaque situation

---

1. D. Turner, « How to be an Atheist », *Faith Seeking*, London, SCM Press, 2002, p. 4.

ou cas épistémiques, justifierait la croyance ou garantirait la connaissance. Coupée des inclinations naturelles se manifestant dans des vertus acquises, l'épistémologie devient une législation épistémique. Elizabeth Anscombe a pu dire qu'une déontologie morale recourant à la notion de loi, mais se privant d'un législateur divin, devient absurde, puisque la loi morale est privée de justification[1]. De la même façon, une épistémologie déontologique, affirmant l'obligation de respecter la loi épistémique, sans expliciter ce qui en fait une loi, n'explique pas le désir de la vérité, la préférence pour certaines voies cognitives ni le dégoût à l'égard de certaines attitudes intellectuelles.

Pourquoi être moral ? On ne voit pas bien comment nous pourrions répondre à cette question sans indiquer *la source* de la loi morale. Dire que cette source est la raison elle-même suppose d'expliquer *pourquoi être rationnel*. Comment le déterminer sans expliquer les raisons pour lesquelles la rationalité possède une valeur, et de quelle sorte de valeur il s'agit ? Quelle est la source non pas de la rationalité, mais de l'*exigence* de rationalité ?

On peut être tenté de rétrécir notre vie intellectuelle aux dimensions d'actes singuliers, de simples cas à examiner. Car, dès lors, les normes de rationnelles sont aisément identifiables à des règles. Ce qui semble, pour certains, avoir le mérite d'éviter les « Grandes Questions » ; celles au sujet de la rationalité, du désir de vérité, de la motivation intellectuelle ; celles justement sur lesquelles porte l'épistémologie des vertus. Les questions en « pourquoi » ne trouvent pas de réponse

---

1. G.E.M. Anscombe, « La philosophie morale moderne », *Klésis*, 9, 2008. Il s'agit là d'un article « séminal », comme l'on dit, à l'origine du renouveau de l'éthique des vertus. Il a paru initialement en 1958.

dans une simple technologie de l'activité scientifique ou intellectuelle. Laquelle fonctionne en tant que mode d'emploi (comme pour monter un meuble), indiquant les choses à faire (et plus rarement à ne pas faire). Mais le choix fait de monter ce meuble, et les qualités que nous devons avoir pour le faire, ne sont pas considérées. Une technologie épistémologique examine donc la question intellectuelle sur une base étroite, sans considération pour des interrogations plus fondamentales concernant la personne que nous sommes quand notre vie intellectuelle est bonne (et aussi mauvaise).

Un objecteur ironique pourrait alors remarquer que l'épistémologie des vertus revient, à sa façon, à une perspective dominante dans la pensée française contemporaine, particulièrement avec Michel Foucault. Il s'agirait de penser la vie intellectuelle dans un cadre social et politique, comme possédant avant tout des enjeux pratiques. Ce qui est proposé dans ce livre n'en serait qu'une variante moralisatrice et bien-pensante. Pourtant, la différence avec une épistémologie des vertus, telle qu'entendue ici, est immense. Une épistémologie insistant sur le contexte social entend expliciter la fonction politique de la connaissance, en particulier scientifique. Elle insiste généralement sur la relativité de toute prétention à la vérité, voire à l'objectivité. Elle a une fonction critique à l'égard des notions traditionnelles de l'épistémologie. En particulier, elle vise, de façon soupçonneuse, les notions décrites dans les chapitres précédents en termes de biens épistémiques. Ces notions traditionnelles, de vérité, de justification, de rigueur, de clarté, etc., sont présentées, dans l'épistémologie critique et historique, comme construites et relatives. Les penser historiquement revient à en retracer une généalogie. Elles sont des enjeux de pouvoir, pour des groupes sociaux qui imposent leur idéologie. Elles ne sont nullement des biens épistémiques auxquels nos vertus cognitives nous inclinent naturellement, même si elles sont acquises. L'épistémologie comprend alors toute la tradition épistémique comme un cadre social contraignant, adossé à des intentions politiques et à une structuration aliénante de la vie en commun. Mais, l'épistémologie des vertus ici proposée est bien éloignée de cette perspective. Elle n'entretient aucun soupçon sur le désir (et même l'amour) de la vérité et des biens épistémiques en général ! L'objection était ironique. Mais elle n'est guère plus que cela.

VALEUR ÉPISTÉMOLOGIQUE ET VALEUR MORALE

Une autre objection est que nous pourrions donner des exemples d'une authentique connaissance chez une personne, sans que rien, dans son attitude, ne soit à proprement parler moral. Si motivation il y a à la description de son attitude intellectuelle, elle n'est pas morale. Ce qui devrait alors doucher tout enthousiasme à l'égard de la conception de la motivation intellectuelle comprise comme *morale* – celle à laquelle les chapitres précédents ont apparemment conduit.

Un élève apprend que, par un point hors d'une droite, on ne peut tracer qu'une seule parallèle à cette droite (du moins dans une géométrie euclidienne). Ou encore, il apprend que Bichkek est la capitale kirghize. Il a de bonnes raisons de croire l'un et l'autre. Dans un cas son professeur de mathématiques lui enseigne la célèbre démonstration ; dans l'autre son professeur de géographie est sérieux (il contrôle ses sources). Comprendre une démonstration dans un cas, croire une autorité digne de ce nom, ce sont là de respectables façons de savoir, et de parvenir à la vérité, au moins dans de très nombreux cas. C'est même la façon *normale*, d'une part en mathématique et d'autre part en géographie ; et ce n'est pas exclusif à ces domaines, puisque nous recourons souvent, et à juste titre, à l'autorité d'un témoignage fiable. Que désirer de plus ? En quoi et pourquoi une motivation intellectuelle vertueuse serait-elle nécessaire pour parvenir à la connaissance ? Une personne peut savoir quelque chose (un énoncé mathématique ou un fait) sans aucunement avoir la motivation intellectuelle appropriée. Cette motivation, de plus, ne concerne pas les raisons pour lesquelles cette personne croit légitimement (en possédant de bonnes raisons), ou sait quelque chose : une autorité appropriée, une démonstration effectuée ou un constat empirique. La motivation intellectuelle, surtout si elle est pensée comme possédant une valeur morale, apparaît comme une *surdétermination morale* de la croyance ou de la connaissance. Après tout, même en l'absence de cette motivation, la personne croit légitimement ou, même, elle sait à bon droit quelque chose. La motivation intellectuelle – au sens où ce serait moralement pour elle une bonne chose de l'avoir – n'ajoute rien à sa dimension épistémologique.

Il serait possible de répliquer en insistant sur l'importance, pour un élève, par exemple, d'une motivation dans l'effort pour parvenir à la connaissance et à la vérité. La recherche des bonnes raisons supposerait cette motivation. N'est-ce pas particulièrement manifeste dans le cas d'une démonstration mathématique qui requiert rigueur et attention ? Pour un élève, ne pas vouloir se tromper au sujet de la capitale d'un pays, ce serait aussi une bonne chose. Et surtout, lors d'une interrogation, qu'il se refuse à tricher, à tromper, à faire-semblant de savoir, et même à jouer avec les idées, à finasser, à en rajouter dans la prétention alors même qu'il se sait lui-même bien fragile. Pourtant, en présentant les choses ainsi, nous confondons, diront les récalcitrants, ce qui justifie la croyance (ou constitue un critère d'une connaissance légitime) et les motivations psychologiques à l'œuvre dans la vie intellectuelle d'une personne. Or, ce que l'objection signale finalement est la différence entre les *normes de la connaissance* et les *conditions psychologiques de la connaissance*.

À cette objection, voici une réponse. Certes, il convient de distinguer la valeur épistémologique d'une croyance et la valeur morale de la personne qui croit. Nous pouvons dire que la première tient à sa légitimité épistémologique, aux bonnes raisons de croire. Alors que la deuxième tient à une motivation intellectuelle appropriée. Mais, la valeur épistémologique des croyances et la valeur morale de la personne qui croit, si elles sont à distinguer, ne peuvent pas être séparées. Examinons mieux la situation. Supposons que l'élève croit ce que le professeur lui dit, s'agissant d'une formule mathématique ou d'un constat empirique. Mais il le croit *parce que* c'est ce qu'il lui faut dire lors de l'examen. Il le croit vraiment pour *cette* raison. Sa croyance est-elle alors légitime ? On peut en douter. Comment les raisons de croire pourraient-elles être bonnes sans être liées, de façon appropriée, au désir de la rationalité et de la vérité ? Généralisons cette interrogation : La valeur épistémique des croyances peut-elle être totalement séparée de la valeur morale de la vie intellectuelle, voire leur être indifférente ?

Supposons encore que l'élève soit capable de faire une démonstration justifiant une formule mathématique, ou de fournir une explication d'une formule de physique. Ne convient-il pas encore que l'élève veuille que cette démonstration ou que cette explication soit vraie ou correcte ? S'il désire seulement que la démonstration ou l'explication soit celle qui est exigible lors de l'examen afin de le réussir, ou ce qui le fera briller devant ses camarades, est-ce suffisant pour que nous puissions parler de connaissance ? La distinction entre valeur épistémologique et valeur morale doit être faite. Ces deux valeurs sont-elles cependant séparables, au point que la première survive à la disparition d'une certaine sorte de motivation – celle qui est indispensable à une vie intellectuelle bonne, celle qui caractérise une personne épistémiquement vertueuse ?

Répondre négativement conduit à contester l'attitude puriste, équivalente dans le domaine de la connaissance au formalisme en morale. Kant affirme qu'il est de l'essence de la raison pure pratique de n'être soumise à rien d'autre qu'elle-même. C'est ce qui assure à la raison son universalité et son objectivité morales – et la décisive indifférence aux circonstances. Le puriste intellectuel affirme, de la même façon, qu'aucun facteur pratique ou motivationnel ne doit constituer un critère dans le domaine intellectuel. Il rejette en particulier l'idée que les conséquences pratiques soient des facteurs déterminants de la valeur épistémique de nos croyances et de la connaissance. Il refuse le conséquentialisme épistémique : la thèse que notre fiabilité intellectuelle dépendrait de circonstances extérieures qui déterminent si nous sommes justifiés ou non, ou si nous savons ou non. (Certains parlent d'« empiètement pragmatique »[1] pour désigner cette façon dont une situation pratique détermine les conséquences de notre croyance et la valeur épistémique de notre croyance, et donne finalement la réponse à la question de savoir si nous savons ou non.)

Toutefois, le puriste intellectuel feint d'ignorer que l'exigence de pureté épistémique *suppose* un désir de vérité. C'est bien d'un désir, c'est-à-dire d'une certaine motivation ordonnant notre vie intellectuelle, en lui faisant rechercher le bien de l'intellect plutôt que des conséquences pratiques bénéfiques, que dépend la pureté de son activité intellectuelle. C'est un désir approprié à l'exigence intellectuelle d'indépendance à l'égard des circonstances non épistémiques dans lesquelles notre vie intellectuelle se déroule. Un bon désir, au service de la connaissance, reste un désir ! On retrouve la même difficulté que chez Kant. Le sentiment moral (ou la motivation morale) refait son apparition pour motiver le respect de l'impératif catégorique pur. Car un pur formalisme dans l'attitude intellectuelle permet difficilement d'expliquer le dynamisme de la vie intellectuelle, et très difficilement que la volonté soit bonne.

LE GRAND INTELLECTUEL
PEUT-IL ÊTRE UNE CRAPULE MORALE ?

Qu'une motivation intellectuelle de nature morale soit indispensable à une vie intellectuelle, que nous ne puissions pas être intellectuellement bon et moralement mauvais, n'est-ce cependant pas démenti par un

---

1. Traduction de la formule anglaise « *pragmatic encroachment* ».

personnage somme toute pas si rare : le grand intellectuel à la moralité douteuse, voire moralement corrompu ?

Vous admirez un grand penseur au point d'en faire le plus grand de son siècle, si ce n'est plus. Vous êtes admiratif de sa puissance intellectuelle, justesse de vue, haute valeur littéraire, verbe intense, voire grande spiritualité. Vous pensez qu'il nous a tant donné, et qu'il a su si bien comprendre le monde et ce que nous sommes ! Mais vous apprenez qu'il ne pensait en réalité qu'à sa carrière, qu'il profitait outrageusement de son pouvoir pour satisfaire les passions les plus viles, qu'il était un tyran familial, un mauvais père – voire qu'il a soutenu les pires régimes politiques. Ou encore, qu'il était raciste, antisémite, et tout ce que, à juste titre, vous déplorez et même détestez. Démasqué, il n'a pas un mot pour reconnaître ses erreurs et faire amende honorable. Allez-vous encore découpler la valeur épistémologique de la valeur morale ? Respecterez-vous intellectuellement un individu moralement ignoble ?

Celui qui a un respect si mal placé prétend ne pas endosser la dérive morale du personnage, tout en conservant l'admiration pour sa doctrine, sa pensée, son œuvre. Ce qui revient à dire qu'il n'y a pas d'unité ou de convergence des vertus, qu'on peut en avoir certaines, intellectuelles, et être dépourvu d'autres, morales. Il est tentant aussi de soutenir qu'il y a moralité intellectuelle et moralité pratique, que ce sont deux normativités bien différentes. Ce qui n'est pas complètement faux. On pourrait être tenté de le défendre. Certes pas, en général, comme un principe, mais au cas par cas, en examinant mieux le personnage en question. Tout l'intérêt de lire de bonnes biographies tient à cela : un éclairage complet qui nous est donné sur la vie d'un écrivain, d'un philosophe, d'un penseur. Certains seront alors conduits à dire que, certes oui, il eut été préférable que « le plus grand philosophe du XXᵉ siècle » n'ait pas été nazi, mais que, disons, il ne l'était pas tant que cela. D'autres, au contraire, verront dans son œuvre la marque honteuse de son infamie morale. Certains diront que, après tout, on peut effectivement être prodigieusement intelligent, tout en étant orgueilleux, arrogant, égoïste, prétentieux, etc., et même finalement moralement répugnant. Ce que d'aucuns contesteront. Il est vrai qu'on peut aussi ne pas avoir inventé l'eau chaude, avoir des moyens intellectuels limités, mais être juste, courageux, honnête, généreux, et tout simplement bon[1]. Chacun connaît ces cas troublants de disparités intellectuelles et morales. C'est Platon soutenant un tyran, Rousseau pas vraiment bon père, les relations malsaines entretenues par Simone de Beauvoir et Jean-Paul Sartre. Mais n'est-ce pas à tort que nous avons du mal à faire cadrer une admiration intellectuelle et un dégoût moral ? Ne faut-il pas « bien séparer les écrits et la vie », comme on dit. Et ne pas faire de jugements anecdotiques ou anachroniques sur la vie des grands esprits.

Peut-on dire alors, comme Linda Zagzebski que la relation entre l'évaluation de l'activité cognitive et celle de nos actions, au sens habituellement réservé à l'éthique, n'est pas seulement une analogie ?[2] L'épistémologie normative peut-elle être vraiment considérée comme une partie de la philosophie morale ? Le risque est la confusion des domaines. Il ne suffit certes pas d'ajouter

---

1. Voir. Engel, « La volonté de croire et les impératifs de la raison. Sur l'éthique de la croyance », *Filosofia*, IIᵉ serie, volume XVIII, 2001.

2. Voir L. Zagzebski, *Virtues of the Mind*, Cambridge, Cambridge University Press, 1996, p. XIX-XV.

« intellectuel » à une vertu morale comme le courage, en parlant de « courage intellectuel », pour lui donner une fonction cognitive ; ou, à l'inverse, de donner une fonction éthique à une simple capacité intellectuelle, comme la clarté ou la rigueur, pour lui donner une valeur morale. Parler de moralité dans le domaine intellectuel, n'est-ce pas simplement filer la métaphore ? Si nous y sommes encouragés par l'usage de termes comme « norme », « obligation », « honnêteté », « légitimité », et même, comme dans ce livre, « vertu », la prudence justement devrait nous encourager à une certaine circonspection.

De plus, confondre l'intellectuel et le pratique, ne serait-ce pas adopter une attitude typiquement postmoderne, qui conteste leur distinction, et même *consiste* à les contester ? Cette attitude affirme que nos pensées résultent en réalité de nos désirs. Elle rejette l'idée d'une vérité comme finalité de notre activité intellectuelle. Certains ont tiré de leur lecture de Foucault cette thèse que la connaissance est une forme du pouvoir – et je reviens ainsi à une objection, d'esprit foucaldien, qui avait été écartée, et certains penseront écartée trop vite, parce qu'elle leur paraît décisive. Elle dit que toute la connaissance serait un dispositif pour la classe sociale dominante. Certes, on évite généralement de dire les choses de façon aussi claire ou, au moins, aussi directe. Car ce serait accablant pour cette thèse – et auto-contradictoire. Mais l'idée que la « théorie », avec sa prétendue pureté, serait la façon dont le pouvoir (blanc, mâle, hétérosexuel, chauvin, préciseront certains) impose sa domination, plaît à certains. Gommer ainsi la distinction entre la connaissance et son contexte social, politique, historique, va dans la direction d'un relativisme cognitif. La notion de vérité s'émousse alors sérieusement.

Mais n'est-ce pas aussi pratiquer ce que Julien Benda appelait « la trahison des clercs »[1] ? Le mouvement des idées vaudrait par-dessus toute vérité fixée. On a là une forme de volontarisme. La norme de la connaissance est affaire de choix, éclairé par des intérêts, parfois politiques, bien compris. Ce qui revient à affirmer un certain bien supérieur de l'humanité, quel qu'il soit, et à dire qu'il décide en réalité de la vérité. Le recouvrement de la valeur morale et de la valeur intellectuelle se fait alors contre l'exigence de rationalité et de vérité, au seul profit d'un bien sans autre justification que la conviction ou même l'intérêt pratique. Ainsi, la sorte de moralisation à laquelle l'appel à la motivation intellectuelle semble nous conduire pourrait faire penser à une attitude, si ce n'est à une dérive, postmoderne. Ce qui n'est pas du tout mon intention.

C'est que la question reste cependant entière : comment est-il possible d'être un parfait intellectuel sans être moralement bon ? Comment peut-on être un bon, dans un domaine du savoir, sans être bon *tout court* ? Ne peut-on pas ainsi imaginer – s'il y a besoin de l'imaginer – une personne mettant toute son intelligence au service de l'immoralité la plus complète ?

Au sujet de la relation entre évaluation intellectuelle et évaluation morale, Susan Haack[2] distingue cinq possibilités : 1) L'évaluation intellectuelle est une sous-espèce de l'évaluation morale ; elle en est un cas particulier.

---

1. J. Benda, *La trahison des clercs*, Paris, Grasset, 2003 (1927, 2ᵉ ed. 1946). Voir P. Engel, *Les Lois de l'esprit. Julien Benda ou la raison, op. cit.*.

2. S. Haack, « L'éthique de la croyance reconsidérée », dans J.-P. Cometti et C. Tiercelin (dir.), *Cent ans de philosophie américaine*, Pau, Presses Universitaires de Pau et des Pays de l'Adour, 2003, p. 85-108.

2) L'évaluation intellectuelle positive ou négative est distincte de l'évaluation morale, mais elle est invariablement associée avec cette évaluation morale. Les deux évaluations sont corrélées. 3) Les deux évaluations se recouvrent partiellement ; elles peuvent donc être associées, mais elles ne le sont ni toujours ni nécessairement. 4) Les deux évaluations sont indépendantes. 5) Les deux évaluations sont distinctes, mais analogues.

Le personnage du brillant intellectuel immoral semble invalider les thèses selon lesquelles l'évaluation intellectuelle est simplement un cas particulier de l'évaluation morale ou qu'elles sont invariablement associées. Nous devons en effet tenir compte de toutes ces possibilités : des vices moraux – vanité, arrogance, prétention, etc. – contribuant à l'acquisition, au développement et à la transmission de la connaissance ; des vertus morales – modestie, générosité, bonté, etc. – empêchant l'acquisition, le développement et la transmission de la connaissance ; des vices épistémiques – rigidité intellectuelle, étroitesse mentale, voire une forme de stupidité[1], etc. – contribuant à l'acquisition, de la connaissance ; des vertus épistémiques – rigueur intellectuelle, sobriété intellectuelle, scrupules intellectuels, etc. – empêchant l'acquisition, de la connaissance.

Doit-on en conclure que les deux évaluations, intellectuelle et morale, sont tout à fait indépendantes ? Nous pourrions certes conserver la notion de vertu, mais en disant que la perfection peut n'être que partielle. Certains l'ont dans un domaine et pas dans l'autre. Ce qui expliquerait qu'on puisse être un grand esprit et une

---

1. N. Goodman er C.Z. Elgin, « L'efficacité épistémique de la stupidité », dans N. Goodman er C.Z. Elgin, *Reconceptions en philosophie*, trad. fr J.-P. Cometti et R. Pouivet, Paris, P.U.F., 1994.

crapule morale, ou un homme de bien et vraiment pas malin. On accepte ainsi, par une perfection différenciée, selon les domaines, qu'il soit possible d'être vertueux intellectuellement tout en se comportant mal à d'autres égards.

Cependant, si nous prenons au sérieux le sentiment de répugnance ressenti – au moins par la plupart – quand un prétendu grand esprit s'avère être une crapule morale, toutes ces distinctions sont-elles une solution à la difficulté ? Cette émotion qui nous étreint quand un grand esprit s'avère être moralement répugnant n'est justement qu'une émotion. Et elle n'a pas de valeur pour décider de la relation entre théorie et pratique. Mais ne serait-elle pas liée à une croyance, celle en l'existence d'une *unité des vertus* ? On ne peut pas être vertueux du côté intellectuel et vicieux d'un autre côté, moral. Plus exactement, la description d'une personne comme intellectuellement vertueuse et moralement lamentable, ou l'inverse intellectuellement vicieuse et moralement admirable, nous pose un problème. Ce qui ne signifie nullement que les vertus intellectuelles sont, pour cette raison, des vertus morales. Mais, il n'est pas aisé de décrire une personne possédant une motivation intellectuelle appropriée, tout en la supposant indifférente moralement ou moralement répugnante. Quelque chose dans une telle description ne va pas ; et, à juste titre, nous y résistons intellectuellement. C'est comparable à ce qu'il se passerait si un roman ou un film nous encourageait à trouver sympathique un personnage de tueur en série ou un violeur d'enfants. Ou à trouver admirable un meurtrier froid et sans scrupule, un psychopathe quelconque. À vrai dire, cette demande n'est pas rare au cinéma dans de nombreux films. Mais la question est de savoir si nous y parvenons, quelle que soit l'intention du réalisateur du roman ou du film ?[1] C'est aussi de savoir si nous sommes tenus d'y parvenir et si cette demande n'est pas en elle-même corruptrice.

Je défends ainsi une unité des vertus, du moins tendancielle. Le vertueux intellectuel a certains habitus. Comment en aurait-il d'autres dès qu'il sort de son domaine. Il peut certes y avoir des cas difficiles de disparité intellectuelle et morale, mais justement nous ne les comprenons qu'à peine. C'est la raison pour laquelle un intellectuel perd à nos yeux sa valeur épistémique quand sa vie est entachée d'immoralité flagrante. Ses productions intellectuelles, ses théories pâtissent de ses vices moraux. Pour éviter d'entremêler théorie et pratique, nous pouvons nous arcbouter sur la défense d'une séparation hermétique des deux domaines, d'un côté l'intellect et de l'autre le bien. Mais comment décrire une personne comme *à la fois* intellectuellement vertueuse et moralement vicieuse, ou même intellectuellement lamentable et moralement admirable ? Cette description semble bien inadéquate. L'impression prévaut alors que nous n'avons pas su apprécier correctement *qui* cette personne est vraiment.

Mais l'objection surgit de nouveau. Ce n'est pas parce que cette personne est déplaisante, que son travail intellectuel est mauvais ! Cette défense de l'unité des vertus ne repose-t-elle pas sur une confusion et un préjugé ?

---

1. Le problème est connu sous l'appellation de « résistance imaginative ». Voir T. Szabó Gendler, « The Puzzle of Imaginative Resistance », *The Journal of Philosophy*, vol. 97, n°2, 2000, p. 55-81. Il remonte à Hume, bien sûr, et aussi à la critique par Platon des poètes…

Non pas. Car que la description nous semble inadéquate tient à une certaine conception de la rationalité. Elle peut être pensée comme la résolution de tâches par un enchaînement (une computation) de procédures. Dès lors, une réussite dans une tâche est indépendante de la réussite dans une autre. Nos capacités peuvent même être en concurrence : celui qui est doué en mathématiques perdrait en sensibilité artistique ; l'inverse aussi, comme le suggère l'organisation du système scolaire, sa spécialisation en « Scientifique » et « Littéraire ». Une tout autre conception de la rationalité ne la fait pas consister en procédures, mais en une *forme de vie*, proprement humaine, dans laquelle nous excellons dans notre nature, spécifiquement rationnelle. C'est celle qui a déjà été défendue dans le chapitre précédent. Dans celle-ci, il n'est plus possible de penser que la réalisation la plus achevée de notre nature rationnelle serait divisible en domaines distincts dans lesquels nous excellerions partiellement. C'est la même raison dans tous les domaines, et non pas une raison comprise comme une procédure appropriée à la résolution de tâches spécialisées. Une simple analogie entre les domaines ferait-elle l'affaire ? Peut-être, si l'on acceptait la première conception, procédurale, de la rationalité. Mais une fois que la conception de la rationalité comme nature de l'être humain lui est substituée, une certaine unité des vertus prévaut. La rationalité ne se divise pas en procédures spécialisées, au point qu'une excellence intellectuelle serait compatible avec la corruption morale, ou une excellence morale compatible avec la bêtise ou l'idiotie. Alors oui, quand on est bon d'un côté, on est bon de l'autre. On ne peut pas être à la fois un grand intellectuel et une crapule morale. Cela n'existe pas !

La notion de motivation intellectuelle permet de comprendre l'unité des vertus comme celle de la raison humaine. L'activité intellectuelle consiste à s'efforcer de comprendre et à savoir ce qui est vrai. Cette activité est motivée par un appétit rationnel caractéristique de ce que nous sommes comme être humain. Les vertus intellectuelles peuvent n'être que des habitus appropriés à la production de bons produits intellectuels. Elles sont alors des compétences, et elles sont parfaitement compatibles avec l'ignominie morale. Mais si les vertus intellectuelles sont aussi un mode de la meilleure réalisation possible de notre nature, elles sont alors des motivations morales dans l'activité intellectuelle. La conséquence est qu'un grand esprit, mais moralement ignominieux, ne doit pas nous fasciner. Il pourrait être intellectuellement, compétent, brillant, impressionnant. Mais il n'est qu'apparence et faux-semblant. Il est mauvais intellectuellement, en l'étant moralement.

Ainsi, une méfiance ou un sérieux doute à l'égard des prouesses intellectuelles, supposées, d'un penseur que nous tenons pour immoral, n'a rien d'illégitime. Comment croire qu'une personne moralement répugnante se comporte comme il convient dans sa vie intellectuelle ? Le tort est d'avoir identifié sa vie intellectuelle à des processus décomposables, régis par des règles. Mais l'essentiel n'étant pas là, mais dans la réalisation par un homme de sa nature rationnelle, nous pouvons douter de la possibilité d'un grand intellectuel qui serait aussi une crapule morale.

UNE INCLINATION NATURELLE

Je reformule alors la thèse défendue dans ce chapitre. Une vie intellectuelle bonne suppose des désirs appropriés, grâce auxquels nous réalisons notre nature rationnelle, laquelle fait de nous des êtres humains. Ces désirs appropriés constituent une motivation intellectuelle constitutive de notre rationalité. Nous excellons intellectuellement en ayant cette motivation, manifestant alors des vertus que nous possédons. Être intellectuellement vertueux, c'est en effet être, au mieux, ce que nous sommes naturellement. C'est exister pour le bien, et exceller en cela.

Une motivation intellectuelle, le désir de la vérité tout particulièrement, manifeste notre finalité en tant qu'être humain. Le désir de vérité est ainsi une inclination naturelle. Commentant Aristote, saint Thomas précise :

> Toute chose possède une inclination naturelle à poser l'opération qui lui est propre, comme la chaleur tend à réchauffer et comme ce qui est lourd tend à se mouvoir vers le bas. Mais l'opération qui est propre à l'homme en tant qu'homme est d'intelliger. C'est par là en effet qu'il diffère de tous les autres êtres. C'est pourquoi le désir de l'homme tend naturellement à intelliger et par conséquent à savoir [1].

L'inclination naturelle à la connaissance a une signification et une valeur morale parce qu'elle réalise notre nature. C'est qui fait de la connaissance un *bien*, certes épistémique, mais aussi moral.

---

1. Thomas d'Aquin, *Commentaire de la* Métaphysique *d'Aristote*, Livre I, leçon 1, § 3.

Les vertus réalisent au mieux notre nature en ordonnant les inclinations naturelles qui en sont constitutives. En revanche, les vices sont des obstacles à cette réalisation. Si notre moralité est engagée dans notre vie intellectuelle, c'est que nous sommes responsables de nos vertus et de nos vices. Les inclinations, même naturelles, ne sont ainsi pas indépendantes de la volonté. Les vertus sont acquises dans la vie vertueuse elle-même. Dans ce dynamisme de notre vie intellectuelle, nous sommes et restons responsables du meilleur développement de ce que nous sommes, dans les circonstances, contingentes et parfois difficiles, de la vie. Cette responsabilité morale n'a rien d'une liberté spontanée, d'un complet arbitraire ; tout au contraire, elle est affaire d'éducation et de formation de dispositions appropriées. Si l'erreur est humaine, nous n'en sommes pas moins responsables de l'acquisition des vertus, dont les vertus intellectuelles, grâce auxquelles nous parvenons à notre bien épistémique et réalisons notre finalité aléthique (notre orientation naturelle vers la vérité). Cette responsabilité consiste à préserver, malgré les sollicitations contraires, l'attrait pour le bien épistémique – qui est l'objet de notre volonté droite.

À l'inverse, le vice consiste à nous détourner, renonçant ainsi à réaliser notre nature, et même en acceptant de vivre contre notre nature. Les vices intellectuels, laxisme intellectuel, précipitation, partialité, manque de rigueur, confusion, sont ainsi, comme les vices en général, contre nature. Ce qui est immoral s'oppose à nos inclinations ordonnées à notre nature déterminant ce que nous sommes, pourquoi nous sommes faits. Dans une conception déontologique de notre vie intellectuelle, nos obligations épistémiques ne sont pas naturelles ; elles peuvent même quelquefois être comprises comme s'opposant systématiquement à nos inclinations naturelles. L'exigence de réflexivité dans le processus de formation des connaissances – l'attention portée à nos propres opérations cognitives, et la capacité de les évaluer méthodologiquement – peut ainsi être présentée comme une méfiance à l'égard de nos inclinations intellectuelles naturelles. Mais, s'il existe une morale naturelle, alors notre inclination naturelle au savoir est bonne par elle-même. La vertu ne consistera pas à réformer notre inclination naturelle, mais empêchera que, vicieusement, nous nous en détournions. C'est là le rôle motivationnel de la vertu.

Cela vaut dans le domaine pratique, celui de l'action ; et c'est également vrai dans la vie intellectuelle. Nous pouvons aller vers le bien ou errer au hasard ; imposteur ou baratineur nous-même ou à la merci des imposteurs et des baratineurs ; ils ont alors sur nous une emprise délétère, dont nous restons responsables. Nous nous laissons aller à une vie intellectuelle dissolue. Nous acceptons des énoncés, mais non pas pour leur vérité. C'est l'appétit, non ordonné au bien, qui nous contraint. Notre vie intellectuelle, tout comme notre vie pratique, peut ainsi nous détourner de ce pourquoi nous sommes faits, de la réalisation de notre nature.

LA NATURE INTELLECTUELLE DE L'HOMME

L'intelligence et la raison sont par excellence la nature de l'homme, car c'est par elles que l'homme est constitué dans son espèce. A ce point de vue, on peut appeler naturels les plaisirs humains qui se trouvent en ce qui convient à l'homme selon la raison ; ainsi est-il naturel à l'homme de se délecter dans la contemplation de la vérité et dans l'exercice des vertus [1].

Ainsi s'exprime saint Thomas : ce qui est le plus naturel en nous est l'intelligence, la compréhension, l'appréhension de la vérité. Elles font notre délectation naturelle, celle dans laquelle nous nous réalisons au mieux en tant qu'êtres humains. Par nature, on entend aussi ce qui, commun aux autres êtres vivants et sensibles, n'obéit pas à la raison : la nourriture, la boisson, le sexe. Ce sont les désirs que nous avons en tant qu'animaux. Mais qu'il s'agisse des plaisirs de l'intelligence et de la raison, ou de ceux qui, un en sens, nous sont communs avec les bêtes, ils peuvent être *dénaturés*.

> Ainsi donc il peut arriver que ce qui est contre la nature de l'homme, au point de vue de la raison, ou au point de vue de la conservation du corps, devienne connaturel pour tel homme particulier, en raison de quelque corruption de la nature qui est la sienne [2].

La maladie ou une complexion particulière, corrompt accidentellement le corps : certains sont alors conduits à manger de la terre ou du charbon. La corruption de l'âme, explique saint Thomas, peut conduire à trouver du plaisir à manger des êtres humains, à avoir des rapports sexuels avec les bêtes ou homosexuels, « et autres choses semblables qui ne sont pas selon la nature humaine » [3].

L'intellect et la raison peuvent être eux-mêmes corrompus au point d'aller *contre eux-mêmes*, quand nous désirons autre chose que la vérité, le bien de

---

1. Thomas d'Aquin, *Somme Théologique*, I-II, 31, 7.
2. *Ibid.*
3. *Ibid.* Cette affirmation de Thomas d'Aquin n'est certes pas dans l'air du temps, mais ce ne serait pas honnête de l'édulcorer.

l'intellect. Le vice intellectuel va ainsi contre la nature même de l'âme humaine et manifeste une vie de l'esprit pervertie. C'est aussi pourquoi imposture et baratin ne sont pas épistémologiquement sans importance. Après tout, pourquoi ne pas simplement en rire ? C'est qu'ils vont, également, contre la nature intellectuelle de l'homme, et qu'ils n'ont ainsi rien d'intellectuellement, mais aussi moralement anodins. Ils témoignent d'une perversion de la motivation ; cette corruption est chez les corrompus qui s'y adonnent ; elle est aussi chez ceux que cela fascine ; ils sont, à leur tour, corrompus. Se trouver sous la fascination d'une posture intellectuelle, en croyant ce qu'on n'aurait pas dû croire, c'est être avili et même dénaturé. Ce par quoi des êtres humains pourraient se réaliser au mieux dans leur humanité, l'intelligence et la compréhension, devient l'occasion de leur perversion.

Notre vie intellectuelle n'est dès lors pas moralement neutre ou indifférente, parce que nos motivations intellectuelles s'ordonnent à notre nature, c'est-à-dire à certaines fins humaines. Certes l'éthique intellectuelle telle qu'elle est envisagée alors – comme une épistémologie des vertus – ne fournit pas des critères de la justification épistémique, n'indique pas quelles sont les règles et les normes épistémiques. Du reste, il n'y a aucune raison de renoncer à un tel projet épistémologique de type déontologique, poursuivi aujourd'hui par nombre de philosophes, à la suite de toute une tradition. Mais si la vie intellectuelle, le désir de comprendre et de connaître, a aussi un contenu moral, alors notre capacité de croire pour de bonnes raisons et de connaître ne s'exerce pas indépendamment d'une motivation intellectuelle appropriée, d'un désir convenable, c'est-à-dire des vertus (et, nous le verrons par la suite, de certains dons, qui nous sont offerts). Sans ce désir ordonné, notre vie intellectuelle est menacée de corruption et n'est guère qu'accidentellement méritoire.

LA STUDIOSITÉ

Le désir approprié dans la vie intellectuelle est cette forme de tempérance que Thomas d'Aquin appelle la studiosité. La tempérance « écarte ce qui allèche l'appétit à l'encontre de la raison »[1]. Au sujet de la tempérance, on pense surtout à la modération de notre nature bestiale : la nourriture, la boisson, le sexe. Nous devons éviter l'excès : la goinfrerie, l'ivrognerie, la luxure et la fornication. La studiosité, quant à elle, est la modération dans la vie de l'esprit. C'est la vertu qui ordonne le désir de connaissance. Ce ne sont pas les conséquences pratiques de nos croyances qui sont visées, comme lorsque nous nous inquiétons des effets heureux ou malheureux de nos croyances – ce qui arrive, négativement, lors d'une erreur de diagnostic par un médecin, si elle entraîne des souffrances chez le patient, voire sa mort. Il s'agit plutôt de la façon dont notre vie intellectuelle est ou non vertueuse, en réalisant ou non notre nature rationnelle.

D'une part, les vertus intellectuelles ordonnent notre vie épistémique. Elles visent un bien intellectuel qui est propre à l'acte même de croire et de connaître. À cet égard, même quelqu'un de moralement mauvais peut vivre sa vie intellectuelle en respectant certaines normes, avec une intention de rationalité et, disons, de sérieux intellectuel. Il exercera ainsi des habitus intellectuels recommandables. Il maniera adroitement des règles pour

---

1. Thomas d'Aquin, *Somme Théologique*, II-II, 141, 2, r.

la direction de l'esprit, et cela produit effectivement des effets bénéfiques sur la vie de l'esprit. C'est le cas de l'expert ou du penseur réputé sérieux. Mais la vertu de studiosité est d'un autre ordre : elle ordonne le désir de connaître. C'est une vertu morale dans la vie intellectuelle. Sans cette vertu, ce qui pourrait être présenté comme des vertus intellectuelles n'est en réalité que des habitus bénéfiques de pensée : ils ne rendent pas bons ceux qui les ont, mais simplement épistémiquement efficaces ; et ainsi ils ne versent ni dans l'imposture ni dans la foutaise. La vertu de studiosité est quant à elle « une ardeur d'intention visant à acquérir la connaissance »[1]. Ce n'est pas une simple retenue qui évite le pire ! C'est une façon de réaliser en nous le meilleur.

La différence entre les deux, les habitus intellectuels bénéfiques de celui qui pense en respectant des règles et une vie intellectuelle vertueuse, tient donc dans une grande mesure à leurs motivations. Dans un cas, la motivation est le respect de règles épistémiques en vue d'une certaine efficacité épistémique, d'une crédibilité dans une communauté intellectuelle, voire le dégoût du baratin et de l'imposture. C'est une *motivation fonctionnelle* ou *procédurale* qui assure un résultat correct dans une activité intellectuelle. Dans l'autre, la motivation est une disposition vertueuse. Pour être intellectuelle, elle n'en est pas moins morale, au sens où elle engage une forme de vie. C'est une *motivation rationnelle*, qui assure le plein exercice de notre nature d'être humain.

Le vertu de studiosité permet ainsi de ne pas dévier des exigences de la pensée rationnelle : elle assure que nous préférions toujours avoir des croyances pour de

1. Thomas d'Aquin, *Somme Théologique*, II-II, 166, 2, ad. 3.

bonnes raisons et que les exigences de la connaissance vraie nous soient chères. En ce sens précis, la justification épistémique apparaît comme un aspect d'une vie morale. Les habitus intellectuels, disons la rigueur, la clarté, l'argumentation, l'attention aux détails, la subtilité, la précision, qui sont à l'œuvre dans la vie intellectuelle, se trouvent élevés moralement par la studiosité à la dignité de vertu morale. C'est alors que l'on passe d'une simple évaluation épistémique à la question de la valeur de la connaissance, qui est morale et métaphysique. La valeur morale de la justification épistémique et de la connaissance n'est pas déterminée par sa valeur pratique ; elle concerne la réalisation des êtres rationnels que nous sommes essentiellement.

Ce qui signifie également que la question de la rationalité des croyances et de la connaissance ne peut pas être exclusivement examinée en termes de normes ou de règles épistémiques. Elle suppose une interrogation sur le mode d'être de celui qui connaît. Quelle sorte de personne est-il ? Que désire-t-il et comment ? Que veut-il ?

Chez Thomas, le vice opposé à la studiosité est la curiosité. Le terme recouvre génériquement toute activité intellectuelle, même et surtout satisfaisant les normes épistémiques les plus exigeantes, mais sans aucun discernement réel s'agissant de la fin qu'on doit y poursuivre. Les efforts intellectuels du curieux sont dirigés vers tout autre chose que la vérité. Et donc vers autre chose que la réalisation la plus pleine et entière possible de sa nature rationnelle. Finalement, le curieux rejoint l'attitude du baratineur. Celui-ci déroge aux exigences du sérieux intellectuel, mais c'est souvent en maniant une rhétorique qu'il sait pouvoir plaire et lui attirer un public fasciné. Le baratineur utilise la technique du raisonnement – il peut même y exceller – mais sans rechercher le bien de l'intellect, la vérité. C'est comme le funambule parvenant à rejoindre deux points dans l'espace en passant sur un fil. À sa place, n'importe qui tomberait. On admire son adresse, son équilibre, une forme de courage même. Mais en réalité il ne va nulle part. Son seul intérêt est d'éblouir ceux qui le regardent. Un philosophe professionnel peut ainsi faire preuve d'une dextérité intellectuelle impressionnante dans le maniement de l'argumentation – mais en réalité, il soutiendrait ou critiquerait ainsi n'importe quelle thèse. C'est le jeu intellectuel et non la vérité qui lui importe.

LA RATIONALITÉ COMME MOTIVATION APPROPRIÉE

La rationalité se caractérise par une motivation intellectuelle appropriée. Être rationnel, c'est manifester un désir du vrai et du bien. Ce désir est naturel pour une sorte d'êtres, les êtres humains. Nous ne disons pas d'un ordinateur qu'il croit à juste titre ou qu'il sait. Pourtant, la procédure suivie par un ordinateur dans le traitement des données satisfait, au moins en un sens, des exigences de clarté et de distinction, de rigueur et de précision, de probabilité. Cependant, l'ordinateur n'est pas rationnel, mais fonctionnel dans le traitement des données. L'ordinateur n'a pas le désir de la vérité. Il n'est pas dans sa nature de l'avoir, à la différence d'un être humain. Dès lors, dire de l'ordinateur qu'il croit pour de bonnes raisons ou qu'il sait relève de l'erreur de catégorie. L'erreur est d'attribuer une disposition intellectuelle à une chose qui, par nature, ne peut en avoir – c'est une erreur *métaphysique*.

C'est là aussi la différence entre un homme et un animal. Le chien recherche un os. Il suit en cela une certaine méthode, reniflant ici et là, creusant à un endroit et à un autre, jusqu'au moment où il en vient à savoir que l'os est à tel endroit. Cette méthode pourrait être décrite en montrant ce qu'il se passe dans les capteurs olfactifs du chien, et comment l'information ainsi fournie est traitée par son cerveau. Mais le chien a-t-il une croyance *légitime* de l'emplacement de l'os ? Le chien *sait*-il où est l'os ? Au chien, le désir d'avoir l'os ne fait pas défaut. Mais pourrions-nous lui attribuer le désir que sa croyance que l'os est à tel endroit soit vraie ?[1] L'attribution de croyances dépend d'une motivation intellectuelle appropriée. Elle ne consiste pas, comme dans le cas du chien, à traiter une information, laquelle déclenche une certaine attitude, celle de fouiller le sol à l'endroit où est l'os. Ainsi, pas plus que de l'ordinateur, nous ne dirons du chien qu'il est rationnel. Et ce qui lui fait défaut, pour être rationnel au sens où l'est un être humain, est l'appétit *de la vérité*.

Mais plutôt qu'un appétit de la vérité, ce qui fait défaut à l'ordinateur ou à l'animal non humain, pour pouvoir être dit rationnel, ne serait-ce pas la *réflexivité* ? Celle-ci supposerait aussi la conscience, comprise comme relation de soi à soi. Bien des philosophes sont ainsi prêts à considérer que la conscience réflexive fait la spécificité de l'être humain. S'ils définissent la rationalité, c'est en termes de cette réflexivité. C'est même l'une des caractéristiques d'une grande part de la philosophie

---

1. Voir N. Malcolm, « Thoughtless Brutes », *Thought and Knowledge*, Ithaca, Cornell University Press, 1977.

moderne de penser ainsi la nature de l'homme, comme conscience[1].

La réflexivité de la conscience signifie que si une personne croit que p, alors elle croit qu'elle croit que p. Et si elle sait que p, elle sait qu'elle sait que p. Et pour certains philosophes, la rationalité est identifiable à cette conscience réflexive portant sur nos propres états mentaux. Elle permet ses opérations de contrôle et de validation de nos croyances et de nos connaissances qui sont caractéristiques de la rationalité. Elle consiste donc en une capacité de l'esprit de pénétrer en lui-même ou, comme l'on dirait aujourd'hui, de se « scanner » intérieurement. On parle aussi, chez les philosophes analytiques, de « métacognition ». (Le terme fait fort sérieux et scientifique !) Les *Méditations métaphysiques* de Descartes fournissent, à tort peut-être, le programme de cette tradition philosophique. Elle se retrouve dans la phénoménologie husserlienne avec ce que Husserl, dans ses *Méditations cartésiennes*, appelle *le retour à l'ego pur*. La rationalité est comprise comme l'examen interne, par un esprit, de ses propres états mentaux, selon des normes épistémiques qu'il s'applique à lui-même[2].

---

1. Pour une analyse de ce qu'est l'esprit, à laquelle je souscris, et qui a une influence sur tout ce que j'écris ici, voir P. Geach, *Mental Acts*, London, Routledge & Kegan Paul, 1957 ; A. Kenny, *The Metaphysics of Mind*, Oxford, Oxford University Press, 1989. Voir aussi R. Pouivet, *Après Wittgenstein, saint Thomas*, 2ᵉ éd., Paris, Vrin, 2014, « Wittgenstein and the Aristotelian Tradition », *in* H.-J. Glock, J. Hyman (eds), *A Companion to Wittgenstein*, London, Wiley-Blackwell, 2017.

2. Edmund Husserl parle d'un « dédoublement du moi » : « au-dessus du moi naïvement intéressé du monde s'établira en spectateur désintéressé le moi phénoménologique » (*Méditations cartésiennes*, Paris, Vrin, 1969, p. 30). La lecture du début de l'« Introduction à

Dans une tradition issue d'Aristote et passant par saint Thomas, la rationalité n'est nullement comprise de cette façon, comme une réflexivité. Elle y est la nature propre d'une espèce animale – les animaux rationnels. L'exercice de la rationalité est la réalisation de ce qu'ils sont, non pas une opération de l'esprit sur lui-même, ni une procédure métacognitive. La finalité propre de certains êtres se manifeste dans des désirs naturels pour le bien de leur espèce. Or, le bien d'un être rationnel est la vérité. Sa vie intellectuelle est fonction de sa nature propre d'être humain. Rien, dans la vie d'un être humain, n'est extérieur à cette finalité, même s'il a aussi des dispositions analogues à celles des autres animaux (boisson, nourriture, sexualité, le jeu, l'activité physique). Cette vie intellectuelle ou rationnelle peut-être contrecarrée ou même corrompue par des vices intellectuels, ou être excellente, c'est-à-dire vertueuse. La différence spécifique de l'homme est ontologique et métaphysique. Elle ne consiste pas, comme le pensent maints philosophes modernes, dans la conscience réflexive.

Dès lors, c'est une certaine inclination naturelle et la motivation vertueuse dans laquelle elle s'exerce qui caractérise la rationalité humaine, pas une motivation procédurale dans laquelle entrerait en priorité la rationalité. Être rationnel ne tient pas à une conscience exacerbée de ce que l'on croit, avec des procédures

la métaphysique » (*La pensée et le mouvant*, Paris, P.U.F., 1934), de Bergson, montre que la possibilité (et même la nécessité philosophique) d'une telle réflexivité, l'esprit s'observant lui-même, semble être allée de soi dans la philosophie contemporaine dans des horizons très variés, spiritualiste, phénoménologique, mais aussi dans la philosophie de l'esprit comprise dans les sciences cognitives.

appropriées de contrôle épistémique. La motivation
est un mode d'existence d'une personne dans sa vie
intellectuelle, un désir cognitif ordonné de l'esprit. Les
êtres humains sont attirés par les biens épistémiques,
cela suppose une motivation qui leur est propre – et qui
témoigne de leur nature humaine.

CHAPITRE VI

VÉRITÉ, AMOUR ET SAGESSE

Ce n'est pas l'intellect qui connaît, mais l'homme à travers l'intellect ; et puisque l'homme est bien d'autres choses, en plus de son intellect, quand il connaît, bien d'autres facultés coopèrent dans la fabrication de sa connaissance. La plus importante parmi elles est la volonté[1].

TROIS GRANDS MOTS

Les trois termes qui forment le titre du chapitre ne sont-ils pas intimidants, surtout présentés sous la forme d'une trinité ? Pourtant, ils sont fréquents dans la philosophie populaire. On y prononce ces grands mots, en faisant des clins d'œil au lecteur, tout en lui versant des rasades de sirop spirituel. Ce chapitre s'efforcera d'éviter ces rodomontades spéculatives, tissées de banalités et d'idées vagues, dont cette philosophie populaire ne manque pas. Sinon, ce livre en viendrait à faire exactement ce qu'il critique.

D'un autre côté, une philosophie aseptisée renonce volontiers à ces concepts, au profit de notions techniques, comme celle de justification ou de norme épistémiques,

---

1. Ét. Gilson, *Wisdom and Love in Saint Thomas Aquinas*, Milwaukee, Marquette University Press, 1951, p. 6.

qui ont tout de même un air plus académique et scientifique. Mais la nécessité d'en traiter tient à la nature même de la vie intellectuelle. Elle est à la fois théorique et appétitive – parce qu'elle est humaine, et que l'homme n'est pas l'addition d'un intellect et d'une volonté, mais leur composition non dualiste. Aristote disait que mieux vaudrait « ne pas dire que c'est l'âme qui a pitié, apprend ou réfléchit, mais que c'est l'homme »[1]. Wittgenstein dit que « ce n'est que d'un homme vivant ou de ce qui lui ressemble (de ce qui se comporte comme lui) qu'on peut dire qu'il éprouve des sensations, qu'il voit, est aveugle, entend, est muet, est conscient ou inconscient »[2]. Ce n'est pas l'intellect ni même l'esprit qui connaît, mais *l'homme intelligeant*. Quand il connaît, sa volonté n'est pas déconnectée ou au chômage. C'est ce qui doit nous conduire à examiner ce qu'il faut entendre par le désir ou l'amour de la vérité. Notre vie théorique (motivée par la vérité) et notre vie affective (motivée par le désir et l'amour), ne sont pas clivées. Comme s'articulent-elles dans l'unité d'une vie humaine bonne ?

L'éthique intellectuelle doit alors donner un statut à l'amour de la vérité et à la sagesse. Une épistémologie des vertus, comprise comme une éthique intellectuelle, est aussi une théorie de la sagesse. *La bonne vie intellectuelle est l'exercice de la sagesse.* Dès lors, elle est l'idéal intellectuel d'un être humain. – « La bonne vie intellectuelle est l'exercice de la sagesse », cette formule fait décidément penser, peut se dire le lecteur, à ces livres intitulés *La joie de connaître* ou *Le bonheur de la pensée*,

1. Aristote, *De l'âme*, I, 4, 408b 14-15.
2. L. Wittgenstein, *Recherches philosophiques*, *op. cit.*, I, § 281.

qui garnissent les rayons « Bien-être » des librairies[1]. Ne soyons pourtant pas trop inquiets de ce rapprochement. La question de savoir pourquoi l'amour de la vérité est indispensable à une vie intellectuelle bonne est la principale dans une épistémologie. Et la question de la sagesse est centrale dans une éthique intellectuelle. Que la majeure partie de l'épistémologie contemporaine délaisse ces questions, c'est dommage pour son intérêt et sa valeur philosophiques. Après tout, de telles questions étaient fondamentales pour Platon, Aristote, Boèce, Augustin, Thomas, Descartes, Locke – jusqu'à ce que la pensée moderne prétendît s'en passer.

LES FONDEMENTS ANTHROPOLOGIQUES DE LA VIE INTELLECTUELLE

Repartons des éléments fondamentaux de l'anthropologie métaphysique sur laquelle repose l'épistémologie des vertus. Le mode d'existence proprement humain est l'acte de comprendre. Il intègre l'intellection, c'est-à-dire la connaissance conceptuelle et propositionnelle, et la volonté, la détermination du désir. La volonté est en jeu dans l'activité intellectuelle. Elle peut l'être pour détourner ou pour ordonner le désir de la vérité. Quand elle l'y ordonne, le désir est l'amour de la vérité. La

---

1. Presque immanquablement, la couverture présente le lever du soleil ou un champ rempli de fleurs, dans les tons pastel. Un échange entre un philosophe et un journaliste pourrait aussi se conclure sur une telle formule dans une émission intitulée « Chemins de sagesse ». On ne s'y s'embarrasse certes pas de cette philosophie universitaire qui ne sait pas poser les problèmes authentiques, et moins encore de cette philosophie analytique, aussi ennuyeuse que la logique.

sagesse est cet accord dans l'acte de comprendre de
l'intellect et de la volonté.

Comprendre est pour les hommes une attitude
naturelle, et même leur mode spécifique d'existence.
Ils ne font pas que consommer, comme leur vie animale le suppose ; ils comprennent, ce en quoi consiste
leur vie intellectuelle (ou rationnelle). C'est là un fait
anthropologique mais surtout métaphysique fondamental.
Premièrement, nous sommes ainsi faits, nous êtres
humains, que la compréhension est notre manière d'être
fondamentale ; ce qui nous distingue essentiellement des
animaux non humains. Deuxièmement, la réalisation de
ce que nous sommes consiste dans la vie rationnelle, la
vie de compréhension. Dès lors, comprendre est ce qui
est le meilleur – ou la valeur même – de la vie humaine.
Si notre désir n'est pas ordonné à la finalité de notre vie
intellectuelle, la compréhension, il va contre notre nature.

L'affirmation que tous les hommes désirent naturellement connaître ne permet pas seulement de répondre à
la question de savoir quelle est la nature de l'être humain.
Elle suppose que le monde est nécessairement intelligible.
En effet, si le désir humain de comprendre est naturel, il
ne peut être vain ; le monde est intelligible ; il l'est *en
soi*, parce que le monde ne peut être tel que notre désir
de le comprendre soit sans espoir ; il l'est pour nous, car
ce désir peut être satisfait ; il l'est si nous réalisons notre
nature. Cela n'implique pas que nous soyons infaillibles
ni l'absence de limites de la connaissance. Nous sommes
prompts à l'erreur de jugement – du simple fait du
mode d'acquisition de la connaissance, à partir des sens.
Mais le monde est à notre disposition cognitive. Même
si la potentialité de la compréhension laisse possible
la faute intellectuelle et l'ignorance. En revanche, un

scepticisme radical selon lequel tout ce que je sais est que je ne sais rien est écarté. Comme l'est aussi le nihilisme épistémologique, selon lequel la connaissance ne porte pas sur une réalité qu'elle rendrait intelligible ; et aussi, selon lequel la connaissance est purement interne à nos représentations, n'atteignant pas le monde indépendant de la pensée ou du langage. La thèse est la suivante : ce qui est à comprendre est tel qu'il puisse l'être ; et il devrait l'être si nous ne déviions pas de notre destinée épistémique. Ce qui importe est que notre désir de la vérité ne soit pas en pure perte. Résumons : notre désir épistémique est l'indice de la sorte d'êtres que nous sommes et de l'intelligibilité du monde. Nous sommes faits pour comprendre, et le monde pour que nous le comprenions.

Un lecteur pourrait trouver toutes ces affirmations pitoyablement dogmatiques. Elles ne s'assortissent d'aucun argument autre que la présentation d'une certaine conception de l'homme – cette anthropologie métaphysique affirmée déjà (claironnée même) dans les chapitres précédents. Et cette conception tombe du ciel ! (Ne sort-elle pas d'un bénitier, demanderont certains ; ce que les chapitres à venir pourraient certes confirmer.) Elle consiste à dire que nous sommes des animaux rationnels – et le dire n'est certes en rien nouveau ! Le reste s'ensuit. Cependant, de nombreux philosophes modernes se moquent bien d'une telle définition et de l'anthropologie aristotélico-thomiste qu'elle entraîne.

Le désir de la vérité est propre à des êtres d'une certaine sorte, ceux que nous sommes et tels que nous sommes. Également, il suppose la finalité de leur existence. Des êtres connaissant déjà la vérité, parce qu'elle serait innée, n'y aspireraient pas ; des êtres, ne disposant pas de la capacité naturelle de l'atteindre, ne la désireraient pas, parce que ce désir serait vain ; or la nature ne fait rien en vain. Le désir de connaître ou de comprendre est ainsi à la fois un manque et une promesse. Un manque : nous recherchons ce qui nous fait défaut, et nous sommes tels que cela nous fait défaut. Une promesse : ce qui est à comprendre n'est pas désiré en vain ; et, tel qu'il est, il est par principe ajusté à notre désir. Cette affirmation suppose que toute la réalité (nous et le monde) soit régie par un principe général de finalité. Nous ne gagnons pas la connaissance par une lutte contre notre nature, en réformant notre esprit, en nous imposant les rudes règles de la logique. Nous parvenons à la connaissance et à la vérité par la réalisation la plus complète de notre nature. Nous ne sommes pas faits pour le péché, ni moral ni cognitif, même si nous nous y complaisons plus souvent qu'à notre tour. La difficulté de lui échapper, c'est d'être au mieux ce que nous sommes, et non pas de rectifier notre nature. Nous sommes comme des boussoles qui devraient désirer le nord épistémique ; mais ces boussoles se détraquent, de notre seul fait, par nos choix intellectuels malheureux ou malsains. Notre désir de connaître peut être dépravé. Il reste cependant le symptôme d'une nature vouée au bien épistémique.

J'entends maintenant expliciter cet appétit de connaître. Montrer qu'il constitue, dans le meilleur des cas, un amour de la vérité, qui nous perfectionne dans notre nature. À défaut d'aimer la vérité, nous serions moins que ce que nous pouvons et devons être.

VÉRITÉS ET VÉRITÉ

Ce qui est connu est vrai : nous ne pouvons pas savoir ce qui est faux ; nous croyons alors le savoir, mais sommes dans l'erreur. Comme le dit Jacques Bouveresse :

> Quand j'affirme que « Je sais que *p* », les preuves que j'ai de la réalité de la connaissance que je prétends avoir de *p* ne peuvent pas être plus fortes et n'ont pas besoin d'être plus fortes que celles que j'ai de la vérité de *p*, et il n'est pas nécessaire qu'elles excluent entièrement la possibilité que *p* soit faux. Je peux donc parfaitement être fondé actuellement à affirmer que je sais que *p*, en dépit du fait qu'à un stade ultérieur de l'évolution de la connaissance, *p* se révélera peut-être faux. La conclusion à tirer de cela sera que je ne savais pas réellement que *p*, mais croyais simplement le savoir [1].

S'il s'avérait que la connaissance prétendue n'était qu'une croyance fausse, c'est que je ne savais pas, et non pas que la vérité n'est pas constitutive de la connaissance. Ainsi, tout désir de savoir est un appétit de vérité. Et même, toute connaissance est une jouissance aléthique.

Mais est-ce un appétit *de vérités*, aussi diverses soient-elles, ou *de la vérité*, la seule et unique ? *Une* vérité est un énoncé vrai. J'accepte ici la conception de la vérité empruntée à la *Métaphysique* d'Aristote : « ce qui est faux dit que ce qui est n'est pas, ou de ce qui n'est pas que c'est ; et ce qui est vrai dit de ce qui est que c'est, ou de ce qui n'est pas que ce n'est pas » [2]. C'est *la* vérité,

---

1. J. Bouveresse, « Le désir, la vérité et la connaissance : la volonté de savoir et la volonté de vérité chez Foucault », dans C. Tiercelin (dir.), *La Reconstruction de la raison. Dialogue avec J. Bouveresse*, Paris, Collège de France, 2014, p. 12.

2. Aristote, *Métaphysique*, E, 4, 1117b 25-28.

comme objet d'un désir, horizon d'un appétit cognitif, dont il s'agit. Non pas de ces vérités propositionnelles énumérables. Distinguons alors la question des vérités, des énoncés qualifiables d'être vrais, et la vérité comme bien épistémique. À cet instant, sur la plage de Malo-les-Bains, tel grain de sable est à une certaine distance de tel autre. Il y a donc un énoncé vrai (ou faux), une vérité (une fausseté) concernant la distance, en ce moment, entre ces deux grains de sable déterminés. Mais cette vérité-là, la distance entre ces deux grains de sable, n'est pas un objet de désir ; elle n'a rien d'attirant ou d'aimable. L'amour de la vérité consiste à rechercher la vérité en tant qu'elle est aimable, parce qu'elle permet le perfectionnement de celui qui aime.

Aimer *la* vérité, et non *une* vérité ou les vérités diverses, suppose un discernement aléthique. C'est la capacité de déterminer, parmi les vérités diverses, celles qu'il convient de traquer. (Il serait surprenant que la distance entre deux grains de sable sur la plage de Malo fût du lot.) Le discernement comprend la raison ou le pourquoi (la cause finale) de la vérité pour nous – c'est-à-dire la cause finale de notre désir épistémique. Ce qui importe dans l'amour de vérité est la finalité de notre vie intellectuelle, c'est-à-dire notre perfectionnement. Sans motivation pour la vérité, c'est-à-dire sans ordonnancement de notre attirance intellectuelle, nous serions triplement indifférents : a) Indifférence à la *cause matérielle* véritable de l'amour de la vérité qui n'est pas une vérité détachée de son rôle dans la vie intellectuelle bonne. b) Indifférence à la *cause formelle* de l'amour de la vérité : la vérité donne un sens (ou une forme) à l'opération mentale de compréhension. c) Indifférence à la *cause finale* de l'amour de la vérité, c'est-à-dire le perfectionnement de notre nature. La motivation pour la vérité, l'amour de la vérité, est ainsi d) la *cause motrice* de l'acte de comprendre : elle doit être appropriée aux trois autres causes, matérielle, formelle et finale.

Comment faire pour que, dans et par ce désir de la vérité, se réalise au mieux ce que nous sommes ? Le désir de connaître doit être *ordonné par les vertus*, puisqu'elles nous font exceller selon notre nature. Si cette nature, comme le pense un thomiste, résulte de l'immatérialité de l'âme rationnelle, alors l'amour de la vérité est la pleine réalisation par un être humain de la spiritualité qui fait, dans le monde matériel, sa spécificité. L'amour de la vérité est ainsi ce qui transforme des habitus intellectuels en vertus. Les habitus intellectuels, en effet, peuvent être bons, mais ils ne sont pas par eux-mêmes orientés vers le bien de l'être humain. On peut ainsi mettre son intelligence et ses compétences intellectuelles au service de ce qui est mauvais. On pourrait être indifférent à *la* vérité et ne rechercher que *des* vérités, pour leur simple utilité scientifique ou sociale, voire pour la seule curiosité (j'y reviens bientôt). Dès lors, pour que les habitus intellectuels appropriés soient des vertus, et participent à la meilleure réalisation de notre nature, en nous perfectionnant, notre désir doit s'ordonner à *la* vérité. Elle est l'idéal ou la finalité de la vie intellectuelle bonne.

L'homme est le seul animal pour lequel la vérité importe. Alors qu'un système purement matériel peut certes identifier des vérités. Un logiciel permet de dire si une certaine formule est vraie ou fausse en fonction de règles logiques. Ou encore, une porte automatique s'ouvre quand quelqu'un s'avance, en reconnaissant, pour ainsi dire, la vérité de « *X* s'avance vers la porte ». Nous pouvons présenter ainsi le fonctionnement d'un

logiciel ou d'un mécanisme en décrivant ses opérations ;
on peut ensuite être tenté de dire que ce sont les mêmes
par lesquelles un homme sait qu'une formule logique suit
ou non de certaines prémisses ; ou qu'il appréhende une
certaine situation, comme celle que quelqu'un s'avance
vers une porte. Mais, le logiciel ou le mécanisme ne
désire pas la vérité. Même s'ils identifient des vérités. Le
logiciel ou le mécanisme n'aiment pas la vérité. Aucun
amour ne les perfectionne. L'amour de la vérité est une
disposition vertueuse : ne croire que ce qui est vrai,
ne pas croire ce qui ne l'est pas. Elle est fondamentale
parce qu'elle fixe le bon cap de notre vie intellectuelle
et donc fonde ce qui transforme les habitus spéculatifs
(ambivalents moralement). Elle les transforme en vertus
intellectuelles.

L'amour de la vérité ne signifie pas que si un énoncé
est vrai, alors, *indifféremment*, il faut le croire. (Il ne
répond nullement à l'impératif absurde de collectionner
les vérités indépendamment de toute finalité cognitive,
qui est aussi celle de la rationalité humaine.) Une telle
collection de vérités (dans le meilleur des cas) est ce
que produit un usage d'Internet, en particulier des sites
d'information. C'est aussi ce que font des « banques de
données » en général. La curiosité est attirée pour savoir
ce que mange telle actrice, ce que tel homme politique
pense d'un film, où tel footballeur va partir en vacances.
La curiosité, dans le monde académique, consiste dans
l'accumulation des références, des notes de bas de pages,
des archives, et l'allongement des bibliographies. Or,
la curiosité n'est pas l'amour de la vérité, mais un *vice*,
comme l'explique Thomas dans la *Somme théologique*[1].

---

1. Thomas d'Aquin, *Somme Théologique*, II-II, 167. Voir *supra*,
p. 167, l'opposition entre studiosité et curiosité.

La curiosité est une intempérance cognitive ; le vice d'un appétit cognitif désordonné. La recherche des vérités, quelles qu'elles soient, est une gloutonnerie intellectuelle. Ce qui n'est pas plus heureux pour l'être humain que l'ingestion indifférenciée et automatique de toute nourriture possible, ou que des addictions de toutes sortes.

Cependant, « de même que selon la nature corporelle, l'homme désire naturellement les plaisirs de la nourriture et du sexe, de même selon la nature spirituelle, il désire naturellement connaître », dit Thomas[1]. La studiosité est alors la vertu ordonnant la recherche de la vérité. Elle est indispensable à l'appétit intellectuel dans son mouvement vers le bien de l'esprit. Le vice opposé à la vertu de studiosité est la vaine curiosité. Si la connaissance de la vérité est bonne en soi, « le désir ou l'application conduisant à la connaissance de la vérité peuvent être droits ou pervers »[2], dit Thomas. Pour l'être, il suffit que s'y adjoigne un vice, comme l'orgueil ou tout autre. Le désir ne s'exerce vertueusement que s'il vise la réalisation la meilleure de ce que nous sommes. La recherche effrénée des vérités, sans hiérarchie, sans souci de leur valeur cognitive, est une corruption morale et non seulement cognitive de l'esprit. Si la vérité est un bien épistémique en tant qu'idéal de notre activité intellectuelle, chaque énoncé vrai n'est en revanche pas un bien épistémique, et additionner des énoncés vrais à cet égard ne changerait rien – c'est le drame intellectuel de l'érudition. Elle peut même être intellectuellement malsaine. La poursuite de vérités, indépendamment de la valeur cognitive, témoigne ainsi d'un dysfonctionnement

1. *Ibid.*, II-II, 166, 2.
2. *Ibid.*, II-II, 167, 1.

de notre *caractère épistémique*. Le vice de curiosité se transforme en stupidité.

Bouvard et Pécuchet, les personnages du roman de Flaubert, sont stupides[1]. Ils sont dépourvus de la capacité d'ordonner leur désir cognitif. De façon boulimique, ils collectionnent des vérités, indépendamment de ce qu'elles valent pour l'esprit. Bien sûr, ils n'en deviennent en rien meilleurs. Aimer la vérité, c'est accorder une valeur à nos croyances seulement si elles sont vraies ; c'est tout autre chose que de désirer toutes les vérités indépendamment de leur valeur cognitive. L'amour de la vérité est une capacité à différencier les vérités, les trier, particulièrement en les hiérarchisant, pour la compréhension. Cet ordonnancement hiérarchique détermine un cap intellectuel dans l'enquête ; il prévient la dérive intellectuelle, que Bouvard et Pécuchet incarnent. Il assure aussi cette réussite cognitive qu'est la compréhension, dont la finalité dernière est la réalisation de notre nature.

VÉRITÉ, RECTITUDE ET MORALITÉ

L'amour de la vérité pourrait être aussi dénommé *justesse* ou *rectitude*. Elle se manifeste dans l'ajustement d'un symbole à ce qu'il permet d'appréhender et de comprendre, plutôt que dans la vérité d'un énoncé, comme

---

1. Je renonce ici, seulement par brièveté, aux interrogations sur les différences, bien réelles, entre stupidité, sottise, bêtise, imbécillité, crétinerie, niaiserie, débilité, ineptie et connerie – sans compter les qualificatifs catégoriels : les bêtas, abrutis, nigauds, ânes bâtés, bas du plafond, etc. Des classifications, fort savantes, auxquelles Bouvard et Pécuchet n'auraient pas été insensibles.

tableau de la réalité[1]. Comme le disent Nelson Goodman et Catherine Elgin, « "correct" et "non correct" s'appliquent à des symboles de toute espèce, de nature verbale ou non verbale »[2]. Par symbole, il convient ainsi d'entendre une demande, une interrogation, des mots, des catégories, des images, des diagrammes, des croquis, des échantillons, des exécutions musicales – tout ce qui s'ajuste à quelque chose pour le comprendre (ou l'intelliger). La rectitude, la justesse, la correction – des expressions ici équivalentes – est ainsi multidimensionnelle ; et la vérité d'un énoncé, au sens étroit, n'est que l'une parmi ces dimensions. Goodman et Elgin ajoutent que « les diverses façons d'apprécier ce qui est correct dans une cosmologie, un concept en microphysique, la composition ou la couleur d'un tableau, le tempo d'une exécution orchestrale, le style d'un roman, le plan d'un édifice, et ainsi de suite, sont d'une grande variété et à la hauteur des praticiens et théoriciens de chaque domaine »[3]. La rectitude est une caractéristique de notre activité de compréhension dans l'usage que, à cette fin, nous faisons de symboles. La rectitude consiste à élaborer les symboles grâce auxquels la finalité de compréhension du monde peut être satisfaite. Comprendre suppose de produire les symboles appropriés, porteurs non seulement de vérités, mais de *la* vérité.

---

1. Cette symétrie entre le langage (épuré de ce qui est dépourvu de signification) et la réalité, c'est la thèse que défendait Wittgenstein dans le *Tractatus logico-philosophicus*, et dont sa « seconde philosophie » fait la critique.
2. Voir N. Goodman et C. Elgin, *Reconceptions en philosophie*, *op. cit.*, p. 166.
3. *Ibid.*, p. 168.

Mais penser la vérité comme rectitude de la pensée, n'est-ce pas étendre, de façon inconsidérée, le désir de vérité, en nous privant de tout critère clair de ce en quoi elle consiste ?

C'est en termes de rectitude qu'en parle Anselme de Cantorbéry, dans son *De Veritate*[1]. Par rectitude, il désigne ce que *doit faire* un énoncé : premièrement être vrai (la vérité comprise comme prédicat « être vrai », dit d'un énoncé, en particulier), mais aussi *s'ajuster à la réalité* afin qu'elle soit comprise. L'ajustement fait que l'énoncé est « comme il faut » afin que l'esprit perçoive ce qui est la finalité de l'appréhension intellectuelle, le bien épistémique qu'est la vérité. Ce n'est donc pas seulement la relation de l'énoncé à un état de chose qui importe, mais la justesse (droiture, rectitude) de cette relation. Qu'elle soit comme il convient, afin de nous faire appréhender ce qui doit être et que nous cherchons dans notre vie intellectuelle. Appréhender la vérité, c'est savoir non pas seulement qu'un énoncé est vrai, mais en quoi une vérité est *un bien* rationnel. Ce qui fait de la vérité une rectitude, une justesse. Ce bien que nous devons vouloir parce qu'il est ce à quoi notre désir intellectuel doit s'ordonner.

Mais alors, pourrait-on objecter, l'amour de la vérité n'est-il pas *une volonté de croire* ce qui est vrai ? Et la volonté de vérité ne conduit-elle pas à croire en une vérité parce qu'on le désire, et non parce que c'est vrai ? On peut parler alors d'aveuglement volontaire. (L'anglais dit « *wishful thinking* »). Si la rectitude n'est pas tant dans l'état de chose lui-même, mais dans l'attitude vertueuse

1. Anselme de Cantorbéry, *De la Vérité* dans *Œuvre*, Paris, Le Cerf, 1986, t. 2. En faisant allusion ici à Anselme, je n'ai aucune prétention exégétique. Anselme commente ce que signifie Jésus-Christ, en Jn 14, 6, en disant qu'il est « le Chemin, la Vérité, la Vie » – et ce n'est pas un aspect secondaire, bien sûr, de sa doctrine dans ce dialogue.

portant sur l'élaboration des symboles (énoncés, images, gestes même, voire attitude, actions, décisions, etc.), la volonté ne contraint-elle pas l'intellect ? N'impose-t-elle pas la vérité en satisfaisant le désir ? Ce qui revient à dire, tel un philosophe postmoderne tout-venant, que la vérité est une invention. On pourrait presque dater cette invention, et donc celle de la vérité[1] ! L'amour de la vérité serait une passion malheureuse, un vice cognitif. Et tout épistémologue serait bien inspiré de distinguer fermement la vérité d'un énoncé et le désir de la vérité. On a d'un côté une question théorique et logique, celle de la norme de vérité, et d'un autre côté, une question pratique et morale, celle de l'attitude appropriée à la recherche de la norme de vérité. Mais ce sont bien deux questions strictement différentes qu'il convient, pour rester rationnel, de démêler plutôt que d'entremêler. Qui plus est, cette confusion des deux questions, n'est-ce pas ce qui caractérise les penseurs postmodernes, enclins à dire que la vérité n'est finalement que ce que nous

1. Le succès est assuré si vous intitulez un livre *L'invention de la vérité*, ou *Comment la vérité a été inventée ?* Pour Michel Foucault : « il s'agirait de savoir si la volonté de vérité n'est pas aussi profondément historique que n'importe quel autre système d'exclusion ; si elle n'est pas arbitraire comme eux en sa racine ; si elle n'est pas modifiable comme eux au cours de l'histoire ; si elle ne s'appuie pas comme eux et si comme eux elle n'est pas sans cesse relancée par tout un réseau institutionnel ; si elle ne forme pas un système de contrainte qui s'exerce non seulement sur d'autres discours, mais sur toute une série d'autres pratiques. Il s'agit en somme de savoir quelles luttes réelles et quels rapports de domination sont engagés dans la volonté de vérité ». Ce passage est cité par Jacques Bouveresse, « Le désir, la vérité et la connaissance : la volonté de savoir et la volonté de vérité chez Foucault », art. cit., p. 16. Il se trouve dans la leçon inaugurale de Foucault au Collège de France. Ce que Foucault présente comme une hypothèse est devenu l'un des dogmes de la majeure partie des sciences humaines et sociales.

désirons, l'ombre portée du pouvoir de ceux qui imposent des vérités ?

Désirer ne croire que ce qui est vrai n'implique pas de *vouloir croire* ce qui est vrai, ni – et je dirais encore moins – de *vouloir ce qui est vrai*. Si je crois qu'un ami a le cancer, je préférerais que ma croyance ne soit pas vraie. M'apercevant qu'il n'est pas malade, et que je croyais à tort qu'il l'était, je suis enchanté de m'être trompé. Ne désirer croire que mon ami a un cancer que s'il a un cancer n'implique nullement de vouloir croire qu'il a le cancer, ni bien sûr de vouloir qu'il ait le cancer. Ainsi l'amour de la vérité – et la rectitude dont il s'agit ici – n'implique pas de *vouloir* ou *désirer croire* que nos croyances soient vraies, mais de ne croire que ce qui est vrai. L'amour de la vérité n'est donc pas l'aveuglement volontaire, mais le contraire. Le rôle de la volonté quand on parle d'amour de la vérité, n'a rien à voir avec un quelconque aveuglement volontaire. Ce n'est pas non plus une manière pour une personne de s'assurer un pouvoir ou une hégémonie, d'exercer un pouvoir. De plus, que nous élaborions ces instruments symboliques permettant au désir de vérité d'aboutir n'implique en rien de mettre en question l'idéal ou la finalité de la vérité.

À l'inverse, l'amour de la vérité permet de croire *ce que nous préférerions ne pas croire*, en faisant de la vérité la valeur suprême de notre vie intellectuelle. C'est ainsi dans les sciences, si une théorie pourtant attirante est abandonnée parce que les objections à son encontre s'accumulent. C'est vrai aussi dans la vie quotidienne – domestique en particulier – quand nous reconnaissons, toute honte bue, avoir cru à tort. Sans la vertu d'amour de la vérité, nous fuirions vicieusement la vérité, en préférant nos croyances à la reconnaissance de la vérité.

Ce même amour de la vérité empêche aussi de renoncer trop vite – parfois, de façon lâche – à une croyance. Il s'identifie alors au courage intellectuel. Entre laxisme et rigidité intellectuels, cet amour est un juste milieu (une médiété), faisant mesurer le pour et le contre, conserver une croyance, autant que possible, sans non plus être téméraire, en ignorant ses faiblesses ou les objections qu'on peut lui opposer. (Ce qui, dans le tableau de la p. 87, a été appelé *équilibre réfléchi*.)

RENDRE SENSIBLE L'INTELLIGENCE : OBJECTIONS ET RÉPONSES

Certains prétendent que nous devons exercer un contrôle sur nos croyances en fonction de règles grâce auxquelles nous dirigeons notre esprit[1]. Ils pourraient se donner comme règle de ne croire que ce qui est vrai. Ils seraient farouchement déontologistes en épistémologie. Imaginons qu'ils récitent cette règle, tel un mantra, chaque matin. Cela supposerait qu'ils doivent attendre de savoir si quelque chose est vrai pour y croire. Mais au moment où ils savent que c'est vrai, ont-ils besoin d'une décision pour y croire ? N'y croient-ils pas *déjà* ? En effet, comment savoir que quelque chose est vrai sans y croire ? « Ne rien croire qui ne soit vrai » ne peut donc pas être une règle. Ou ce serait une règle impraticable parce que nous ne nous décidons pas de croire ce qui est vrai simplement *après* avoir découvert la vérité, comme une conséquence épistémique de l'avoir découverte.

En revanche, supposons que la formule « Ne rien croire qui ne soit vrai » n'exprime pas une règle, mais

---

1. Voir *supra*, chap. II, p. 48-52.

bien, comme je le prétends, une motivation intellectuelle. Elle ne signifie pas que nous aurions à constater une vérité avant d'appliquer la règle et de prendre la décision d'y croire. C'est différent, par exemple, de prendre la décision de manger du poisson parce qu'on a l'assurance qu'il est frais. Dans ce cas, on a l'assurance et on applique la règle « Ne mange du poisson que s'il est frais ». La formule « Ne rien croire qui ne soit vrai » veut plutôt dire que l'amour de la vérité, comme vertu, écarte toute croyance fausse ou probablement fausse, immédiatement. Aucune règle n'est appliquée. Et c'est bien d'une motivation dont il s'agit. Que nos croyances ne résistent pas à la découverte de leur fausseté ou de leur probable fausseté se manifeste dans la vertu d'aimer la vérité. Elle montre le genre de croyant que nous sommes. Le vertueux n'a pas besoin de se décider de croire ou à l'inverse de réfréner sa croyance. Il n'a pas à suspendre son jugement ni à décider de juger. Il est le porteur vivant de la norme de vérité. Il n'est pas son obligé.

Cependant, une personne pourrait suivre la règle de n'accepter que les croyances pour lesquelles elle dispose de données sûres ou évidentes. N'est-ce pas ce qu'affirme l'évidentialiste à la Clifford[1] ? Toutefois, se donner cette règle *présuppose* l'amour de la vérité, comme disposition et motivation de ne croire que ce qui est vrai. Respecter la maxime : « Il est mauvais toujours, partout et pour quiconque, de croire quoi que ce soit sur la base de données insuffisantes », celle de Clifford, suppose d'aimer la vérité. Le défaut du déontologisme épistémique est qu'il est incapable d'expliquer la source de notre idéal de vérité et des normes en général. Il ne dit pas d'où vient la valeur épistémique et morale. L'épistémologie des vertus,

---

1. Voir *supra*, chap. II, p. 52-55.

en revanche, la fonde dans la réalisation de ce que nous sommes en tant qu'êtres rationnels.

Il faut encore éviter la confusion entre deux thèses. D'une part, celle que la vie intellectuelle bonne supposant l'exercice d'une vertu d'amour de la vérité, elle consiste en une motivation appropriée. D'autre part, la thèse faisant de cette motivation une capacité intuitive permettant de ne pas tenir compte des objections à nos croyances (ou de toute suggestion concernant leur possible fausseté). Le désir de vérité est comparable à un radar aléthique. Mais son usage ne nous rend pas infaillible. Le désir de vérité nc se confond donc pas avec l'évidence – dans quelque domaine que ce soit. La thèse que l'amour de la vérité est une vertu indispensable à une bonne vie intellectuelle nc revient pas à la thèse de l'infaillibilisme épistémique, selon laquelle savoir suppose ne pas pouvoir se tromper et interdit d'être corrigé. Cette thèse infaillibiliste suppose la possibilité d'une expérience intellectuelle privilégiée (illumination, intuition rationnelle[1], évidence) dans laquelle s'exerce cette disposition à l'infaillibilité. C'est ce à quoi Descartes semble faire appel dans la Règle III des *Règles pour la direction de l'esprit* :

> [...] la conception d'un esprit attentif, si distincte et si claire qu'il ne lui reste aucun doute sur ce qu'il comprend ; ou, ce qui revient au même, la conception évidente d'un esprit sain et attentif, conception qui naît de la seule lumière de la raison, et est plus sûre parce qu'elle est plus simple que la déduction elle-même, qui cependant, comme je l'ai dit plus haut, ne peut manquer d'être bien faite par l'homme. C'est ainsi que chacun peut voir intuitivement qu'il existe, qu'il pense, qu'un

1. Sur cette question, voir G. Heinzmann, *L'intuition épistémique*, Paris, Vrin, 2013.

triangle est terminé par trois lignes, ni plus ni moins,
qu'un globe n'a qu'une surface, et tant d'autres choses
qui sont en plus grand nombre qu'on ne le pense
communément, parce qu'on dédaigne de faire attention
à des choses si faciles[1].

Dans l'entreprise de Descartes, la possibilité d'états
mentaux dans lesquels la raison nous éclaire au point
que nous savons, définitivement et absolument, joue
un rôle fondateur. Sans eux, aucune connaissance n'est
finalement possible ; et nous devrions alors en rester au
scepticisme.

Les rationalistes admettent volontiers de tels états de
complète transparence de l'esprit. Nous n'aurions donc
pas à désirer la vérité ; elle se donnerait à un esprit attentif.
Il ne l'est pas tant aux choses elles-mêmes qu'*à lui-même*.
Nous verrions la vérité comme une lumière émise à travers
l'eau translucide d'un bain mental. Si nous étions des
anges, et n'avions alors pas à abstraire la connaissance de
notre relation avec les choses sensibles, ou à l'attendre de
la révélation divine, cette forme d'illumination prévaudrait
sans doute. Mais une raison, à la fois métaphysique et
anthropologique, interdit une telle illumination cognitive.
Nous ne sommes pas de purs esprits, des substances
incorporelles, mais des êtres matériels sensibles. Nous

1. On peut aussi citer un passage d'une lettre de Descartes à
Gibieuf du 19 janvier 1642 : « Car, étant assuré que je ne puis avoir
aucune connaissance de ce qui est hors de moi, que par l'entremise
des idées que j'en ai eues en moi, je me garde bien de rapporter mes
jugements immédiatement aux choses et de leur rien attribuer de positif,
que je l'aperçoive auparavant en leurs idées ; mais je crois aussi que
tout ce qui se trouve en ces idées, est nécessairement dans les choses. ».
L'assurance d'avoir des croyances possédant certaines caractéristiques
(ou d'être dans un certain état mental de certitude) serait une condition
nécessaire et suffisante de la connaissance infaillible.

sommes des composés hylémorphiques. Toute notre connaissance suppose ce que Thomas désignait comme la « *conversio ad phantasmata* », la référence à des choses concrètes, à travers des images (ou ce qu'il appelait aussi des phantasmes)[1].

Que nous ayons à acquérir la vertu épistémique d'amour de la vérité suppose même que nous n'avons pas d'accès immédiat et intuitif à la vérité. La conception de la rationalité comme illumination intuitive n'est donc pas impliquée par la thèse que la vie intellectuelle bonne comprend l'amour de la vérité. Premièrement, la vertu est une disposition et non un état mental. Deuxièmement, une disposition vertueuse doit être acquise. (Une capacité d'intuition, comme saisie immédiate de la vérité, ne résulterait pas d'un apprentissage.) Une distorsion vertueuse suppose que soit préservé suffisamment longtemps l'effort intellectuel impliqué par l'idéal de vérité. L'amour de la vérité ne se manifeste pas dans l'illumination, mais dans l'activité argumentative. Plus largement, il se manifeste dans l'enquête.

L'amour de la vérité suppose une persévérance intellectuelle et se diffracte dans d'autres vertus intellectuelles, y compris les apparemment banales, mais indispensables, qualités de clarté, simplicité, rigueur. Le dégoût de la vaine rhétorique, et de ce que Kant appelait le « ton grand seigneur » en philosophie[2], est corrélatif de l'amour de la vérité. Il se manifeste encore dans une recherche en commun, au sein d'une communauté d'intérêts intellectuels ou spirituels. Il est l'élément

1. Voir, par ex., Thomas d'Aquin, *Somme Théologique*, I, 86, 1.
2. E. Kant, *D'un ton grand seigneur adopté naguère en philosophie*, dans *Première introduction à la* Critique de la faculté de juger *et autres textes*, trad. fr. L. Guillermit, Paris, Vrin, 1997.

dynamique de tout vrai dialogue. Il encourage l'attention aux idées des autres ; et donc à la lecture soutenue par un effort de comprendre, en particulier celle des œuvres classiques.

LA TEMPÉRANCE ÉPISTÉMIQUE

Un objecteur pourrait demander si l'amour de la vérité n'est pas surtout une peur, finalement malsaine, de se tromper ? N'est-ce pas une frilosité, voire une frigidité intellectuelle ? Elle entrave toute aventure intellectuelle, toute nouveauté, toute subversion, diront certains penseurs. Si vous faites la remarque que tel ou tel intellectuel s'est lourdement trompé, a cru des absurdités, semblait se ficher pas mal de la vérité, a fait un coup, voulait briller, bouleverser, mais n'avait que faire de la vérité, certains rétorqueront : « Oui, mais quelle importance ? On a bien le droit de se tromper, l'important c'est l'exploration des possibles, l'invention des concepts, le tumulte de la pensée ». (Je reprends, presque mot pour mot, une objection qui m'a été faite.) Après tout, que vaut la vie intellectuelle sans l'aventure des idées ? Et elle suppose de prendre des risques, au lieu d'être obsédé par la crainte du faux ! Si ce livre avait pour titre *L'aventure intellectuelle* ou *Le risque de la pensée*, plutôt que *L'éthique intellectuelle*, il attirerait peut-être plus l'attention. Il affirmerait que l'amour de la vérité, une fois déconstruit, laisse la place à un désir vraiment libérateur, celui de la non-vérité, qui n'est pas sa négation, mais son dépassement. L'objecteur, un authentique intellectuel, pourrait dire que la vérité n'est pas la vérité, et que c'est pour cela même qu'elle l'est. La formule lui garantirait sans doute l'attention des magazines culturels.

Ce que dit saint Thomas de la « studiosité » offre, encore une fois, une heureuse réponse à cette sorte d'objection, en expliquant que l'activité intellectuelle bien menée exige la tempérance, une vertu connexe de celle d'amour de la vérité[1].

> De même que, selon sa nature corporelle, l'homme désire naturellement les plaisirs de la nourriture et du sexe, de même, selon sa nature spirituelle, naturellement il désire ne croire que ce qui est vrai. Or la modération de cet appétit de connaissance appartient à la vertu de studiosité. Il s'ensuit donc que la studiosité est une partie potentielle de la tempérance, en tant que vertu secondaire qui lui est adjointe comme à la vertu principale. Et elle est comprise sous la modestie, pour la raison qui a été dite plus haut[2].

Ce passage dit au moins deux choses importantes. D'abord, que la studiosité est une vertu secondaire qui tempère notre appétit intellectuel. La vertu d'amour de la vérité s'accompagne de modestie intellectuelle. On peut dès lors penser que l'aventurisme intellectuel cultive le vice de prétention intellectuelle, le contraire de la modestie, et se mue aisément en vaine gloire et orgueil. La prétention intellectuelle récuse l'exigence de ne croire p que si p est vrai. En réclamant un droit à l'erreur, elle fait courir le risque de tromper les autres. La prétention intellectuelle encourage cette foutaise dont il était question dans le premier chapitre, celle qui consiste à s'exprimer, comme si ce que l'on disait était vrai, mais en étant parfaitement indifférent à la vérité. L'intempérance vient alors de ce que le désir intellectuel s'est mué en

1. Voir aussi *supra*, chap. V, p. 165-168.
2. Thomas d'Aquin, *Somme Théologique*, II-II, 166, 2.

appétit de représentation, voire de domination, dans le monde intellectuel.

Le passage de Thomas, précédemment cité, dit aussi qu'aimer la vérité n'est pas quelque chose que nous faisons contre notre nature, mais par nature. C'est une vertu morale d'une personne humaine d'être courageuse quand il convient. Elle est mieux encore ce qu'elle est en étant courageuse. C'est une vertu intellectuelle d'aimer la vérité : une personne ne l'aime pas contre elle-même, mais en réalisant au mieux ce qu'elle est. L'amour des biens épistémiques en général et de la vérité en particulier est lié à l'*eudaimonia*, l'épanouissement de notre nature humaine. Ce qui suppose une telle nature, et donc certaines spécificités qui nous distinguent radicalement des animaux non humains. Que nous voulions la vérité s'expliquerait par ce que nous sommes.

Le rôle accordé à une émotion comme l'amour dans une activité comme la recherche de la vérité n'est-il cependant pas paradoxal ? Pour parvenir à la vérité, la recherche des données objectives et d'arguments convaincants ne suppose-t-elle pas la méfiance à l'égard des émotions, supposées subjectives, voire systématiquement irrationnelles ? L'amour de la vérité encourage ainsi une passion qui vient diriger la raison. C'est finalement l'objection opposée à celle qui a été examinée. On pouvait reprocher à l'amour de la vérité d'être en fait une peur de l'aventure intellectuelle, et d'anesthésier ainsi la vie de l'esprit. À l'inverse, ne peut-on pas craindre de la livrer à l'émotion, au lieu de la cantonner, comme il se devrait, à l'objectivité la plus stricte, froide et impersonnelle ?

Pour répondre à cette objection, on peut reprendre une formule de Nelson Goodman, faite dans le contexte de l'esthétique, mais dont l'applicabilité est plus étendue.

Goodman dit que les émotions peuvent fonctionner cognitivement[1]. L'amour de la vérité, en tant que vertu intellectuelle, serait alors une « émotion cognitive »[2] dirigée vers la vérité, comme principal bien épistémique. La recherche de ce bien, par laquelle se réalise notre nature rationnelle, consiste, pour une part, à ressentir certaines émotions appropriées à notre activité intellectuelle. Elles en sont aussi constitutives : comprendre peut consister à ressentir ce qu'il convient. L'amour de la vérité est l'émotion grâce à laquelle nous sommes dirigés vers la vérité.

Mais comment est-il possible qu'une émotion puisse rendre juste ou droit le désir de connaître ? Pour Linda Zagzebski, dans *Virtues of the Mind* :

> Une vertu est liée à des sentiments ou des émotions de la façon suivante. La vertu comprend un élément de motivation, c'est-à-dire une disposition ou une tendance à avoir certains motifs. Un motif initie une action ou il dirige une émotion. C'est donc un état intentionnel ; il est dirigé vers une certaine fin[3].

L'émotion n'est donc pas une commotion cérébrale nous rendant incapable du moindre raisonnement (comme tend à en parler Kant dans son *Anthropologie*[4]). S'agissant

1. N. Goodman, *Langages de l'art*, trad. fr. J. Morizot, Nîmes, J. Chambon, 1990, p. 290.

2. L'expression est empruntée à Israel Scheffler, *Worlds of Truth, A Philosophy of Knowledge*, Oxford, Wiley-Blackwell, 2009. Voir aussi, *infra*, chap. VII, p. 233-236.

3. L. Zagsebski, *Virtues of the Mind, op. cit.*, p. 134.

4. E. Kant, *Anthropologie du point de vue pragmatique*, trad. fr. M. Foucault, Paris, Vrin, 1994, § 74, par exemple. L'émotion est supposée agir comme une attaque d'apoplexie. On a rarement remarqué que les descriptions psychologiques proposées par Kant sont tout de même fort discutables !

de l'amour de la vérité, c'est une motivation dans la recherche de ce qui est vrai. Notre engagement dans la recherche de la vérité suppose une motivation efficace. Pour reprendre une formule courante aujourd'hui : il faut « se sentir concerné ». Il faut être attiré par la vérité. Il faut même en pâtir. Il faut ressentir une gêne dès qu'une croyance est obscure, qu'une affirmation est ambiguë, une question à côté du sujet, ou qu'une thèse a des présupposés problématiques, des conséquences discutables, manifestement insoutenables. Être insensible, c'est alors manquer d'amour de la vérité.

Certaines de nos émotions fonctionnent comme des boussoles à l'égard de la vérité. L'absence de toute émotion cognitive est dommageable à la vie intellectuelle bonne. Pensons au personnage de Spock dans *Star Trek*. Ce vulcanien (mais avec une mère humaine) maîtrise toute émotion – voire n'en a pas. C'est ce que d'aucuns appelleraient un « pur raisonneur », même si à de rares moments ce n'est plus si sûr, et qu'il semble lui aussi se laisser prendre à des émois. Pourtant, c'est par défaut d'émotion qu'il raisonne parfois mal. Les professeurs savent fort bien ce qu'il se passe quand leurs élèves n'ont aucune émotion cognitive : il devient très difficile d'enseigner. La relation pédagogique se fonde sur un double désir, du côté du professeur, de faire comprendre et, du côté de l'élève, de comprendre. Sans amour de la vérité, sans passion cognitive, nous n'apprenons pas grand-chose.

La vertu d'amour de la vérité ne doit cependant pas être confondue avec la sincérité intellectuelle. Cette dernière n'est pas une vertu (mais pas non plus un vice – une perversion cognitive). En effet, on peut être sincère sans avoir la vertu d'amour de la vérité : on peut dire *p* en croyant que p est vrai, sans pour autant ne croire p que si p est vrai. Affirmer que la sincérité intellectuelle est une vertu reviendrait à dire que des vertus peuvent être incompatibles, ou à faire primer la sincérité intellectuelle sur l'amour de la vérité. Si la sincérité intellectuelle était une vertu, cela impliquerait un droit de se tromper. Si on la confond avec l'honnêteté intellectuelle, en faire une vertu c'est accorder le droit de tromper les autres en toute honnêteté. Dès lors, il convient de définir l'honnêteté intellectuelle comme une disposition à ne dire p que si on ne croit p que si p est vrai. Il n'existe ainsi aucun droit de se tromper en toute sincérité, ni de tromper les autres de la même façon. La sincérité intellectuelle n'a pas de valeur épistémique particulière, que ce soit dans les devoirs intellectuels envers soi-même ou envers les autres. Personne ne peut se dire intellectuellement honnête en disant ou en ayant dit ce qui est faux, et se dédouaner de s'être trompé en étant ou en ayant été sincère. L'imposture intellectuelle, particulièrement chez les intellectuels français, a souvent consisté à réclamer un droit à l'erreur. Celui-ci n'existe décidément pas.

AMOUR ET SAGESSE

De quelle façon la vérité peut-elle être objet d'amour ? Pour répondre à cette question, revenons de nouveau à cette objection que la notion même de désir de vérité fait dépendre la saisie de la vérité, de l'émotion, de la passion. Premièrement, on se prive alors de critères nets et précis de la légitimité intellectuelle, en préférant des notions finalement vagues, de désir, d'amour, de vérité en général plutôt que celle d'énoncé vrai. Deuxièmement, on confond la vie intellectuelle avec la vie pratique ; ou encore on gomme la différence radicale entre une question de fait, portant sur notre connaissance d'états de choses, et une question de valeur, portant sur la sorte de vie jugée préférable. Troisièmement, on sort du domaine de la pure rationalité. S'entremêlent alors le vrai et le bien ; au lieu, justement, de bien distinguer l'un, comme finalité de la vie intellectuelle, de l'autre, comme finalité de la vie affective. C'est l'objection « puriste » en épistémologie. Elle refuse le chevauchement du théorique et du pratique. Malgré ce qui a déjà pu lui être répondu précédemment, elle n'en est pas moins toujours à prendre fort au sérieux.

Pour lui répondre encore, expliquons le lien entre l'amour de la vérité, la vertu de charité (aimer ce qu'il convient) et la vertu de justice (accorder à ce qui est considéré ce qui est lui est dû). Je veux montrer en quoi le sage aime la vérité tout en menant une vie intellectuelle juste parce qu'ordonnée au bien épistémique.

Pour Thomas, « la vertu qui perfectionne la volonté, comme la charité ou la justice, fait aussi qu'on se sert bien de ces habitus spéculatifs qui ne perfectionnent que l'intelligence »[1]. Parce qu'elle est une vie humaine, la vie intellectuelle comprend désir et émotion. Elle est faite à la fois d'intellect et de volonté. Et donc, si la vie intellectuelle n'était pas aussi une affaire de volonté ordonnée au bien, en même temps qu'au vrai, elle ne pourrait pas être bonne. Elle doit ainsi être ordonnée à la vérité (qui est le bien de l'intellect) par un désir du bien – et donc de la vérité comme bien. L'amour de la vérité est la vertu de charité (l'amour de ce qu'il convient) à l'œuvre dans l'activité intellectuelle. Nous parvenons à

1. Thomas d'Aquin, *Somme Théologique*, I-II, 57, 1.

la compréhension en nous tournant de toute notre âme (intellect) et de tout notre cœur (volonté) vers le bien de l'esprit, qui est la vérité. Si l'ordonnancement de l'acte intellectuel suppose aussi la vertu de justice, c'est qu'elle est la disposition, grâce à laquelle est rendu à une réalité ce qui lui est dû. Une vie intellectuelle se détournant de la vérité est immorale parce qu'elle est injuste à l'égard de ce qui constitue le bien épistémique le plus élevé.

Le perfectionnement de l'intellect consiste ainsi dans une orientation du désir vers ce qui doit être sa fin intellectuelle. Cette orientation se manifeste dans l'exercice des vertus de charité et de justice. La véritable valeur d'une vie intellectuelle ordonnée par l'amour de la vérité – et donc par la charité – est ainsi fondamentalement morale, puisqu'elle est le perfectionnement abouti de notre nature. C'est par l'amour de la vérité, comme ordonnancement du désir, que la vie intellectuelle est méritoire. Elle l'est au plus haut point parce qu'elle est la charité à l'œuvre dans l'activité la plus noble qui soit, celle de la vie intellectuelle. C'est aussi l'activité la plus proprement humaine[1]. C'est l'activité la plus proprement humaine, parce qu'elle l'exercice de la rationalité, qui fait de nous les créatures que nous sommes. L'amour de la vérité est ainsi la source à laquelle l'intellect puise, dans toutes ses opérations, pour l'achèvement de sa quête[2].

---

1. La vie intellectuelle – contemplative – est supérieure, par nature, à la vie pratique, pour Thomas. Voir à ce sujet, Ét. Gilson, *Wisdom and Love in Saint Thomas Aquinas*, *op. cit.*, p. 42-43, n. 3, qui commente *Questions disputées sur la vertu*, q. 1, art. 7.

2. Voir M. S. Sherwin, o.p., *By Knowledge & By Love. Charity and Kowledge in Moral Theology of St. Thomas Aquinas*, Washington D.C., The Catholic University of America Press, 2005.

Une séparation complète de l'intellectuel et du volontaire aurait des résultats particulièrement délétères. Premièrement, l'unité même de la vie humaine serait mise en question. L'être humain n'est pas l'addition de deux facultés, intellect et volonté, mais un seul être qui intellige et qui veut. Une vie bonne n'est pas déchirée entre l'intellect et la volonté. Elle n'est pas la tyrannie de l'une sur l'autre – dans aucun des deux sens. Nous devons aimer la vérité parce que nous ne la trouverons qu'en la désirant. (Bien sûr, des vérités, nous en trouvons sans aimer la vérité. Mais elles ne nous font pas être meilleurs en réalisant notre rationalité.) Deuxièmement, la volonté requiert l'intellect – il faut comprendre pour vouloir ; l'intellect, en tant que faculté de raisonnement, est dépourvu d'ordre sans la justesse du désir et sa juste régulation.

Selon Thomas :

> Il y a des vérités saisies par nous qui ne convainquent pas l'esprit, au point qu'il peut donner ou refuser son assentiment, ou tout au moins suspendre son jugement pour un motif quelconque. Dans ce dernier cas, l'assentiment ou le désaccord sont en notre pouvoir et tombent sous notre commandement[1].

Distinguons l'assentiment et l'évidence. L'évidence est ce que seul un être irrationnel refuserait. Mais nous pouvons rester intellectuellement réfractaires à ce qui s'impose à nous – détester la vérité, qui est alors une obligation rationnelle – comme une loi extérieure. Il n'y a alors pas de conversion de notre vie intellectuelle à la vérité comme un bien. Il n'y a pas d'acceptation. Nous sommes intellectuellement désunis – comme Médée

---

1. Thomas d'Aquin, *Somme Théologique*, I-II, 17, 6, c.

quand elle voit le meilleur mais veut le pire. Comme l'assentiment n'est pas impliqué par l'évidence, la raison ne peut vraiment se convertir (plutôt que se contraindre) que par l'amour de la vérité. Nous ne devons pas être des esclaves de l'évidence, mais les amis de la vérité. La rationalité ne doit pas céder au devoir, mais se réaliser plus complètement par la vérité.

Cela ne veut pas dire que nous acceptons ce que nous voulons, au sens de ce qui nous plaît. Mais la volonté de vérité motive la recherche des meilleures raisons et la guide. Nos raisons restent souvent contestables, même à nos propres yeux, puisque d'autres raisons s'y opposent. Donner son assentiment, c'est alors considérer être parvenu à la vérité, sans pourtant que l'enquête s'arrête. L'amour de la vérité ordonne l'intellect afin qu'il soit exigeant sur les raisons. Cela peut même consister à exiger une évidence, mais quand nous jugeons que c'est approprié. Et sans, non plus, renoncer trop aisément face aux raisons adverses. À tel point que, sans cet amour de la vérité, nous pourrions exiger une vérité (une obligation rationnelle), alors même que cela ne convient pas. C'est cet amour de la vérité qui opère comme guide, puisque la contrainte ne sera que celle des raisons reconnues. La docilité aux raisons est une vertu. Mais c'est un aspect de la prudence dans la vie intellectuelle que de savoir être docile quand il convient. La prudence est une vertu morale ; c'est celle de la sagesse dans les affaires humaines[1]. Cette prudence est aussi présente dans la vie intellectuelle, quand il s'agit de suivre la droite raison.

Les vertus de charité et de justice ordonnent ainsi l'intellect, dans tous ces cas où il se dirige vers la vérité,

---

1. *Ibid.*, II-II, 47, 2 ad 1.

en particulier quand il n'y est pas contraint par l'objet même de la pensée (comme dans le cas de principes dont le rejet serait un indice d'irrationalité). L'amour de la vérité est alors le guide de l'intellect. C'est même que notre vie intellectuelle serait irrationnelle sans ce guide. Elle pourrait encore être argumentative. Mais elle serait en réalité déboussolée. L'amour de la vérité fait penser à la capacité de se déplacer dans la pénombre : on ne voit pas ou pas bien, on tâtonne, mais le désir de parvenir au but est le guide. Ainsi, dans la vie intellectuelle, on ne voit pas bien non plus. Les cas d'évidence – ce que seul un être irrationnel refuserait – sont rares ; en plus, la plupart du temps, ils ne portent pas sur l'essentiel. Ainsi, sans l'amour de la vérité, nous n'aurions aucun bon usage de nos habitus intellectifs, c'est-à-dire de nos dispositions acquises à connaître. La volonté assure la poursuite de l'effort de compréhension ; elle nous y maintient ; sans cette persistance, des esprits limités comme les nôtres ne comprendraient rien.

　　Ainsi la raison, pour se maintenir dans la voie de la vérité, peut et doit être dirigée par la vertu de charité. Il y a bien des manières pour la raison de s'égarer. L'une d'elle est le rétrécissement de la vie intellectuelle à une argumentation étroite dont on se refuse à sortir pour être bien sûr de ne pas se tromper. Ce qui finit par faire perdre toute perspective aléthique. Mais ce n'est pas la façon la plus fréquente. L'indulgence qu'on s'accorde dans les facilités verbales, le ton supérieur et prétentieux, la rhétorique creuse, est plutôt ce qui surtout nous menace dans les sciences humaines et sociales, la philosophie et la vie culturelle en général. (Ce sur quoi le premier chapitre de ce livre insiste.) La charité en revanche maintient la quête intellectuelle sur la voie royale : chercher les raisons, connaître les choses telles qu'elles sont, dire exactement la réalité. Comme le dit Étienne Gilson, « l'acquisition, la culture et le bon usage des vertus spéculatives requièrent la coopération de la volonté »[1]. Autrement dit, de ce qu'on pourrait aussi appeler l'amour intellectuel ou encore la charité épistémique. Comme le dit Étienne Gilson, toujours en commentant Thomas, « les vertus morales exercent un pouvoir d'initiative, parce qu'elles sont situées dans l'appétit ou dans la volonté, alors que les vertus spéculatives, parce qu'elles sont situées dans l'intellect, doivent être mises en mouvement par la volonté, afin qu'elles fassent leur travail »[2].

Ainsi, la passion de la vérité n'est pas une forme de licence épistémique donnant, au nom de l'amour, le droit de transgresser, *ad libitum*, des prohibitions épistémologiques. Ce n'est pas un droit de se tromper, dont il a déjà été dit qu'il n'existe en rien, de commettre des infractions aux règles de la logique et de l'argumentation. Jacques Bouveresse fait remarquer que l'amour de la philosophie n'était pas moins grand chez des philosophes pour lesquels la logique était un instrument de pensée indispensable – disons Frege, Russell, le premier Wittgenstein, Carnap, Quine – comparés à des philosophes qui ne s'en embarrassent pas – disons, Nietzsche, Bergson, Heidegger, Deleuze[3]. De même, l'amour de la vérité n'est en rien moindre chez les premiers que chez les seconds. Il ne s'agit nullement de renoncer à l'argumentation ! Mais l'amour de la vérité

---

1. Ét. Gilson, *Wisdom and Love in Saint Thomas Aquinas, op. cit.*, p. 13.

2. *Ibid.*, p. 14.

3. J. Bouveresse, *La demande philosophique*, Paris, L'Éclat, 1996, p. 52, n. 20.

est cependant une passion de l'âme ordonnée au bien de l'esprit, et il ne se réduit pas au simple respect dès règles d'inférence. Et c'est vrai aussi pour ceux de la première liste, c'est-à-dire pour les « philosophes logiciens », cités plus haut. Même sans se répandre en déclaration sur l'amour de la vérité, ils l'ont exemplifié dans leurs écrits.

L'amour de la vérité ne serait-il pas alors un désir négatif : une aversion à l'égard de tout ce qui pourrait constituer une façon de ne pas satisfaire les exigences de la quête de vérité ? Mais une caractérisation positive consiste à en parler en termes de sagesse, qui est l'énergie spirituelle dans laquelle se manifeste l'amour de l'intellect pour la vérité. Non pas celle, étroite justement, centrée sur les normes des processus intellectuels, qui pourrait être relative à une fin mauvaise. Mais la sagesse qui vise le bien de l'esprit. Augustin disait que la sagesse est l'obéissance à la raison[1]. Si la sagesse est obéissance, elle est de nature morale : elle respecte ce qui doit l'être – elle est juste. Elle ramène les choses à l'ordre qui convient ; elle permet ainsi la tranquillité de l'ordre, pour parler encore comme Augustin. Être sage, c'est ainsi mettre en ordre, dans le domaine de l'esprit, par une appréhension des biens épistémiques. La sagesse réalise dès lors, dans la vie intellectuelle, la pleine compréhension de la valeur épistémique.

Thomas dans la question 45 de la IIa-IIae de la *Somme Théologique* cite Isidore de Séville pour lequel « "sage" (*sapiens*) vient de "saveur" (*sapor*) parce que, de même que le goût est capable de distinguer la saveur

---

1. Thomas le cite en ce sens dans *Somme Théologique*, II-II, 45, 6, dans le *sed contra*. Le passage cité d'Augustin se trouve dans son *Explication du Sermon sur la montagne*, I, IV.

des aliments, de même le sage est capable de distinguer la réalité des causes ». La sagesse est ainsi un discernement de ce qui doit être recherché dans la vie intellectuelle, de sa finalité. Elle n'est pas réductible à la fiabilité intellectuelle ou au respect des règles. Car ni l'une ni l'autre ne supposent ce discernement. Elle n'est pas non plus identifiable à la réussite cognitive. Car la sagesse n'implique pas d'atteindre un certain résultat cognitif, mais de réaliser sa propre nature rationnelle. Saisir ce qui vaut le plus, la vérité, et s'y ordonner, est en réalité moins affaire de connaissance que de dignité humaine.

La question 46 de la IIa-IIae de la *Somme Théologique* est consacrée à la sottise. Elle n'est pas la folie, dans laquelle on n'est plus capable de juger, et qui est alors la négation de la sagesse. La sottise est son contraire, et non pas sa négation. Ce qui fait défaut à l'insensé est « la saveur du discernement »[1]. Son manque de jugement porte sur la vérité en tant que valeur et non en tant que propriété d'un énoncé. Nous pourrions donc être capables de déterminer si tel ou tel énoncé est vrai ou faux. Cela ne nous rend pas plus sage si nous ne savons pas pourquoi nous voulons le savoir. On n'est donc pas sot en manquant de jugement sur le menu détail, mais par défaut du désir convenant à la pleine réalisation des êtres rationnels que nous sommes. C'est en ce sens, dit subtilement Thomas, qu'il y a « une bonne sottise »[2], consistant à mépriser (avoir du dégoût pour) ce qui finalement n'a pas d'importance intellectuelle et humaine véritable. La sagesse se détourne de l'astuce intellectuelle ou de la fausse subtilité. Lesquelles satisfont au besoin une certaine reconnaissance sociale.

---

1. *Ibid.*, II-II, 46, 1, sol. 1.
2. *Ibid.*, sol. 2.

C'est l'élève brillant qui enchante le jury d'un concours, à l'agrégation de philosophie ou au concours de l'École Nationale d'Administration. Mais ce brio ne représente aucun perfectionnement de notre rationalité, s'il n'est pas dirigé vers la vérité. Le sage, dans ces circonstances où la bêtise devient une panacée, fera curieusement figure de lourdaud.

La sagesse est ainsi un ordonnancement du désir intellectuel, permettant à un être humain rationnel de poursuivre sa fin véritable, qui est la vérité. C'est pourquoi la vertu de sagesse est une forme de l'amour comme « principe du mouvement qui tend vers la fin aimée »[1]. C'est un amour *naturel*, qui suppose la connaturalité de l'amant et de l'aimé, c'est-à-dire leur convenance naturelle. C'est la rationalité qui, en nous, est connaturelle avec la vérité. Nous sommes faits pour la vérité, et donc nous l'aimons, du fait de notre nature rationnelle ; c'est aller contre notre nature de nous en détourner. Nous sommes faits pour être sages ; nous pouvons donc y parvenir. Mais d'un autre côté, la réalisation de notre nature n'est pas garantie, et nous sommes enclins à la sottise, c'est-à-dire au désordre de notre désir de vérité.

---

1. Thomas d'Aquin, *Somme Théologique*, I-II, 26, 1.

Chapitre VII

LE SENS COMMUN
ET L'ÉMOTION DU RIDICULE

Lao-Tseu l'a dit, il faut trouver la voie ! ...
Moi je l'ai trouvée ! ...
C'est très simple : je vais vous couper la tête ! ...
Alors vous aussi vous connaîtrez la vérité ! ... [1].

THOMAS REID : UNE ÉMOTION CONTRE L'ABSURDE

Thomas Reid s'exprime ainsi :

> Nous pouvons observer que les opinions qui contre-
> disent les premiers principes [du sens commun]
> sont distinguées des autres erreurs : elles ne sont pas
> seulement fausses, mais absurdes. Et, pour rejeter
> l'absurdité, la nature nous a donné une émotion parti-
> culière, à savoir celle du ridicule, qui semble faite dans
> le but même de repérer ce qui est absurde, que ce soit
> dans l'opinion ou dans la pratique [2].

1. Hergé, *Le Lotus bleu*, Paris, Casterman, 1946 (couleur), p. 57 (voir aussi p. 13).
2. Th. Reid, *Essays on the Intellectual Powers of Man*, Edinburgh, Edinburgh University Press, 2002, VI, IV, p. 462. (Il n'existe pas d'édition récente du livre en français.).

Reid fait ici trois affirmations : a) Les opinions qui contredisent les principes du sens commun sont absurdes. b) La nature nous a donné une émotion particulière : l'émotion du ridicule. c) Cette émotion nous sert à repérer les opinions absurdes (contredisant le sens commun).

C'est ainsi *un rôle épistémologique* prépondérant que Reid attribue à l'émotion du ridicule : repérer et rejeter les opinions absurdes contredisant les premiers principes du sens commun. Cette contradiction n'est pas logique (comme lorsqu'un énoncé est absurde parce qu'il est de la forme « A & non A »). Elle est épistémologique (comme lorsque nous disons « Il pleut et je ne crois pas qu'il pleuve »[1]). L'émotion du ridicule concerne dès lors la relation entre le sens commun et les opinions philosophiques. Faire appel à cette émotion pour trancher une controverse philosophique, en rejetant sans plus de considération certaines opinions, comme absurdes, c'est pratiquer une philosophie du sens commun. Une opinion étant avancée, si elle provoque une émotion du ridicule, alors, sans autre forme de procès, elle est rejetée. Et cette *procédure*, selon Reid, est épistémologiquement légitime.

Par l'émotion du ridicule, 1) l'esprit saisit immédiatement quelque chose de la vérité et, 2) cela lui suffit pour exclure l'erreur radicale, le sophisme, la foutaise – tout ce qu'on peut regrouper sous l'appellation d'« absurde ».

Le rôle épistémologique de l'émotion du ridicule est aussi de s'opposer à l'attitude philosophique qui consiste à mettre en question toute croyance n'ayant pas fait l'objet d'un contrôle épistémologique. Pour ceux qui défendent la nécessité que nos croyances soient contrôlées

---

1. C'est le paradoxe dit « de Moore », du nom de George E. Moore.

et acceptées, la fonction de la philosophie, et même son honneur, est justement de nous faire rompre avec le sens commun. Ils prétendent avoir un accès direct à la vérité. Or, tant qu'elles n'ont pas été fondées ou au moins justifiées, les croyances naturelles ne seraient pas intellectuellement légitimes. La seule attitude intellectuellement digne serait de pratiquer un examen préalable *de toutes nos croyances*, en vue de les accréditer ou de les rejeter. Or, Reid résiste face à cette attitude philosophique que la philosophie moderne a promue. Elle est présentée comme l'attitude philosophique par excellence, la norme de la vie intellectuelle et même sa valeur intellectuelle suprême. Reid a jugé qu'une éthique intellectuelle – il n'emploie pas cette expression – ne comprend pas l'obligation de contrôle préalable des croyances naturelles. Certains passages de ses écrits laissent penser que cette prétendue obligation peut parfois être identifiée à ce dont il a été question dans le premier chapitre : ce qu'Harry Frankfurt a appelé « *bullshit* », la foutaise, pour caractériser une attitude intellectuelle moderne de jeu malsain avec les idées et la vérité[1]. J'interprète ainsi l'émotion du ridicule : elle serait une sensibilité à cette forme d'abus intellectuel, de fausse profondeur, de tromperie déguisée en dévoilement, d'appel grandiloquent mais illusoire à la pensée.

Selon Vincent Descombes, « une *philosophie du sens commun* est une doctrine qui veut établir la nécessité de reconnaître comme un fait et de poser comme une condition de toute pensée rationnelle qu'il existe un ensemble de croyances soustraites à toute mise en

---

1. Voir H. Franfurt, *De l'art de dire des conneries, op. cit.*, et *supra*, p. 33-36.

question » [1]. De telles croyances, Reid propose une liste, celle des « principes du sens commun ». Parmi eux se trouvent : l'existence des choses dont nous sommes conscients ; l'existence d'un certain degré de pouvoir sur nos actions et les déterminations de notre volonté ; l'existence des choses que nous percevons ; que ces choses sont bien comme nous les pensons être ; que nos facultés naturelles, par lesquelles nous distinguons le vrai du faux, ne sont pas fallacieuses . Quand une opinion s'oppose aux principes du sens commun, il n'est nul besoin d'un argument pour la rejeter immédiatement. L'émotion du ridicule suffit. C'est celle ressentie quand nous disons « C'est ridicule ! » en rejetant une opinion opposée à un principe du sens commun. Pourquoi est-ce ridicule ? La réponse ne consiste pas à donner une justification ; l'émotion ressentie en tient lieu.

Mais est-ce *en fait* ou *en droit* qu'une telle émotion coupe court à toute justification du rejet d'une opinion contredisant le sens commun ? Dans le premier cas, si c'est en fait, parler d'une émotion du ridicule revient à faire une observation relevant de la psychologie des croyances. Cette observation est la suivante : confrontés à la mise en question de nos croyances irrésistibles, nous éprouvons une émotion qui entraîne leur rejet. Alors, l'émotion est la cause du rejet, mais elle n'est pas épistémologiquement légitime. Dans une discussion philosophique, l'appel à l'émotion du ridicule – et donc au sens commun – est généralement considéré comme illégitime parce qu'il est interprété comme une réaction psychologique. On dira : « Évidemment, contesté dans ce

1. V. Descombes, « L'idée d'un sens commun », *Philosophia Scientiae*, vol. 6, cahier 2, 2002, p. 148.

que vous avez de plus cher, dans vos préjugés, implantés par vos nourrices et vos professeurs, vous rejetez la critique. Mais réagissez, que diable, *sapere aude* ! ».

Dans le second cas, en droit, parler d'une émotion du ridicule, c'est adopter une thèse philosophique – une thèse de la philosophie du sens commun (définie par Vincent Descombes). C'est une thèse épistémologique. Quand une opinion s'oppose au sens commun, premièrement elle *doit* être repérée par une émotion du ridicule comme contraire au sens commun, et deuxièmement il est *légitime* de la rejeter sans autre forme de procès. Pour Reid, c'est en droit que l'émotion du ridicule coupe court à toute demande de justification épistémique. Selon Daniel Schulthess, « Reid fait confiance au sentiment du ridicule parce qu'il estime qu'un même fond rationnel présent en tous, le sens commun, interdit au ridicule de s'exercer arbitrairement »[1]. À suivre Reid, le sentiment du ridicule « ne peut manquer d'orienter la philosophie vers l'établissement de la vérité »[2].

Mais la vérité n'est-elle alors pas moins établie que reconnue ? Ce que Reid suggère est que le mouvement de la connaissance va de la vérité à d'autres vérités ; il ne va pas d'une suspension aléthique vers la vérité. On ne commence pas dans la vie intellectuelle par une table rase ou dans le vide aléthique. Dans l'émotion du ridicule, ce qui s'exercerait légitimement contre certaines opinions, ce serait la rationalité naturelle qui appréhende immédiatement la vérité. L'émotion du ridicule, pour Reid, n'est pas une intuition infra-rationnelle déboutant

---

1. D. Schulthess, *Philosophie et sens commun chez Thomas Reid (1710-1796)*, Berne, Peter Lang, 1983, p. 93.

2. *Ibid.*, p. 94

certaines opinions. Tout au contraire, ressentir cette émotion, c'est exercer *la rationalité comme constitutive de notre nature*. Nous appréhendons la vérité du fait même de notre constitution naturelle, et de nos capacités, elles aussi naturelles.

Le nativisme de Reid consiste ainsi, certes, à dire que certains de nos concepts ne sont pas tirés de l'expérience, ou comme le prétendait Hume d'impressions. Mais il consiste aussi à affirmer que certaines vérités n'en sont pas tirées non plus – que nous naissons équipés de vérités, même si elles ne se révèlent comme telles à nous que plus tard, et en particulier quand certains philosophes nous les contestent, provoquant alors cette émotion du ridicule qui suffit à écarter leurs fallacieuses objections.

LE SENS COMMUN CONTRE LA PHILOSOPHIE ?

Pourtant, fort rares ont été les philosophes prêts à suivre Reid dans cette version radicale de philosophie du sens commun accordant un tel rôle à l'émotion du ridicule. Plus rares encore ont été les philosophes à accorder la moindre place en philosophie à cette émotion du ridicule. Il est vrai que si Reid a raison, la pratique même de la philosophie semble en prendre un sérieux coup. Elle a souvent consisté à affirmer et à défendre des thèses qui contredisent radicalement le sens commun. La sorte de conception de la philosophie présentée par Descartes dans les *Méditations métaphysiques* est incompatible avec l'émotion du ridicule :

> [...] et dès lors j'ai bien jugé qu'il me fallait entreprendre sérieusement une fois en ma vie de me défaire de toutes les opinions que j'avais reçues auparavant en

ma créance, et commencer tout de nouveau dès les fondements, si je voulais établir quelque chose de ferme et de constant dans les sciences[1].

Ceux qui sont convaincus de tenir avec la méthode de Descartes la procédure standard en philosophie jugent que mettre en avant une émotion du ridicule est illégitime ; en particulier, elle est illégitime si elle est dirigée contre une pratique de la philosophie comme critique des opinions, et fondatrice des premiers principes de la philosophie. Ils peuvent même tenir cette émotion du ridicule comme le principal obstacle épistémologique au triomphe de la philosophie.

Pour se faire une idée du caractère iconoclaste de la thèse de Reid, voici une liste de thèses philosophiques parmi les plus fameuses[2]. Parménide : le monde dont nous faisons l'expérience est une illusion et le changement ou le mouvement n'existe pas. Héraclite : rien n'est stable, tout est en mouvement. Platon : il existe des Formes intelligibles, composant ce qui est le plus réel, et dont les choses sensibles ne sont que des copies. Descartes : la prétention de *savoir* quoi que ce soit n'est pas justifiée tant que l'impossibilité pour un malin génie de constamment nous tromper n'est pas démontrée – et cette démonstration en suppose une autre, celle de l'existence de Dieu et de certains de ses attributs. Spinoza : il n'y a qu'une seule substance, Dieu ou la Nature, et les objets apparemment distincts sont des modalités de cette substance. Berkeley : il n'existe rien qui soit matériel, tout est mental ou

---

1. R. Descartes, *Méditations métaphysiques*, Première méditation, Paris, Éditions Garnier Frères, 1967, p. 404.
2. Voir St. Boulter, *The Rediscovery of Common Sense*, Basingstoke, Palgrave Macmillan, 2007, p. XII-XIII.

idéal. Leibniz : le monde réel est constitué de monades qui ne sont ni dans l'espace ni dans le temps, et qui n'entretiennent aucune relation de causalité d'aucune sorte. Hume : se fier aux arguments inductifs n'est pas pleinement rationnel, et la relation de causalité n'est rien d'autre que la conjonction constante de cause et d'effet, alors que la nécessité prétendue entre la cause et l'effet n'a rien de réel ; c'est une projection de notre pensée. Kant : le monde empirique est, pour une part, une construction de notre esprit, et toute réalité indépendante de notre esprit est au-delà de ce que nous pouvons connaître. Quine : il n'existe pas de faits correspondants à ce qu'un locuteur veut dire dans l'énoncé d'une proposition et les objets ordinaires comme les tables, les chaises, les arbres sont des entités théoriques, tout comme les particules atomiques et subatomiques, les champs gravitationnels et les dieux homériques. Dummett : un énoncé n'est pas vrai ou faux s'il n'y a pas moyen en principe de déterminer sa valeur de vérité, et dès lors le passé n'est pas réel. Peter van Inwagen : les artefacts n'existent pas plus que les objets ordinaires ; il n'y a que des particules physiques et des organismes.

Toutes ces thèses philosophiques majeures sont proposées par les plus grands héros de l'histoire de la philosophie ou des philosophes contemporains. Elles contreviennent aux principes du sens commun énoncés par Reid – à commencer par le tout premier : « tout ce dont je suis conscient existe ». Nous pourrions ajouter des thèses qui ont fait florès dans la philosophie moderne et contemporaine, chez Nietzsche ou Bergson, et chez les Grands Maîtres des affirmations stupéfiantes que sont Gilles Deleuze (La philosophie invente des concepts), Jacques Derrida (Il n'y a pas de hors-texte), Alain Badiou

(La poésie est la condition de la philosophie ; Le communisme est l'avenir de l'humanité) ; voire quelques autres que le lecteur identifiera aisément. Faut-il alors tenir toutes ces opinions philosophiques pour absurdes ? Et cela suffit-il à les rejeter ? Reid semble bien avoir pensé que oui. Il n'aurait pas pris au sérieux les allégations de certains des philosophes parmi les plus réputés, en particulier celles de certains philosophes français du XXe siècle.

Pourtant, ceux qui font profession d'être des intellectuels et des philosophes rechignent, et c'est peu dire, à donner à une émotion du ridicule un rôle prépondérant en philosophie. Ils ne vont tout de même pas se saborder. Et puis, est-ce vraiment la nature qui nous donne des croyances irrésistibles, demanderont-ils ? Ne serait-ce pas plutôt la coutume, c'est-à-dire le préjugé ? Or, n'est-il pas, ce préjugé, l'ennemi même de la pensée philosophique, et même de la pensée rationnelle ?

Et si c'est bien la nature qui nous donne ces croyances irrésistibles, nous pourrions être tentés par une forme de *scepticisme épistémologique*. Nous devrions vaincre notre nature pour parvenir à avoir des croyances rationnelles. Mais est-ce vraiment possible ? Quoi qu'il en soit, pour la plupart des philosophes, un constat au sujet de notre psychologie ne justifie en rien l'attitude de rejet d'opinions contraires au sens commun. Ils n'acceptent pas la thèse reidienne donnant un rôle épistémologique à l'émotion du ridicule. La valeur de la philosophie tient, tout au contraire, à la façon dont nous parvenons à nous défaire du sens commun pour fonder l'édifice de la connaissance, insistent-ils. Le rôle épistémologique que Reid entend faire jouer à l'émotion du ridicule n'est-il pas même antiphilosophique, voire antirationnel et antiintellectuel ? À cette question, la réponse a souvent été positive. Ce qui a conduit à un jugement négatif au sujet de la philosophie dite du sens commun[1]. On le trouve, par exemple, chez Kant, dans le passage célèbre de l'introduction des *Prolégomènes à toute métaphysique future*. Il y affirme que le sens commun consiste simplement pour « le plus fade bavard » à « attaquer hardiment l'esprit le plus solide et à lui tenir tête »[2].

Pourtant Reid n'en démordrait pas. Il examine la thèse, typiquement philosophique, selon laquelle l'existence du monde matériel pourrait, voire devrait, être mise en question. Il remarque que « la sagesse de la philosophie » – et il désigne par là les principaux systèmes philosophiques de la philosophie moderne, Descartes, Malebranche, Locke et Berkeley – s'oppose au sens commun des hommes.

> La première [cette « sagesse » philosophique examinée par Reid] prétend démontrer *a priori* qu'il ne peut pas y avoir rien de tel qu'un monde matériel, que la lune, les étoiles et la terre, les végétaux et les corps animés,

1. Mon expérience est que les étudiants en philosophie abondent généralement dans le sens d'une critique de la philosophie du sens commun. Après tout, s'il suffit d'une émotion du ridicule pour trouver la vérité en philosophie, pourquoi étudier des thèses philosophiques qui, quasi systématiquement, contredisent le sens commun ? Je faisais récemment une conférence sur le sens commun auprès de collègues professeurs de philosophie. Une collègue m'a dit que l'attitude de Reid était, en gros, celle « des pires élèves de terminale ». Ils trouvent les thèses des philosophes ridicules et n'essaient pas de les comprendre. L'émotion du ridicule se mue chez eux en ricanements antiphilosophiques. Pour cette collègue, mon projet de défendre philosophiquement l'attitude reidienne était paradoxal. Il semble contraire au sens commun de maints professeurs de philosophie.

2. E. Kant, *Prolégomènes à toute métaphysique future qui pourra se présenter comme science*, Paris, Vrin, 1997. (Ma traduction.)

sont et ne peuvent être que des sensations dans l'esprit ou des copies de ces sensations dans la mémoire et l'imagination ; que, comme la douleur et la joie, ils n'existent pas quand nous n'y pensons pas. Le sens commun ne laisse pas de tenir une pareille opinion pour une sorte de folie métaphysique. Il conclut que trop savoir est propre à rendre fous des hommes, et que quiconque nourrissant sérieusement cette croyance, quelque excellent homme qu'il soit par ailleurs, est comme un homme qui se croit fait de verre, a sûrement une case vide dans l'esprit et qu'à force de penser quelque chose chez lui ne va plus [1].

Que fait Reid ? Il se contente d'exposer ou même de citer les thèses des philosophes. Le sentiment du ridicule naît, pour lui, de ce seul exposé ou de cette citation des thèses philosophiques ; et cela pour peu que l'exposé soit dépourvu d'une rhétorique à laquelle recourent les philosophes pour présenter leurs idées. Elle leur donne, à bon compte, une aura de profondeur et de pénétration. Cette rhétorique est faite pour désamorcer l'émotion du ridicule. Elle veut nous en faire honte ; elle joue sur la mission de déniaisement de l'esprit par la philosophie. Elle prétend fonder la connaissance, critiquer, déconstruire. N'est-elle pas d'autant plus trompeuse ?

Reid distingue deux façons dont la philosophie peut contredire le sens commun. La première est le « délire métaphysique ». Mais si un philosophe a des opinions folles, la nécessité de le réfuter disparaît entièrement ; et

---

1. Th. Reid, *An Inquiry into the Human Mind on the Principles of Common Sense*, Edinburgh, Edinburgh University Press, v, 7, p. 67-68. Il existe une traduction française récente du livre : *Recherches sur l'entendement humain d'après les principes du sens commun*, trad. fr. M. Malherbe, Paris, Vrin, 2012.

la possibilité d'y parvenir est en réalité nulle[1]. On peut aussi penser que cette première façon de contredire le sens commun a peu d'importance parce qu'elle ne peut finalement pas s'imposer. Le délire métaphysique ne convainc en réalité personne, ne faisant guère qu'amuser la galerie philosophique.

La seconde façon de contredire le sens commun, Reid la suggère en particulier au sujet du sceptique. Le philosophe ne croit en réalité pas ce qu'il dit. Il cherche à fasciner par la nouveauté et la solennité de son propos. Reid parle également d'auteurs qui, selon lui, jouiraient d'une grande estime. Est-ce Hume qui est visé parmi les auteurs de son temps ? Du nôtre, on trouverait aisément à citer quelques noms. Reid ajoute :

> Mais qu'un jour [leur] opinion vienne à se montrer à nous dans sa nudité naturelle, et dépouillée de tous les accessoires qui lui donnaient de l'autorité, le ridicule reprend son empire[2].

On pourrait alors comprendre Reid de la façon suivante. Les opinions philosophiques contraires au sens commun sont, en réalité, des *impostures intellectuelles*, voire de simples foutaises. Ceux qui les profèrent ne sont pas tant fous qu'ils ne cherchent, par leurs arguties, à impressionner ceux qui les écoutent ou les lisent, voire à les rendre fous[3]. Ce qui permet de comprendre que Reid ne cherche pas particulièrement à réfuter de telles opinions philosophiques.

---

1. Th. Reid, *Essays on the Intellectual Powers of Man*, *op. cit.*, I, II, p. 39.
2. *Ibid.*, VI, IV, p. 463.
3. Th. Reid, *An Inquiry into the Human Mind*, *op. cit.*, I, 8.

Peut-on rejeter une opinion sans la réfuter ?

Un commentateur de Reid, James van Cleve, dit :

> Reid est renommé par sa réponse au sceptique. Mais en
> a-t-il une ? Si le ridicule est une réponse, alors oui. Mais
> a-t-il une *réfutation* du scepticisme, ou quoi que ce soit
> à offrir pour le mettre en question ?[1]

La différence entre rejet et réfutation des opinions philosophiques contredisant le sens commun est d'importance pour l'éthique intellectuelle. Ce que soutient Reid est en effet que le simple rejet est intellectuellement légitime, sans revenir cependant à une réfutation. Se faire un devoir de réfuter le sceptique, relever son défi, cela supposerait qu'on surmontât l'émotion du ridicule. On entrerait alors dans les arguties du sceptique en ne tenant pour rien notre émotion résultant de la contestation des premiers principes. Cet exemple est généralisable à de nombreuses autres demandes philosophiques critiques à l'égard du sens commun.

> Si, par exemple, il se rencontrait un homme d'une
> tournure d'esprit si étrange, qu'il refusât de croire ses
> yeux, et n'eût pas le moindre égard au témoignage
> de ses sens, quel personnage sage consentirait à
> raisonner avec lui, et chercherait des arguments pour le
> convaincre de son erreur. Aucun assurément ; car avant
> que les hommes puissent raisonner ensemble, il faut
> qu'ils soient d'accord sur les premiers principes : il est

---

1. J. van Cleve, *Problems from Reid*, Oxford, Oxford University Press, 2015, p. 301.

impossible de raisonner avec un homme qui n'a point de principes communs avec vous [1].

L'émotion du ridicule est ainsi en charge de protéger la condition d'une discussion philosophique : *la communauté des principes communs*. Le sens commun rejette l'enquête philosophique si elle prétend porter sur notre droit d'y croire ou non. Une telle enquête est absurde, comme l'est une contradiction. Reid défend une réaction, qu'il juge « sage » face à certaines *demandes* de tout reprendre dès les fondements, sans égard pour le sens commun.

> Il se rencontre aussi des gens qui marchent sur leurs mains, et qui peuvent dans l'occasion donner ce spectacle à leurs amis ; mais on ne raconte pas qu'ils fassent de longs voyages de cette manière : détournez les yeux et cessez d'admirer leur adresse, ils retombent sur leurs pieds comme les autres hommes [2].

Deux conceptions s'affrontent alors. Dans l'une, aucun principe du sens commun ne prédétermine le projet de l'enquête philosophique. La pensée philosophique commence avec une page blanche. Dès lors n'importe quelle conception philosophique peut constituer un point de départ pour l'argumentation philosophique. Dans l'autre conception l'intelligence naturelle trouve sa formulation dans les principes du sens commun. On peut aussi parler d'une *connaissance naturelle*. La rationalité ne se manifeste pas exclusivement dans la pratique de l'argumentation à partir de n'importe quelle opinion philosophique, même et surtout contraire au sens

---

1. Th. Reid, *Essays on the Intellectual Powers of Man*, *op. cit.*, I, II, p. 39.
2. *Ibid.*, VI, V, p. 481.

commun, mais dans une émotion qui nous fait rejeter ce qui est contraire au sens commun.

> C'est une philosophie bien hardie, celle qui rejette sans cérémonie des principes gouvernant irrésistiblement la croyance et la conduite de tous les hommes dans les affaires ordinaires de la vie – des principes auxquels le philosophe lui-même est obligé de céder, après qu'il s'imagine les avoir réfutés. Ces principes sont plus anciens et ont d'avantage d'autorité que la philosophie. Ils sont sa base, au lieu que la philosophie n'est pas la leur. Si elle pouvait les renverser, elle s'ensevelirait elle-même sous leurs ruines ; mais la machinerie philosophique, avec toutes ses subtilités, est bien incapable de produire un tel effet ; s'y essayer n'est pas moins ridicule que si un mécanicien entreprenait de forger un *axis in peritochio* pour déplacer la terre, ou que si un mathématicien prétendait démontrer que deux choses égales à une troisième ne sont pas égales entre elles[1].

Ce texte précise ainsi un ordre des raisons qui n'est justement pas celui dans lequel le fondement philosophique est premier et l'édifice de la connaissance bâti sur lui. C'est tout l'inverse. Et même, ce n'est pas une affaire de fondement, mais d'*autorité*. La philosophie se doit de respecter l'autorité de principes qui ne sont pas de son fait. Ils tiennent aux êtres que nous sommes, avant même que nous commencions à philosopher.

Qui a *autorité* en matière de croyance ? Le philosophe du sens commun affirme que ce ne sont pas les philosophes : ils ne peuvent que reconnaître l'autorité naturelle du sens commun. Quand ils prétendent autre chose, c'est qu'ils font semblant ou s'imaginent faire

---

1. Th. Reid, *An Inquiry into the Human Mind, op. cit.*, I, 5, p. 21.

quelque chose qu'en réalité ils ne font pas. Nous n'avons pas d'esprit philosophique de rechange à partir duquel nous examinerions la manière ordinaire de penser. On n'échappe pas au sens commun, à la nature en nous. Reid dit encore :

> Avant Descartes, on regardait comme une chose évidente d'elle-même qu'il y a un soleil, une lune, une terre et des mers dont l'existence est absolue et indépendante de nos perceptions. Cependant, Descartes vint, qui mit en question cette existence et qui jugea nécessaire de l'établir par des arguments. Il fut suivi par Malebranche, Arnauld et Locke, qui tous s'efforcèrent, à son exemple, de démontrer la réalité des choses extérieures. Frappés de la faiblesse de leurs preuves, et ne considérant rien de plus, Berkeley et Hume allèrent plus loin, et nièrent l'existence de tous les objets sensibles[1].

Le scénario décrit par Reid est le suivant. Pour commencer un philosophe se fait une opinion. Par exemple, il met en question l'existence des choses extérieures et propose des arguments en faveur de cette existence. C'est une provocation ou une lubie ; ce n'est pas entreprise courageuse de la raison critique. La demande philosophique exige de donner des arguments en faveur d'une croyance irrésistible, mais justement nous ne le pouvons pas, car toute argumentation sensée repose en réalité sur cette croyance. La conclusion du philosophe inquisiteur pourrait être le défaut d'argument au regard de son exigence. Ensuite, d'autres philosophes – les noms proposés par Reid montrent qu'il parle des plus réputés – prennent cette démarche au sérieux. Ils lui emboîtent

1. Th. Reid, *Essays on the Intellectual Powers of Man*, *op. cit.*, VI, IV.

le pas en tentant de satisfaire l'exigence philosophique de justifier une croyance irrésistible. Finalement, les arguments de ceux qui veulent, mais vainement, défendre une croyance irrésistible, sont contestés. Des opinions contraires aux premiers principes du sens commun finissent par s'imposer. Mais c'est uniquement dans la gent philosophique – et encore, sur le mode du faire-semblant.

Pour Reid, rien de cela n'aurait dû avoir lieu. Rien ne va dès le départ, disons dès le *Discours de la méthode* ou les *Méditations métaphysiques*. La réponse appropriée à Descartes aurait alors dû être de hausser les épaules et de passer à autre chose. Reid ne le dit pas aussi clairement, mais il le suggère. Car une fois que le projet de démontrer l'existence des choses extérieures fut pris au sérieux, le mal était fait, en quelque sorte. Et cela vaut aussi avec les suggestions des sceptiques.

La philosophie du sens commun est à cet égard une philosophie de la philosophie. Que veut alors le philosophe du sens commun ? Non pas réfuter l'opinion de Descartes, celle des sceptiques ou de Berkeley, ou quelque autre opinion philosophique inouïe, en proposant des arguments qui les mettraient en charpie. C'est la demande philosophique, faite par certains philosophes, de justifier les principes du sens commun, qui est contestable. L'argumentation reidienne ne porte alors pas sur les thèses des philosophes, mais sur cette demande. Elle concerne exactement l'exigence indue que nous serions supposés y répondre.

DESCARTES, LOCKE, REID
ET LE « SAGE AUTEUR DE LA NATURE »

Distinguons deux sortes d'épistémologie. La première cherche à fixer les conditions nécessaires et suffisantes de la connaissance et de la justification épistémique. La seconde est une éthique de la vie intellectuelle répondant à la question de savoir comment notre vie intellectuelle doit être menée. Nicholas Wolterstorff décrit ainsi cette distinction :

> L'épistémologie analytique examine les conditions dans lesquelles des croyances possèdent tel ou tel mérite. Des théories de la connaissance et des théories de la rationalité entrent dans cette épistémologie. Elles ne sont pas destinées à offrir une orientation [intellectuelle] ; si ce n'est, bien sûr, pour l'analyse elle-même, à ceux qui veulent distinguer la connaissance et ce qui n'en est pas, la rationalité et ce qui n'en a pas. En revanche, dans une épistémologie régulatrice, ce qui est examiné est la façon dont chacun doit conduire son entendement, comment nous devons nous comporter dans la formation de nos croyances[1].

Remarquons que l'objet de l'épistémologie n'est pas le même dans chacun des deux cas. Dans le premier, la croyance est évaluée suivant des critères de légitimité épistémologique. Dans l'autre cas, l'objet de l'épistémologie est une personne. Sa vie intellectuelle est évaluée et non pas tant ses croyances. L'épistémologie est alors une éthique intellectuelle. C'est une *erreur*, selon Wolterstorff, de croire se placer dans la tradition épistémologique de philosophes comme Descartes et

---

1. N. Wolterstorff, *John Locke and the Ethics of Belief*, Cambridge, Cambridge University Press, 1996, p. XVI.

Locke, alors qu'on se trouve dans le premier projet, analytique. Et donc, la majeure partie de l'épistémologie contemporaine n'a pas grand-chose à voir avec l'épistémologie classique, qui justement concernait la vie intellectuelle des personnes, et non le bien-fondé épistémologique des croyances. Du moins, elle ne portait sur les croyances que dans la perspective d'une éthique intellectuelle.

Nicholas Wolterstorff distingue encore deux sortes d'épistémologie régulatrice[1]. D'une part, celle de Descartes, dans le *Discours de la méthode* en particulier : elle met l'accent sur des règles pour diriger son esprit, des procédures pour acquérir des connaissances et éviter l'erreur, pour penser de façon rationnelle. D'autre part, celle de Locke : dans le livre IV de l'*Essai sur l'entendement humain* ou dans *De la conduite de l'entendement*, Locke ne propose pas des règles ou des normes épistémologiques. Il dit même :

> On ne fait rien de quiconque en lui faisant écouter ou mettre dans sa tête des règles. […] Et vous avez autant de chances de produire un bon peintre ou un bon musicien sur le champ par une conférence et une leçon de peinture ou de musique qu'un penseur cohérent ou un raisonneur rigoureux par un ensemble de règles lui montrant en quoi le raisonnement correct consiste »[2].

Locke décrit les habitudes intellectuelles des personnes rationnelles et les dispositions d'esprit à acquérir pour se conduire selon la raison. C'est pourquoi il accorde

1. *Ibid.*, p. 152-154.
2. J. Locke, *De la conduite de l'entendement humain*, trad. fr. Y. Michaud, Paris, Vrin, 1975.

un rôle à l'amour de la vérité[1]. Pour Locke, « celui qui voudrait faire son devoir d'amant de la vérité [...] ne doit pas aimer une opinion ou la désirer vraie avant de savoir qu'elle l'est »[2]. Il ajoute :

> J'ai dit plus haut que nous devrions garder une parfaite indifférence vis-à-vis de toutes les opinions, sans souhaiter que l'une soit vraie plutôt qu'une autre, ni essayer de la faire apparaître telle. Être indifférent, recevoir et embrasser une opinion d'après la seule évidence, voilà ce qui atteste la vérité. Ceux qui procèdent ainsi, c'est-à-dire maintiennent leur esprit indifférent face aux opinions pour qu'il ne soit déterminé que par l'évidence constateront que l'esprit a toujours une perception suffisante pour distinguer entre l'évidence et l'absence d'évidence[3].

La philosophie du sens commun se situe dans cette conception de l'épistémologie comme description des habitudes intellectuelles propices à une bonne vie de l'esprit. Mais, pour une philosophie du sens commun, la vie saine de l'esprit n'est pas une indifférence préalable en attente d'évidence, mais une *confiance en soi* d'un être raisonnable, pour peu que sa pensée ne soit pas détournée, voire corrompue, par de fausses raisons.

Mais sur quoi repose cette confiance ? « Nos pouvoirs intellectuels sont sagement adaptés par l'Auteur de la nature pour la découverte de la vérité »[4], dit Reid. L'appel à un « sage Auteur de la nature » dont l'intention serait

---

1. J. Locke, *Essai sur l'entendement humain*, trad. fr. J.-M. Vienne, Paris, Vrin, 2002, Livre IV, XIX, § 1.
2. *Ibid.*, § 10 et 11, p. 46.
3. *Ibid.*, § 33, p. 90.
4. Th. Reid, *Essays on the Intellectual Powers of Man*, *op. cit.*, VI, VIII, p. 527.

de nous rendre intellectuellement fiable, est fondamental chez Reid. Nos croyances irrésistibles sont *prima facie* garanties parce que nous sommes des créatures faites pour connaître. Aucun soupçon épistémologique de principe à leur égard ne s'impose donc. Surtout, cela n'aurait aucun sens, parce que les facultés avec lesquelles nous prétendons exercer le contrôle ne sont pas différentes de celles dont nous prétendons examiner les produits ! S'il est raisonnable de demander des raisons, en demander *indéfiniment* ne peut pas être *toujours* raisonnable ! (Ce que dira aussi Wittgenstein, à sa façon[1].) Ce qu'une épistémologie peut alors faire, c'est décrire une vie rationnelle.

Il vient d'être question d'un « sage Auteur de la nature ». Son intention bienveillante résout le problème de l'acquisition des premières vérités. Il est la raison et la cause de l'harmonie préétablie entre nos opinions irrésistibles et le monde. Cette thèse souffre apparemment de deux énormes défauts. Premièrement, ce Dieu garant de nos facultés intellectuelles apparaîtra pour beaucoup comme un *deus ex machina* épistémologique. N'est-il pas la contrepartie épistémologique du « Dieu des trous », invoqué pour combler les ruptures dans la chaîne explicative des sciences, par un appel à une intention et une action divines ? Deuxièmement, la connaissance n'en devient-elle pas alors *trop facile* ? Elle semble l'être s'il n'est pas requis de savoir ce qui assure la fiabilité de notre appréhension de la réalité. Nous disposerions alors d'une connaissance de base préalable à tout effort de contrôle. La thèse d'un « sage Auteur de la nature »

---

1. L. Wittgenstein, *De la certitude*, trad. fr. D. Moyal-Sharrock, Paris, Gallimard, 2006, § 300 *sq.*

adaptant nos pouvoirs intellectuels à la découverte de la vérité est du même ordre que la thèse d'une connaissance de base auto-justifiée. Tout semble providentiellement disposé pour que soyons de plain-pied avec les vérités les plus fondamentales. Nous le serions alors spontanément, sans même devoir fournir la moindre justification, voire le moindre effort.

Il faut cependant distinguer deux thèses. Appelons la première *la thèse de la connaissance naturelle* : nos facultés sont fiables ; la confiance que spontanément nous avons en elle est bien placée. Nous sommes *prima facie* rationnels. Dès lors, nos croyances acquises selon un processus normal sont fiables tant que rien ne constitue une raison insurmontable d'en douter.

Cette première thèse, celle de la connaissance naturelle, a un corollaire. La rationalité n'est pas une initiative que nous prenons à l'égard de nos idées, sous la forme d'un contrôle. L'examen épistémologique de nos propres croyances repose sur notre rationalité, mais cet examen ne constitue pas notre rationalité. Ainsi, « les facultés par lesquelles nous distinguons la vérité de l'erreur ne sont pas délusoires » – ce qui est le septième des premiers principes des vérités contingentes dans la liste de Reid[1]. L'entreprise de nous débarrasser de nos préjugés présuppose la vérité autant qu'elle peut y conduire. « Il serait ridicule de prouver par le raisonnement, probable ou démonstratif, que la raison ne nous trompe pas, puisqu'il s'agit, précisément, de savoir si le raisonnement n'est point une faculté trompeuse »[2], comme le dit encore Reid. Quand nous cédons aux raisons

1. Th. Reid, *Essays on the Intellectual Powers of Man*, *op. cit.*, VI, v, p. 480.
2. *Ibid.*

ou à l'évidence, notre propre fiabilité est présupposée, et nous n'en doutons jamais, même dans le doute méthodologique le plus énergique. L'évidence est à elle-même sa propre garantie. Les philosophes d'aujourd'hui parlent d'une circularité épistémique, mais non vicieuse [1].

La deuxième thèse, celle d'un sage Auteur de la nature, entend fonder la première, celle de la connaissance naturelle. Une métaphysique surnaturaliste est alors possible, même s'il est aujourd'hui devenu rare qu'elle soit pensée souhaitable. Elle affirme que la confiance en notre connaissance repose finalement sur l'existence d'un Dieu vérace, comme le pensait Descartes. La conduite de notre vie intellectuelle suppose notre statut métaphysique de créatures de Dieu.

Toutefois, une forme de naturalisme aristotélicien garantit également – et, pour certains, aussi bien – la thèse de la connaissance naturelle, sans faire appel à un sage Auteur de la nature. L'amour de la vérité nous est naturel, dit Reid. (C'est la thèse défendue dans le chapitre précédent.) La nature est conçue comme ordonnée et finalisée : elle ne fait rien en vain. Dès lors, ses parties sont faites les unes pour les autres ; ce ne sont pas des atomes indépendants liés seulement par des relations externes, projetées sur une réalité anomale à partir de notre esprit, sans autre justification qu'une tendance psychologique à le faire, comme le prétend Hume. Si la nature est aristotélicienne (plutôt que humienne), alors la simple existence d'êtres tels que nous sommes

1. Voir W. P. Alston, *Beyond "Justification", Dimensions of Epistemic Evaluation*, Ithaca, Cornell University Press, 2005, chap. 9 ; R. Pouivet, « Epistemic Circles, Common Sense, and Epistemic Virtues », *in* D. Łukasiewicz, R Pouivet (eds.), *Scientific Knowledge and Common Knowledge*, Bydgoszcz, Epigram Publishing House & Kazimierz Wielki University Press, 2009, p. 15-24.

garantit que la plupart de nos croyances irrésistibles sont correctes. Nous n'aurions pas les facultés intellectuelles que nous avons si elles n'étaient pas fiables ; et la réalité est telle que nos croyances irrésistibles nous le font penser. C'est exactement ce que le sceptique conteste – et Reid lui répond que dans son activité de le contester, il ne manque pas de se fier à ses propres facultés, exemplifiant exactement ce qu'il conteste. (Au sceptique, on souhaiterait dire : « Si vous n'aimez pas l'être que vous êtes, n'en dégoûtez pas les autres ! »)

Une philosophie du sens commun semble ainsi liée avec une métaphysique naturaliste aristotélicienne, qui voit le monde comme ordonné et finalisé, voire hiérarchisé. Il est dans la nature de chaque sorte d'êtres de correspondre aux autres sortes. Dès lors, une sorte d'êtres rationnels est équipée de premiers principes, sous forme de croyances irrésistibles, qui ne sont pas vains ; au contraire, ces principes assurent une base pour toute l'activité intellectuelle – même si elle est critique, soupçonneuse, interrogative. Pour s'apercevoir qu'on se trompe, encore faut-il ne pas pouvoir se tromper toujours.

L'appel fait par Reid à un sage Auteur de la nature ne suppose cependant pas une métaphysique surnaturaliste. L'Auteur de la nature peut figurer simplement une conception finaliste dans une anthropologie définissant l'homme comme un être rationnel. Reid pense que cet Auteur de la nature a fait l'homme de telle façon que les principes du sens commun sont des vérités incontestables. Mais l'appel fait à cet Auteur n'est pas plus une intrusion théologique en épistémologie que ne l'est, dans une philosophie de la nature, le principe que la nature ne fait rien en vain. (À la suite d'Alvin Plantinga, dans le dernier chapitre, je vais, pour ma part, proposer une épistémologie surnaturaliste, et aller dans une direction que Reid n'a donc pas suivie.)

LA RATIONALITÉ DES ÉMOTIONS COGNITIVES

Si l'objection[1] d'un présupposé théologique dans l'épistémologie du sens commun peut être écartée – en faisant appel à une conception de la connaissance naturelle fondée sur une anthropologie aristotélicienne – une autre objection peut être proposée contre le recours, dans la vie intellectuelle bonne, à une émotion du ridicule. Si le critère d'acceptation d'une croyance est une émotion, comment peut-on encore parler de *rationalité* ? Ne serait-ce pas confondre les motivations d'une croyance et les raisons de croire. Les premières sont d'ordre psychologique, elles ne sont pas normatives, mais causales. Alors que les secondes relèvent d'une épistémologie, et elles donnent un contenu à la justification épistémique. Ce qui motive peut aussi être un attachement viscéral à une croyance, entraînant le rejet de ce qui la contredit. Ce qui entraînerait un refus de douter, un aveuglement volontaire, un enkystement mental, une crainte de perdre ses repères répugnant à toute mise en question. Nous n'avons pas de raisons, énonçables, partageables, contrôlables, objectives. Comment faire alors d'une telle motivation, se manifestant dans une émotion, la norme épistémique du rejet d'une critique de nos croyances ?

Pourtant, comme le dit Israel Scheffler, au sujet de ce qu'il appelle les « émotions cognitives » :

> Le contrôle de l'aveuglement volontaire est essentiel dans l'activité de connaissance ; cependant, il n'opère

---

1. J'ai exposé cette objection, mais je ne l'endosse pas du tout.

pas par le truchement d'une faculté de Raison qui ne sentirait rien, mais par l'organisation d'intérêts critiques faisant contrepoids dans le processus de l'enquête. Ces intérêts d'un intellect critique ne sont, en principe, pas moins émotifs par leur portée que ceux de nos foucades. Le cœur, en somme, ne constitue pas un substitut à l'enquête critique ; il bat au service de la science aussi bien que du désir privé[1].

Scheffler conteste l'opposition radicale entre l'émotif et le cognitif. Il existe des passions ordonnées ou rationnelles. Elles sont au service de ce qu'il appelle la science, désignant ainsi, et classiquement, toute recherche de la vérité. La motivation cognitive est indispensable à l'activité intellectuelle, même et tout particulièrement quand elle est critique. Scheffler ajoute :

Dans la vie de la raison, les processus cognitifs sont organisés afin de s'accorder avec les idéaux et les normes rationnels de contrôle. Une telle organisation comprend des modèles caractéristiques de pensée, d'action et d'évaluation – parmi lesquels ce qu'on peut appeler un caractère rationnel. Il requiert aussi des dispositions émotionnelles appropriées. Par exemple, il faut un amour de la vérité et un mépris du mensonge, une attirance pour l'observation et l'inférence justes, et une répugnance correspondante pour l'erreur logique et factuelle. Il faut être révulsé par la fausseté, dégoûté par le trucage, admiratif de l'accomplissement théorique, respectueux des bons arguments qu'on vous propose. Celui qui ne satisfait pas à de telles exigences nous fait rationnellement honte ; et celui qui les satisfait se rend digne de respect rationnel[2].

---

1. I. Scheffler, *Worlds of Truth, A Philosophy of Knowledge*, *op cit.*, p. 126.
2. *Ibid.*, p 127.

Avoir un caractère rationnel ne consiste pas simplement en actes et en jugements intellectuels appropriés pour parvenir à la justification épistémique. Un caractère rationnel requiert des émotions motivant ces actes et ces jugements. Parmi ces émotions, l'amour de la vérité est la principale. Être rationnel, c'est ressentir cette émotion – désirer la vérité. La rationalité ne consiste donc pas seulement à avoir des raisons. C'est plutôt comme avoir une bonne vue, ou même comme avoir un goût sûr, mais dans le domaine des idées et non dans celui de la seule perception ou de la vie esthétique.

L'émotion du ridicule est ainsi l'appréhension – et, en ce sens, la perception – d'une tromperie, d'un trucage, d'une foutaise. Cette émotion évalue une certaine opinion comme dépourvue de valeur rationnelle. Elle peut ensuite être étayée par une explication rationnelle du rejet de cette opinion, mais elle ne l'est ni nécessairement ni même souvent. En particulier, elle ne peut pas l'être dans les très nombreux domaines, et la philosophie en est un, où il n'y a pas d'arguments absolument décisifs que toute personne qui le comprend doit accepter, sauf à être irrationnelle[1]. Une philosophie du sens commun prétend ainsi que la rationalité consiste à ressentir le ridicule d'une opinion contredisant nos croyances irrésistibles sans pourtant que nous ayons la possibilité de la réfuter. C'est même en cela que cette croyance est irrésistible – elle résiste à ce qui la contredit.

Donner un rôle épistémique à l'émotion du ridicule, c'est contester la valeur épistémologique de la triade sceptique : l'*isosthénie*, l'égalité dans la force des

---

1. Sur cette question des arguments philosophiques, voir P. van Inwagen, *The Problem of Evil*, Oxford, Oxford University Press, 2006, chap. 3.

représentations, conduisant à l'*époké*, la suspension du jugement, et encourageant finalement le silence, *aphasia*, condition de la tranquillité de l'âme (*ataraxia*). La rationalité a un contenu doxastique ; elle n'est pas seulement une procédure de contrôle. Dès lors, l'apathie doxastique n'est pas une attitude rationnelle. L'émotion du ridicule n'est pas forcément une réaction outrée ; elle peut fort bien être calme, retenue, lucide. Ce qui importe est sa fermeté, son assurance sereine, sa certitude attentive plutôt que son ataraxie. La torpeur émotionnelle nous rendrait aussi sûrement irrationnels que la surdité et la cécité nous rendent incapables d'entendre ou de voir ! L'émotion du ridicule fonctionne ainsi cognitivement. Sans cette capacité de discernement émotionnel, nous serions totalement démunis dans le domaine des idées.

Une éducation bien faite doit ainsi cultiver une disposition émotionnelle : un sens rationnel permettant de détecter les opinions aberrantes. Cette émotion est comme celle qui permet à une personne de saisir que quelqu'un tente de la flouer quand elle achète une voiture d'occasion, ou de lui vendre un gâteau de la veille quand elle est à la pâtisserie. Dans certaines situations, éprouver une certaine émotion appropriée peut même être vital, en permettant de saisir la présence d'un risque important ou d'un grave danger. L'émotion du ridicule en est l'équivalent dans la vie intellectuelle. La thèse que, pour éviter l'aveuglement volontaire ou l'enkystement intellectuel, nous devrions éliminer toute émotion de la vie intellectuelle, est ainsi contestable. L'émotion du ridicule joue un rôle cognitif fondamental dans l'orientation de notre compréhension du monde.

SENS COMMUN ET RATIONALITÉ

Néanmoins, l'idée qu'une émotion, celle du ridicule, suffirait pour écarter légitimement une opinion philosophique, critique du sens commun, semble s'opposer à l'exigence de rationalité critique, présentée comme caractéristique de l'esprit philosophique. Ainsi comprise, la philosophie du sens commun n'est-elle pas une *antiphilosophie*, voire une forme d'*anti-intellectualisme* ?

Pour comprendre que non, il convient, de nouveau, de distinguer deux conceptions de la rationalité. La première fait de la rationalité un processus, voire un procédé, de contrôle des croyances. Être rationnel, c'est appliquer à ses croyances certaines normes épistémiques. La seconde conception identifie la rationalité à la responsabilité épistémique d'une personne à l'égard de ses croyances. Ce qui suppose de posséder certaines qualités humaines, aussi bien intellectuelles que morales, dans la vie intellectuelle. La raison serait elle-même une *vertu* plutôt qu'une *procédure*. Une vie intellectuelle dans laquelle certaines vertus s'exercent – comme la studiosité – est meilleure. La rationalité est ainsi une valeur, celle d'une vie intellectuelle respectable et même réussie.

Le rôle épistémique accordé par Reid à l'émotion du ridicule dans le cadre d'une philosophie du sens commun n'a de sens qu'en termes de la deuxième conception de la rationalité. Dire que la nature nous dote de cette émotion signifie qu'elle résulte du meilleur exercice possible de nos facultés naturelles. La rationalité ainsi comprise est moins affaire de justification épistémique en fonction de règles ou des normes (ce qui est la grande affaire de la première conception de la rationalité) que d'une garantie épistémique (« *warrant* », pour reprendre le terme de

Plantinga[1]) offerte par des qualités ou vertus d'une personne.

Cette seconde conception de la rationalité n'est en rien incompatible avec la première, au sens où elle ne l'élimine pas. Cependant, la première dépend de la seconde : car le *bon usage* des règles ou des normes de rationalité procédurale suppose la rationalité naturelle. Reid en parle en termes de sens commun et de cette émotion du ridicule dont la nature nous dote. La rationalité est bien plus sûrement entravée par la perte d'une sensibilité à la foutaise intellectuelle – dont il est question dans le premier chapitre de ce livre – que par un contrôle épistémique insuffisant de nos croyances. La mise en œuvre des règles épistémiques – comme celle, par exemple, de ne croire que ce qui est évident – suppose une motivation vertueuse, comme les chapitres précédents ont tenté de le montrer.

Le philosophe du sens commun pense que si les êtres humains n'étaient pas toujours *déjà* rationnels, ils ne parviendraient pas, par leurs propres efforts, à le devenir mieux et plus. L'émotion du ridicule est l'expression de cette rationalité radicale qui rend possible l'activité philosophique. Il est absurde que cette activité philosophique soit dirigée contre cette rationalité naturelle. Si elle le fait, c'est pour satisfaire des intérêts pratiques, dans le jeu social du monde des idées, par exemple. Si l'activité philosophique se retourne contre cette rationalité radicale, on en fait un mauvais usage, intellectuellement malsain et vicieux. L'émotion du ridicule est dès lors une sensibilité naturelle à l'absurdité philosophique. Elle nous fait rejeter, spontanément, la foutaise et la sophistique.

---

1. A. Plantinga, *Warrant and Proper Function, op. cit.*

CHAPITRE VIII

DE LA RESPONSABILITÉ INTELLECTUELLE AU THÉISME ÉPISTEMOLOGIQUE

C'est au jardin de la métaphysique surnaturaliste que l'épistémologie naturalisée s'épanouit le mieux[1].

Certains épistémologues accordent une importance décisive à la notion de *responsabilité intellectuelle* ou *épistémique*. Il y a deux manières principales de la comprendre. Dans l'une, la responsabilité intellectuelle consiste en un contrôle réflexif des états mentaux. La valeur épistémique de nos idées fait l'objet d'un examen que la raison, le sujet ou la conscience, effectue. Dans l'autre, une personne intellectuellement responsable manifeste, dans son activité cognitive, certaines qualités de caractère appropriées à une vie bonne. Elle est intellectuellement vertueuse. C'est cette deuxième voie, on peut s'y attendre après ce qui précède, qui sera ici retenue.

Cette deuxième voie va nous conduire à montrer que notre vie cognitive dépend d'un Dieu bienveillant. Pour Descartes, l'athée ne peut rien savoir. Le Poitevin est associé généralement, et à juste titre, à la première

1. A. Plantinga, *Warrant and Proper Function*, *op. cit.*, p. 237

voie, celle de l'examen réflexif des contenus mentaux. Il reste que, pour lui, Dieu a créé le monde et l'homme de telle façon que ce dernier ait, sous certaines conditions, des croyances justifiées et des connaissances dont Dieu, vérace, lui garantit la vérité. Ce n'est pas l'aspect de la pensée de Descartes ayant le plus enthousiasmé les philosophes modernes ; ils ont préféré son internalisme, c'est-à-dire l'idée d'un accès aux contenus mentaux, avant leur examen épistémologique. Certains penseront que si les philosophes avaient autrefois recours à Dieu, même s'agissant de fonder la connaissance humaine, la philosophie n'en est heureusement plus là ; au moins, depuis les Lumières, elle a abandonné cette voie, ce qui serait un progrès notable. Y revenir ne pourrait dès lors pas constituer une priorité pour l'épistémologie contemporaine. Ce serait même réactionnaire. Pour savoir ce qu'est la connaissance et comment elle est possible, on fait aujourd'hui appel à la phénoménologie, à l'épistémologie analytique, aux sciences cognitives. La théologie n'est plus de mise ! (Et nombre de théologiens s'en satisfont au plus haut point.) C'est pourtant ce que propose ce chapitre, dans la lignée d'Alvin Plantinga[1]. Il a formulé un argument montrant que la probabilité que nous puissions savoir quelque chose et comprendre la réalité est plus grande si le théisme est vrai. Nous serions conduits à accepter un réenchantement de l'épistémologie, et ainsi un théisme épistémologique.

1. Plantinga a exposé plusieurs fois son argument, dans : « Is Naturalism Irrational ? », dans *Warrant and Proper Function, op. cit.* ; « The Evolutionary Argument Against Naturalism », *in* J. Beilby (ed.), *Naturalism Defeated*, Ithaca, Cornell University Press, 2002 ; « The Evolutionary Argument Against Naturalism », *in* A Plantinga, *Where the Conflict really Lies, Science, Religion & Naturalism*, Oxford, Oxford University Press, 2011.

INTERNALISME : LE CRITÈRE ÉPISTÉMOLOGIQUE

Pour de nombreux philosophes contemporains, l'épistémologie est l'effort philosophique pour parvenir à déterminer ce qui justifie une croyance vraie, la transformant en connaissance[1]. C'est ce que Roderick Chisholm appelle « le problème du *critère* » :

> Comment décidons-nous, dans chaque cas, si nous avons une authentique connaissance ? La plupart d'entre nous sommes prêts à confesser que nos croyances vont bien au-delà de ce que nous savons réellement. Il y a des choses que nous croyons et qu'en fait nous ne savons pas. Et, de nombreuses d'entre elles, nous pouvons dire que nous savons que nous ne les savons pas. [...] Il y a d'autres choses que nous ne savons pas, mais elles sont telles que nous ne savons pas que nous ne les savons pas[2].

Ce texte insiste sur la relation et la différence, tout à la fois, entre croire et savoir : si une personne sait quelque chose, elle le croit[3]. Mais nous croyons bien des choses sans les savoir, parce qu'il nous manque des justifications. Le problème principal en épistémologie serait alors de trouver un *critère* permettant de déterminer ce qui s'ajoute aux croyances pour en faire des connaissances. Ce qui revient à *discerner* les cas d'authentique connaissance, des autres, quand la connaissance ne peut être revendiquée. Le sceptique, en épistémologie,

---

1. Voir, *supra*, chap. II.

2. R. Chisholm, *Foundations of Knowing, op. cit.*, p. 62-63

3. Certains philosophes rejettent cette thèse et affirment que la croyance et la connaissance sont deux états mentaux tout à fait distincts, qui s'excluent. C'est le cas de Timothy Williamsson (*Knowledge and Its Limits, op. cit.*). Ce qui encouragerait à contester la définition de la connaissance comme *croyance* vraie justifiée.

dit que nous ne disposons pas de critères permettant de nous assurer que nous savons certaines choses. À défaut de critères, nous ne pouvons faire le tri entre ce qui est de l'ordre de la connaissance et ce qui ne l'est pas. Et notre vie intellectuelle ne peut donc être ni heureuse ni réussie si le tri entre croyances et connaissances n'est pas fait ni faisable. Maintenant, il reste à déterminer en quoi consisterait un critère épistémique permettant la distinction.

Chisholm cite le Cardinal Mercier, auteur d'une *Critériologie générale*, lequel s'exprime ainsi :

> S'il y a des connaissances qui portent la marque de la vérité ; si l'intelligence possède un moyen de discerner le vrai et le faux ; en un mot, *s'il existe* un critérium de vérité, il faut que ce critérium réunisse trois conditions, qu'il soit *interne, objectif et immédiat*. Il le faut *interne*. Un motif et une règle de vérité qui seraient fournis par une *autorité extérieure*, ne pourraient servir de critérium ultime, car, à cette autorité elle-même et à ses communications devraient nécessairement s'appliquer les doutes réfléchis que soulève la critériologie. L'esprit ne serait point décidément certain, tant qu'il n'aurait pas trouvé en lui-même un motif suffisant d'adhésion au témoignage de l'autorité. Il le faut *objectif*. Le motif dernier d'adhésion ne peut être une disposition toute *subjective* du sujet pensant. L'homme a conscience qu'il a le pouvoir de réfléchir sur ses états psychologiques pour les contrôler ; conscient de ce pouvoir, il ne peut, tant qu'il ne l'a pas exercé, s'assurer la tranquillité définitive de la certitude. Donc le motif dernier de la certitude ne peut résider dans un *sentiment subjectif*, il doit se trouver en ce qui, *objectivement*, produit ce sentiment et rend raison de sa valeur. Enfin, il le faut *immédiat*. Certes, une conviction certaine

peut s'appuyer sur plusieurs motifs subordonnés à un autre motif ; mais, à moins d'aller à l'infini sans aboutir jamais à légitimer la certitude, il faudra tôt ou tard rencontrer un motif d'assentiment qui n'en présuppose plus d'autre, un critérium immédiat de certitude. Existe-t-il un critérium de vérité nanti de ces trois conditions ? Dans l'affirmative, quel est-il ? [1]

Le Cardinal Mercier insiste ainsi sur trois conditions remplies par une critériologie épistémologique : l'intériorité, l'objectivité et l'immédiateté. En gros, ce sont les conditions que la majeure partie de la philosophie moderne – avec Descartes, Berkeley, Locke, Kant, Russell – a retenues comme indispensables à la justification épistémique, c'est-à-dire à la possibilité de la connaissance. Ces philosophes ont proposé des théories de la connaissance différentes les unes des autres – et c'est un euphémisme. Mais nous y retrouvons, sous diverses formes, ces trois conditions : intériorité, objectivité, immédiateté du critère de vérité permettant de nous assurer que nous savons quelque chose, que nous ne faisons pas que le croire.

La question épistémologique est celle du *discernement* de certaines marques de la connaissance. Nous examinons nos croyances, idées, contenus ou états mentaux, représentations, ou des phénomènes qui se forment dans notre esprit, etc. Rien d'extérieur à l'esprit ne peut servir de critère épistémique. C'est l'esprit qui se contrôle en toute individualité et autonomie. Il s'auto-examine pour déterminer si ces contenus contiennent la marque de la justification. Dans cette opération de contrôle intérieur

1. Cardinal Désiré Mercier, *Critériologie générale ou Théorie de la certitude*, Paris, Alcan, 1911, 6ᵉ éd, p. 214-215.

s'assure l'objectivité de la connaissance, c'est-à-dire la correspondance avec la réalité indépendante. Et même, s'y manifeste combien le projet d'une correspondance avec la réalité indépendante est illusoire. Car, le sceptique doutera toujours que la marque de cette objectivité soit jamais possible à reconnaître. Même sans verser dans le scepticisme, certains philosophes peuvent considérer que la recherche d'une correspondance avec la réalité n'a de toute façon rien d'indispensable. La cohérence de nos pensées à l'égard du monde et la possibilité de nous entendre sur ce qui constitue l'objectivité suffisent, selon eux, à garantir une « acceptabilité rationnelle » – pour reprendre une formule d'Hilary Putnam[1] – de nos prétentions à la connaissance.

Dans ce modèle épistémologique, l'accès à nos contenus mentaux, en gros l'introspection, est la méthode appropriée. L'opération épistémique fondamentale n'est pas l'appréhension du monde extérieur, mais l'examen des contenus mentaux et leur contrôle épistémologique. Finalement, la réflexivité de l'esprit est la condition fondamentale de l'honnêteté épistémologique. À un moment, la certitude serait atteinte. C'est l'état dans lequel les raisons de douter ont disparu. Cet état réflexif de l'esprit serait un socle solide, un fondement sur lequel la connaissance s'établit. Dans cette perspective, dominante dans la philosophie de l'époque moderne, la justification épistémique est fondamentalement une victoire de l'esprit sur lui-même.

1. H. Putnam, *Raison, vérité et histoire*, trad. fr. A .Gerschenfeld, Paris, Minuit, 1984.

EXTERNALISME : LA FIABILITÉ ÉPISTÉMIQUE

L'idée que le critère de la justification est interne (obtenu par un contrôle de l'esprit sur lui-même) et immédiat (de l'ordre de la certitude) a été contestée dans le dernier quart du XXe siècle. Une conception plus ancienne, aristotélicienne [1], est reprise. Alvin Goldman a donné sa formulation contemporaine à ce qu'on a appelé le « fiabilisme épistémique », en particulier dans un article intitulé « Qu'est-ce qu'une connaissance justifiée ? » [2]. L'idée fondamentale est la suivante. La justification épistémique n'est pas une affaire de critère qu'un sujet (celui qui pense et se représente le monde) appliquerait à ses propres contenus mentaux, en discernant ceux qui sont cognitivement justifiés, grâce à certaines marques (l'évidence, en particulier) dont ils ne sauraient manquer. La justification suppose un processus fiable d'acquisition de croyances – et c'est donc finalement une relation causale. La justification épistémique n'est pas une victoire de l'esprit sur lui-même. C'est une réceptivité garantie à l'état du monde. Nos croyances justifiées – et disons nos connaissances – résultent d'un processus fiable. Pour simplifier énormément, le modèle est celui du thermomètre réagissant à la température en indiquant un certain chiffre (37°, par exemple).

La perception, la mémoire, le raisonnement – voire l'introspection même – sont des processus d'acquisition de connaissances. La justification de nos connaissances

---

1. C'est, à mon sens, une conception qu'Aristote expose dans le chapitre 19 de la deuxième partie des *Seconds Analytiques*.
2. A. Goldman, « Qu'est-ce qu'une connaissance justifiée ? », dans J. Dutant et P. Engel (dir.), *Textes clés de philosophie de la connaissance*, *op. cit.*

est donc assurée par la fiabilité de tels processus d'acquisition. Justifier, ce n'est pas avoir un *critérium* de vérité nanti des trois conditions d'intériorité, d'objectivité et d'immédiateté. Ce n'est même pas être conscient de certaines marques de nos contenus mentaux. En revanche, la fiabilité des processus cognitifs suppose chez l'agent cognitif, des capacités, des compétences ou des vertus. Ernest Sosa dit ainsi :

> Une compétence est une certaine sorte de disposition à réussir quand on essaie. Dès lors, exercer une compétence consiste à s'efforcer d'obtenir un résultat. C'est en partie une compétence, parce que c'est une disposition à réussir avec suffisamment de fiabilité quand on s'efforce ainsi. [1]

Les vertus ici sont des dispositions – des capacités ou des compétences en particulier – grâce auxquelles nous parvenons, avec sûreté, à la vérité. Dans cette perspective, la connaissance s'explique à partir de l'exercice des vertus épistémiques. Elles sont comprises comme des compétences ou des facultés (la perception, la mémoire, le raisonnement, l'introspection).

Le modèle internaliste est délaissé et, avec lui, la philosophie de la connaissance caractéristique de la pensée moderne (Descartes, Locke, Hume, Kant). Pourtant, la conception fiabiliste n'est pas révolutionnaire. Tout au contraire, elle renoue avec l'idée que nous sommes des êtres qui ont une vie intellectuelle, plutôt que des sujets, au sens de consciences, ayant ou même se faisant des représentations sur lesquelles elles exercent, réflexivement, un contrôle. Dans notre vie intellectuelle, des croyances au sujet du monde se forment, et si elles se

---

1. E. Sosa, *Judgment and Agency*, Oxford, Oxford University Press, 20015, p. 96.

forment correctement nos croyances sont garanties. Elles ne le sont pas parce que nous les contrôlons, mais par leur formation appropriée pour la sorte d'êtres que nous sommes.

Ce qui fut révolutionnaire dans l'épistémologie moderne est l'image cartésienne d'un esprit se contrôlant lui-même, constamment reprise depuis en philosophie. Les épistémologues « fiabilistes » reviennent, à mon sens, à une approche aristotélicienne que l'on trouve aussi chez certains médiévaux (mais certes pas tous).

La responsabilité épistémique et les vertus

Comparons la conception épistémologique insistant sur le contrôle intérieur par un examen des contenus mentaux, afin de s'assurer de leur objectivité, et la conception fiabiliste, qui examine la formation des croyances en termes de processus. Ce qui dans la seconde conception semble disparaître, c'est la responsabilité épistémique de l'esprit à l'égard de lui-même, entendue comme une exigence déontologique de suivre les normes ou les règles épistémiques. Elle était au contraire fondamentale dans l'épistémologie internaliste. Or, comment une vie intellectuelle pourrait-elle être respectable sans contrôle de l'esprit par lui-même ? N'est-ce pas justement ce dont s'affranchit l'imposteur ou le baratineur ? Il n'a cure de la responsabilité épistémique parce que, pour lui, tout est bon pour s'imposer sur le marché des idées. La conception fiabiliste n'élimine-t-elle alors pas toute responsabilité épistémique en faisant de la connaissance justifiée ou en faisant de la connaissance le résultat d'un processus apparemment dépourvu de contrôle interne ?

Mais une autre conception est possible. Comme dans la conception du critère épistémologique, elle est normative, en intégrant une exigence épistémique qu'il convient de respecter. Pourtant, l'exigence épistémique, dans cette conception, ne suppose pas l'examen par un sujet, à l'interne, de ses propres contenus mentaux. En revanche, comme dans la thèse fiabiliste, le bon fonctionnement des facultés humaines garantit le droit de croire et la prétention au savoir. Qu'un tel examen réflexif s'avérât indispensable dans un certain processus intellectuel, il présupposerait, quoi qu'il en soit, ce *bon* fonctionnement cognitif des facultés humaines. Il consiste en l'exercice de *vertus*. Toutefois, elles ne sont pas identifiées à des capacités ou à des compétences. Ce sont des dispositions à exceller d'une personne dans la réalisation de sa nature. Ce qui suppose une nature ou une essence de ce que nous sommes, et aussi sa meilleure réalisation possible, c'est-à-dire sa perfectibilité. Une vertu est une « excellence à être pour le bien »[1]. Dans la vie intellectuelle, c'est une excellence à être pour le bien *épistémique*. Le bien épistémique est la *rationalité de l'agent* et l'appréhension de la *vérité*.

Un tel projet est ainsi décrit par Lorraine Code :

> [Il s'agit] de développer une analyse descriptive de certains des problèmes centraux et des impératifs que rencontrent des personnes cherchant à conduire leurs vies épistémiques aussi bien que possible, cherchant à savoir, à comprendre et à parvenir à des croyances bien garanties. Cette tâche n'est ni celle de se limiter à des faits ni un exercice d'analyse conceptuelle. Connaître comme il convient, être épistémiquement responsable,

---

1. J'emprunte la formule à R. M. Adams, *A Theory of Virtue. Excellence of Being for the Good*, Oxford, Oxford University Press, 2006.

cela a des implications dans les vies individuelles, sociales et politiques des personnes. Cette conception n'est alors pas purement descriptive, si cela signifie comporter une description sans évaluation. L'intention est plutôt de montrer que certaines procédures épistémiques sont meilleures, plus responsables, que d'autres [1].

Je n'entends certes pas poursuivre la voie pragmatiste que suit Code. Mais je salue l'élargissement de la perspective épistémique qu'elle a initié [2]. Ne pas se contenter des faits, c'est éviter la réduction empiriste de la connaissance – qui mène finalement à faire de l'épistémologie, dite « naturalisée », la branche la plus générale de la psychologie cognitive, à laquelle se rajoutent, au besoin, des considérations sociologiques. C'est aussi délaisser la pure analyse conceptuelle : ergoter sur les concepts de croyance, de certitude, de doute, de justification, les entre-définir, et surtout définir la connaissance elle-même.

La responsabilité épistémique se manifeste dans une vie intellectuellement vertueuse. Comme le dit Code, « le concept de "responsabilité" permet d'insister sur la nature active des connaissants/croyants, alors

---

1. L. Code, *Epistemic Responsability*, Hanover, University Press of New England, 1987, p. 10.
2. Lorraine Code rejette toute idée d'une nature humaine et donc la conception des vertus comme réalisation de cette nature, que j'adopte. À la page 52 de son livre (voir note précédente) elle affirme : « Bien que je ne pense pas qu'il y ait une "humanitude" (*humanness*) essentielle, je pense en revanche que l'activité cognitive est si centrale dans la vie humaine que toute évaluation du caractère humain doit tenir compte de la qualité de cette activité ». Ce qui fait la différence entre la conception de Code et celle proposée ici est l'ancrage de cette dernière dans une anthropologie métaphysique.

que le concept de "fiabilité" ne le permet pas »[1]. Ce concept de responsabilité encourage à donner au caractère intellectuel et même moral des personnes un rôle primordial dans la vie cognitive. Ce n'est pas une suite d'actes intellectuels satisfaisant des normes ou des règles, mais un ordonnancement continu de la pensée au bien épistémique. Une vie intellectuelle bonne est donc responsable. Mais elle ne l'est pas seulement ni d'abord par le respect de normes ou de règles. Elle l'est par notre motivation vertueuse faisant du bien épistémique – la connaissance et la vérité – l'horizon de toute notre vie intellectuelle. Ce ne sont pas nos croyances qui sont contrôlées, mais nous-mêmes qui nous convertissons à l'idéal de rationalité dont la poursuite nous perfectionne.

Est-ce l'élimination (ou le dépassement dialectique) du projet épistémologique, dans ses deux versions, déontologique et fiabiliste ? Du moins, devient-il tout autre chose : une éthique intellectuelle portant sur ce qu'est la vie intellectuellement bonne. Il ne porte pas sur des croyances, pour savoir si elles sont justifiées ou sur la formation de ce que sommes prêts à reconnaître comme des connaissances. Il concerne des personnes, les qualités de caractère qu'elles doivent posséder, leurs vertus, et les vices à proscrire pour *une vie intellectuelle bonne*. Une telle vie réalise pleinement ce que nous sommes en tant qu'êtres humains.

Mais si être responsable épistémiquement, c'est mener une vie bonne, ne convient-il pas de dire quelles sont les règles à respecter ou les processus sûrs qui garantissent cette vie bonne. Cette objection est obsédante, et elle est si importante qu'elle doit être rappelée et examinée encore. Faire appel à des qualités de caractère, des vertus

1. L. Code, *Epistemic Responsability, op. cit.*, p. 51.

intellectuelles, voire morales, à une motivation pour le bien épistémique, à l'amour de la vérité, ne serait-ce pas lâcher la proie pour l'ombre ? La proie ? Ce sont des règles précises disant ce que nous devons faire pour contrôler nos croyances, pour être épistémiquement responsables ; ou bien ce sont des processus répertoriés comme sûrs pour l'acquisition de croyances justifiées. L'ombre ? C'est le passage de l'épistémologie à une description des valeurs épistémiques manifestées par ceux dont la vie intellectuelle serait bonne. L'épistémologie ne serait plus une question de normes et de processus cognitifs. Elle concernerait nos manières de penser, nos habitus intellectuels, nos appétits cognitifs, quelle sorte de « penseur » nous sommes. N'est-ce pas là plus qu'un changement radical de l'épistémologie, mais son abandon au profit de conceptions anthropologiques et morales vagues et incertaines ?

C'est une conception moderne de l'épistémologie qui est contestée. Chez Platon, Aristote, les philosophes sceptiques de l'Antiquité, la préoccupation principale était de savoir comment vivre correctement notre vie intellectuelle. Elle n'était pas de fixer des règles pour la direction de l'esprit ou de décrire les processus légitimes d'acquisition des croyances. Penser la responsabilité épistémique en termes d'exigence éthique plutôt que de règles ou de processus épistémiques renoue avec une tradition philosophique plus ancienne. Ce n'est pas renoncer au projet épistémologique, comme cela a été proposé[1], mais le reconduire à Aristote et à Thomas

---

1. Voir R. Rorty, *La philosophie et le miroir de la nature*, trad. fr. Th. Marchaise, Paris, Le Seuil, 2017 (1979) ; M. Williams, *Problems of Knowledge, A Critical Introduction to Epistemology*, Oxford, Oxford University Press, 2001.

d'Aquin. C'est revenir à une anthropologie métaphysique. Une épistémologie n'est possible qu'en fonction d'une définition de la nature rationnelle de l'être humain, c'est-à-dire d'une philosophie de l'homme. La vie bonne est la réalisation complète de la nature humaine – ce qui vaut aussi pour notre vie intellectuelle[1].

Cette thèse ne semble pas fournir une solution précise et sérieuse aux problèmes auxquels les épistémologues analytiques ont consacré et consacrent encore une grande part de leur travail : résoudre des cas de Gettier, qui ont été présentés dans le chapitre II, ou d'autres énigmes (*puzzles*) au sujet de la connaissance. Par exemple, rien dans la notion de responsabilité épistémique ne permettrait de donner une solution à la question de savoir pourquoi une émeraude ne serait pas plutôt vleue que verte, si « vleu » est défini ainsi : observé avant le 1er janvier prochain, et vert, ou non examiné avant le 1er janvier prochain, et bleu[2]. La notion de responsabilité épistémique, en tant que vertu, n'offre pas non plus de prise pour examiner la question de savoir si ce que je vois devant moi n'est pas lié à la simulation électrique de mon cerveau, qui se trouve dans une cuve, dans un laboratoire, aux mains de savants fous[3]. Il va sans dire que c'est aussi désespéré pour savoir si un malin génie cartésien, ou l'un

---

1. Voir L. Zagzebski, *On Epistemology*, Belmont (CA), Wadsworth, 2009.
2. C'est la « Nouvelle énigme de l'induction » (*Faits, fictions et prédictions*, Paris, Minuit, 1984, proposée en 1954 par Nelson Goodman, et qui a fait couler des flots d'encre dans la philosophie analytique – et continue encore à le faire. Voir R. Pouivet, « Existe-t-il une vieille solution à la nouvelle énigme de l'induction ? », *Cahiers de l'Université de Caen*, 31-32, 1997-1998, p. 573-587.
3. Voir H. Putnam, *Raison, vérité et histoire*, *op. cit.*, chap. 1.

des nouveaux malins génies apparus plus récemment dans la littérature épistémologique très contemporaine ne me joue pas un tour[1]. Bref, l'appel à la notion de responsabilité épistémique semble ramollir les capacités résolutives de l'épistémologie confrontée à des cas de conscience épistémique. Mais que nous ne puissions pas les résoudre montre, à mon sens, que nous n'avons même pas à essayer ; et que quelque chose ne va pas dans l'obsession des philosophes modernes et contemporains pour les cas pathologiques ou improbables. On a fait fausse route si l'objet réel de l'épistémologie n'a pas été identifié ; et si cela ne donne pas le moyen d'une critique des perversions morales de la vie intellectuelle.

Un athée peut-il savoir quelque chose ?

Adossons la responsabilité épistémique, comprise en termes de vertu, à une anthropologie métaphysique. L'homme, selon sa nature, est fait pour connaître ; et le monde est fait pour être connu. Ce serait le sens d'une finalité épistémique des existences humaines. Si cette finalité n'est pas vaine, le monde est disponible pour la connaissance.

La responsabilité épistémique suppose ainsi notre fiabilité épistémique. Ici, « fiabilité » ne signifie pas simplement d'accepter une théorie fiabiliste, selon laquelle notre connaissance résulte du processus normal de son acquisition, pour peu que notre appareil cognitif fonctionne correctement. C'est en gros ce qui a été appelé

---

1. Voir R. Neta et D. Pritchard, « McDowell and the New Evil Genius », *Philosophy and Phenomenological Research*, vol. LXXIV n° 2, 2007, p. 381-396.

« externalisme » dans les pages précédentes. Fiabilité dans ce qui suit veut dire :

> 1) La responsabilité épistémique tient à l'exercice de nos vertus, intellectuelles et morales, dans notre vie intellectuelle.
>
> 2) Cette responsabilité manifeste notre nature humaine pleinement réalisée.
>
> 3) Ce qui garantit ultimement la possibilité de la connaissance humaine, et que nos vertus ne soient donc pas vaines pour la connaissance, est la *bonté de Dieu*.

Déjà le « sage Auteur de la nature », dont parle Thomas Reid – il en a été question dans le chapitre précédent – semble devenu *persona non grata* en épistémologie. Alors, la bonté divine, comment peut-on prétendre en équiper l'épistémologie ?

Pour Descartes, Dieu est le garant de notre fiabilité cognitive. Nous devons en effet être tels que, par notre activité rationnelle, nous puissions parvenir à la vérité. Or, l'un des arguments que Descartes utilise en faveur de la thèse de notre fiabilité épistémique est que la bienveillance divine garantit cette fiabilité. Descartes dit :

> Or, qu'un athée puisse connaître clairement que les trois angles d'un triangle soient égaux à deux droits, je ne le nie pas ; mais je maintiens seulement qu'il ne le connaît pas par une vraie et certaine science, parce que toute connaissance qui peut être rendue douteuse ne doit pas être appelée science, et puisqu'on suppose que celui-là est un athée, il ne peut pas être certain de n'être point déçu dans les choses qui lui semblent être très évidentes [1].

---

1. R. Descartes, « Réponses aux Secondes objections », *Œuvres et Lettres*, éd. A. Bridoux, Paris, Gallimard, 1953, p. 376.

La justification de cette affirmation présuppose que la condition de possibilité épistémique du savoir scientifique est *théologique*. Si une personne ne croit pas que Dieu existe, pourra-t-elle savoir qu'elle sait quelque chose ? Dans la mesure où elle pourrait être conduite à s'apercevoir qu'elle ne savait pas ce qu'elle croyait savoir, elle reste toujours incertaine sur son propre savoir.

Le texte de Descartes suppose une distinction entre *cognitio* et *scientia*[1]. Soit la proposition (p) que « Les angles d'un triangle sont égaux à deux droits ». Soit aussi le principe (P), selon lequel ce qu'une personne perçoit clairement et distinctement est vrai. C'est le principe infaillibiliste de la fiabilité épistémique : une connaissance suppose que tout doute soit écarté comme toute possibilité d'erreur. Une personne sait que p si et seulement si : 1) (*cognitio*-a) elle perçoit clairement et distinctement que p est vrai, et 2) (*cognitio*-b) elle perçoit clairement et distinctement la vérité de (P). Une personne sait que p seulement si elle a la *cognitio*-a de p, et si elle a également la *cognitio*-b de la fiabilité de la *cognitio*-a. La *scientia* suppose donc une double *cognitio*, une idée claire et distincte (une évidence) de la vérité de p, et une idée claire et distincte portant sur la première *cognitio*. Cette *cognitio*-b ne porte pas tant sur ce qui est connu ou su. Elle porte sur la connaissance elle-même. Elle est réflexive. Elle correspond à ce moment où la Raison applique ses règles. Pour avoir la *scientia*, une personne ne doit pas seulement connaître que p, elle doit se savoir connaître qu'elle connaît que p. Autrement dit, elle ne doit avoir aucun doute au sujet de sa propre fiabilité

---

1. C'est une distinction de la scolastique médiévale que Descartes reprend, comme bien d'autres, à sa façon.

épistémique. Cette *cognitio*-b fait défaut à l'athée, selon Descartes. L'athée n'a pas la garantie épistémique de la fiabilité de sa *cognitio*-a. Il ne peut donc être certain du principe (P) et ainsi ne peut rien savoir. En revanche, si une personne croit en l'existence de Dieu, alors elle peut être certaine du principe (P). Dès lors, (P) n'est certain que si la personne sait qu'il existe un Dieu vérace. C'est un Dieu qui ne lui met pas dans l'esprit des principes comme (P) sans que ce soit vrai. C'est un Dieu bienveillant, qui garantit notre meilleure connaissance (*cognitio*), et qui dès lors en fait un savoir.

Maintenant, nous pouvons détacher l'affirmation d'une garantie divine de la théorie réflexive défendue par Descartes dans son épistémologie. Ce qui importera alors est que l'épistémologie, à la suite de Descartes, suppose un principe *surnaturel* de garantie de l'examen interne de nos croyances par un Dieu vérace, qui veut que nous parvenions à la vérité – un Dieu bon. L'épistémologie suppose donc une « philosophie première », ou une métaphysique *non naturaliste*. Elle suppose le théisme : un Dieu créateur, tout-puissant, omniscient et absolument bon. Elle suppose que le statut d'un être rationnel tel que nous sommes soit celui d'une créature. Il est des plus étranges que Descartes ait pu être présenté comme le héros d'un rationalisme laïc, tant il en est éloigné. C'est avec cette épistémologie surnaturalisée que la pensée moderne a rompu. (Aux historiens la tâche de dire quel est le premier philosophe à lui avoir dit tout à fait adieu. Ne se pourrait-il pas qu'il fût écossais ? – mais ce n'est certes pas le héros du chapitre précédent.)

Précisons. Il ne s'agit nullement de faire intervenir Dieu dans l'explication scientifique du monde. À défaut d'une explication naturelle de tel ou tel événement ou phénomène, on ferait appel à une hypothèse surnaturelle. Soit une série de causes et d'effets, C_1, C_2, C_3, C_4, ... C_n. Nous ne savons pas, par exemple, comment on passe de C_2 à C_4. C_3 est alors une intervention divine directe dans la série des causes et des effets. Dieu bouche le trou de la série causale[1]. L'ignorance des causes naturelles devient une raison de croire à l'action divine. Toutefois, dans ce cas, C_3 n'est pas un miracle, qui rompt le processus naturel, violant la clôture causale de la nature. Il s'agit plutôt d'expliquer une cause naturelle comme la réalisation d'une intervention divine dans le cours de la nature. Une épistémologie surnaturalisée vise tout autre chose. Elle n'en appelle pas à Dieu *dans* l'explication scientifique, mais *au sujet* de l'explication scientifique ou, plus généralement de la vie intellectuelle. L'interrogation porte sur la condition de possibilité épistémologique du savoir, en général, et du savoir scientifique, en particulier. À la question de savoir ce qui, ou en l'occurrence *qui*, garantit notre savoir, la réponse est Dieu. Il nous a créés capables de cette connaissance. Notre responsabilité épistémique tient à notre statut métaphysique de créature de Dieu – et à la garantie divine de la connaissance qu'elle implique.

En un sens, le naturalisme épistémologique n'est pas mis en question par la thèse d'une épistémologie surnaturalisée. Elle ne suppose en effet pas une intervention divine (causale) dans l'explication scientifique ; elle dit que notre fiabilité cognitive suppose l'existence de Dieu qui n'est jamais trompeur.

---

1. Pour une histoire philosophique de ce problème, voir P. Clavier, *Ex Nihilo*, Paris, Hermann, 2011, 2 volumes.

L'ARGUMENT DE PLANTINGA

Une version – différente, mais apparentée – de cette thèse a été récemment proposée par Alvin Plantinga[1]. Le naturalisme, explique-t-il, condamne le recours à une réalité surnaturelle. Or, sur cette base naturaliste, notre capacité de connaître et celle de savoir que nous connaissons en deviennent inexplicables. La probabilité pour que nos facultés cognitives en soient venues, par exemple par l'évolution ou tout autre raison strictement naturelle, à être fiables, est faible ou indéterminable (ce qui revient à la thèse sceptique chez Descartes). Or, et c'est le point central de l'argument, sans bonne raison de penser que nous sommes intellectuellement fiables, nous perdons toute garantie épistémique au sujet des croyances résultant du fonctionnement fiable de nos facultés cognitives. Parmi ses croyances, celle que le naturalisme est vrai – le naturalisme, pour lequel il y a une clôture explicative qui exclut toute réalité non naturelle – devient fort peu plausible. Seule une probabilité élevée de notre fiabilité intellectuelle, laquelle suppose le théisme (des êtres humains créés par un Dieu bon), garantit notre capacité de connaître. Laquelle fonde notre responsabilité épistémique.

L'exemple même d'une théorie naturaliste semble être la théorie de l'évolution. Que dit-elle ? En gros, elle met en avant le rôle de mutations génétiques hasardeuses et de la sélection naturelle dans l'évolution du vivant. Elle est présentée comme une explication de la diversité constatable dans la vie terrestre et de l'adaptation des

---

1. Voir p. 240, n. 1 ; R. Pouivet, « Évolution, religion et rationalité : Alvin Plantinga et C.S. Lewis », dans L. Jaeger (dir.), *La Science est pour Dieu*, Charols, Excelsis, 2017.

êtres vivants à leur milieu. Nous, êtres humains, nous sommes développés comme les autres êtres vivants, à partir d'une forme de vie unicellulaire primitive, selon des mécanismes de sélection naturelle et au hasard de mutations génétiques. Si ces dernières s'avèrent pour la plupart malheureuses, certaines en revanche accroissent l'adaptation des organismes à leur milieu ; elles se répandent sur toute une population et persistent. Dès lors, dans l'évolution des organismes vivants, l'être humain ne fait pas exception[1]. Il est fait appel à l'évolutionnisme pour expliquer des observations qui, sinon, resteraient incompréhensibles. Quelques exemples de ce que la théorie de l'évolution nous permettrait ainsi d'expliquer : dans la plupart des espèces où prévaut le dimorphisme sexuel il y a un nombre presque égal de mâles et de femelles ; les canards mâles sur les mares arborent un plumage coloré ; les stimuli reçus par un organisme doté d'un cerveau comme le nôtre permettent le développement notre vie intellectuelle ; les êtres humains font des expériences morales, religieuses et esthétiques. L'évolutionnisme semble aussi expliquer tout ou presque. À partir de son usage biologique d'origine, il est en effet devenu un principe universel d'explication de tous les phénomènes naturels, mais aussi, même si c'est plus controversé[2], sociaux et culturels.

Sous sa forme générale, le naturalisme vaut aussi pour nos facultés cognitives : la perception, la mémoire et la capacité de raisonner, disons la raison. Ces facultés

---

1. Pour une critique de l'exception, cette exception ici défendue, voir J.-M. Schaeffer, *La Fin de l'exception humaine*, Paris, Gallimard, 2007.

2. Voir, dans ce sens, D. Stove, *Darwinian Fairytales*, Sydney, Avebury, 1995.

résulteraient des mécanismes de l'évolution. Se pose alors la question de savoir dans quelle mesure nos facultés cognitives (perception, mémoire, raisonnement, introspection), si elles résultent de l'évolution, sont fiables et délivrent des croyances vraies ou, au moins, majoritairement vraies. Deux grands types de réponses peuvent être donnés :

1) *L'évolution favorise l'émergence de croyances vraies.* L'adaptation du comportement à l'environnement, qui assure la survie, suppose la fiabilité des facultés cognitives humaines. Dès lors, que l'espèce humaine ait survécu rend probable la fiabilité de nos facultés cognitives, voire que nos croyances soient majoritairement vraies. Ce que nous sommes devenus, nous humains, est le produit de l'évolution, c'est-à-dire d'un développement où le hasard aurait joué un rôle majeur et dans lequel la lutte pour la survie aurait été la cause du développement intellectuel humain. La connaissance, la culture, la science résulteraient de l'évolution. Les organismes les plus développés intellectuellement auraient survécu en transmettant ce patrimoine intellectuel, lequel se serait développé encore, jusqu'à l'apparition des êtres que nous sommes, capables de se penser en termes d'évolution.

2) *L'évolution ne favorise pas l'émergence de croyances vraies.* Comment expliquer l'émergence de croyances vraies, particulièrement de croyances scientifiques, en termes d'évolution ? Premièrement, sur la base de la doctrine de l'évolution, la probabilité est faible pour que nos facultés soient fiables au point que nous soyons à même d'avoir des croyances scientifiques vraies. Deuxièmement, la sélection naturelle n'est pas un mécanisme favorisant le développement de croyances vraies, mais qui simplement assure pour les « gagnants »

leur succès reproductif. Avoir des croyances vraies n'est pas particulièrement utile, si même cela n'est pas nocif, dans ce processus (voir le point 3, p. 263).

Ces deux thèses – l'évolution favorise ou ne favorise pas l'émergence de croyances vraies – portent sur la relation entre nos croyances et le comportement le plus approprié à la survie en situation de sélection naturelle. Soit P pour « probabilité » ; soit F pour « Fiabilisme » : la thèse selon laquelle nos facultés intellectuelles sont fiables pour parvenir à des croyances vraies ; N pour « naturalisme » et E pour « évolutionnisme ». La première thèse (L'évolution favorise l'émergence de croyances vraies) affirme que P (F/N&E), c'est-à- dire que la probabilité que le fiabilisme soit vrai est forte, sur la base du naturalisme et de l'évolutionnisme. Selon la deuxième thèse (L'évolution ne favorise pas l'émergence de croyances vraies), cette même probabilité est faible ou indéterminable.[1]

Plantinga résume ainsi l'alternative :

> Que nous ayons évolué et survécu rend probable que nos facultés cognitives sont fiables et nos croyances vraies pour la plupart, à la seule condition qu'il soit impossible ou peu probable que des créatures en gros telles que nous se comportent de façon adaptée, mais néanmoins entretiennent des croyances fausses pour la plupart.[2]

---

1. Sur un tel raisonnement, voir J. Slagle, *The Epistemological Skyhook. Determinism, Naturalism, and Self-Defeat*, Oxon, Routledge, 2016, en particulier le chap. 10 (« Epistemology Surnaturalized »).

2. A. Plantinga, « The Evolutionary Argument Against Naturalism », art. cit, p. 5.

Ce qui le conduit à dégager quatre possibilités incompatibles.

1) Les croyances n'ont pas de place dans la chaîne causale qui explique les comportements des organismes, exclusivement régis par des lois biochimiques. C'est ce qu'on appelle « l'épiphénoménalisme » : ce serait une illusion de croire que les croyances, comme états mentaux ou comme dispositions mentales jouent le moindre rôle dans le processus causal qu'est l'évolution, et en général dans notre comportement. Nous sommes des choses physiques régies par des lois qui sont intégralement physiques, et le mental n'est rien d'autre qu'un épiphénomène sans rôle causal. Dès lors, les croyances n'ont aucun rôle dans l'évolution, et leur fiabilité peut être tenue pour faible sans que cela change quoi que ce soit au processus évolutionniste.

2) Les croyances sont efficaces à l'égard des comportements, mais non pas par leurs contenus, la pensée qu'elles comprennent. (Si Pierre croit que son grand-père était boulanger, « mon grand-père était boulanger » est le contenu de sa pensée.) Dans la course à pied, on développe son souffle sans se rendre quelque part (en courant pour courir) ; de même, nos croyances développeraient nos capacités neuronales, qu'elles soient vraies ou non, en jouant ou non un rôle dans notre comportement. C'est une thèse sous-jacente quand on conseille aux gens, pour se sentir mieux, d'avoir une activité intellectuelle, mais sans que son contenu importe vraiment ; comme le médecin qui conseille à une personne âgée de faire fonctionner son cerveau en faisant des mots-croisés ou des sudoku. On dit aussi parfois que diner avec des amis, faire un tour en ville, aller au cinéma ou au concert, c'est bon pour le moral et même pour la santé. (Ce sont les

conseils « bien-être » des magazines !) Le contenu de nos croyances, et donc leur fiabilité épistémique, importerait peu. Le cerveau est un organe comme un autre, dont le fonctionnement s'entretient, mais sans que le contenu des croyances joue lui-même un rôle dans notre bien-être. Dès lors, la probabilité pour que nos croyances soient fiables reste faible ou indéterminable pour rendre compte de notre adaptation dans le cadre de l'évolution.

3) Les croyances sont efficaces, non pas seulement pour l'exercice neuronal qu'elles procurent, mais grâce à leur contenu. Cependant, elles n'ont pas d'utilité dans l'adaptation de notre comportement, et elles peuvent même constituer un obstacle à cette adaptation. Après tout, dans les situations où notre vie est en danger, ne convient-il pas de confier sa survie à des réflexes, des réactions mécaniques ou strictement animales, plutôt qu'à une réflexion dans laquelle il conviendrait de soupeser des raisons, de se demander ce qu'elles valent ? Un intellectuel aurait finalement moins de chance de survivre dans une situation de survie qu'une personne réfléchissant peu mais agissant spontanément comme il faut. C'est moins la fiabilité cognitive qui compte, dans une situation dangereuse, qu'une capacité physique de faire face à des événements inattendus. De nouveau, la probabilité de F sur N&E reste faible.

4) Les croyances sont efficaces et permettent l'adaptation de notre comportement. (C'est, je crois, la thèse la plus répandue. Elle suppose que nous devons avoir les bonnes croyances pour nous comporter comme il convient.) Cependant, notre comportement n'est pas seulement causé par nos croyances, mais aussi, voire surtout, par nos désirs, et d'autres facteurs intellectuels et affectifs, comme le fait d'approuver ou non, d'avoir peur

ou non, d'être dubitatif ou non. Dès lors, rien ne prouve que dans cette combinaison de croyance et de désir, sur laquelle repose l'adaptation de notre comportement, les croyances impliquées aient à être vraies. Supposons qu'un animiste se méfie de la foudre parce qu'il en a peur (donc il désire se protéger contre elle), alors sa croyance fausse que la foudre est un esprit qui cherche à lui nuire lui donne des chances plus grandes de survie. On pourrait même considérer que des croyances religieuses fausses conduisant à adopter une certaine hygiène de vie favorisent la survie. P (F/N&E) reste faible.

Qu'il existe une relation causale entre les croyances et le comportement (3 et 4), ou qu'il n'y en ait pas (1 et 2), la probabilité pour que nos croyances soient fiables, étant donnés le naturalisme et l'évolutionnisme, est faible ou indéterminée. Si le naturalisme et l'évolutionnisme sont des conceptions correctes, la probabilité pour que nos facultés cognitives soient fiables est faible ou indéterminée. Autrement dit, l'origine de nos facultés cognitives, en tant qu'elle est l'évolution de l'espèce humaine, rend la probabilité de leur fiabilité faible ou indéterminée. Ainsi, en défendant N&F, on est conduit à considérer que N et F résultent de capacités cognitives dont la probabilité qu'elles soient fiables est faible ou indéterminée. Finalement, nous n'avons pas de raison de considérer N&F comme vrais. Le naturalisme n'implique pas que nos croyances sont fausses ; elles peuvent bien être vraies ; mais sur la base du naturalisme nous n'avons pas de raison de croire qu'elles le sont ; nous n'avons donc pas de raison de croire que le naturalisme est vrai.

Résumons l'argument :

1) Le système cognitif des êtres humains est le produit d'un processus naturel d'évolution, sans création ni

guidage par un créateur ou un être supérieur. (C'est, disons, l'affirmation évolutionniste standard.)

2) On peut s'attendre à ce que la fiabilité du système cognitif soit faible, parce qu'il n'a nullement besoin d'être fiable afin d'assurer la survie de l'espèce humaine (comme le montre les arguments précédents 1 à 4).

3) Un naturaliste évolutionniste, quelqu'un pour qui tout est réductible à des états de la matière et affirmant que son propre système cognitif est le produit de l'évolution, a dès lors fort peu de raison d'avoir confiance dans ses facultés cognitives, dans sa capacité de parvenir à avoir des croyances vraies.

4) La thèse naturaliste et évolutionniste est elle-même une croyance produite par notre système cognitif.

5) Donc, le naturalisme et l'évolutionnisme, pris ensemble, donnent une bonne raison de douter du bien-fondé du naturalisme et de l'évolutionnisme.

Que montre exactement cet argument ? Le naturaliste évolutionniste a une bonne raison de penser que la probabilité pour que nos facultés cognitives soient fiables est faible ou impossible à déterminer ; et donc une bonne raison de douter de la thèse même qu'il défend. Autrement dit, la thèse défendue par le naturaliste évolutionniste mine la confiance épistémique qu'il peut avoir dans la vérité de la thèse qu'il défend.

En revanche, contre le naturalisme, et en faveur du théisme, on pourrait raisonner ainsi :

1) Le système cognitif est le produit de la Création et du guidage de l'évolution par un être supérieur.

2) Dès lors, on peut s'attendre à ce que la fiabilité du système cognitif soit forte.

3) Un théiste possède une très bonne raison d'avoir confiance dans ses facultés cognitives et dans les croyances qu'elles produisent.

Pour celui qui pense l'évolution en termes de dessein divin, la probabilité pour que nos croyances soient fiables est forte, à la différence de celui qui pense l'évolution en termes strictement naturalistes. Ainsi, un théiste aurait plus de raison qu'un naturaliste de croire que l'évolutionnisme est vrai.

Résumons encore. La probabilité pour que notre croyance en la théorie de l'évolution soit justifiée est bien plus élevée si le théisme est vrai que s'il est faux, et elle est faible (ou non déterminable) si le naturalisme est vrai. L'argument de Plantinga montre que si nos facultés cognitives dérivaient de forces brutes, alors il serait improbable qu'elles soient fiables. Il serait même irrationnel d'avoir confiance en elles. La science perdrait sa garantie épistémologique. Le théisme garantit la valeur épistémique de nos connaissances[1].

Si le raisonnement de Plantinga est correct, l'évolutionnisme n'est nullement rejeté (c'est même le contraire), mais le naturalisme, sous la forme discutée, devient improbable. Comme pour Descartes, Dieu est la source de notre fiabilité épistémique, de la rationalité et de la vérité de nos croyances. L'argument évolutionniste contre le naturalisme, proposé par Plantinga, encourage la défense de trois affirmations : 1) Notre réussite cognitive (c'est-à-dire que nous puissions être dits savoir quelque chose) se justifie bien mieux dans un cadre théiste que naturaliste. 2) Cette réussite cognitive suppose que nous sommes faits pour la connaissance et que notre désir de connaître n'est pas vain. 3) Notre responsabilité épistémique, comprise comme l'exercice des vertus dans notre vie intellectuelle, est garantie (rendue possible) par la bonté (bienveillance) divine.

---

1. Autrement dit, P (F/T&E) > P (F/N&E)

THÉISME ET RESPONSABILITÉ ÉPISTÉMIQUE

Dans les chapitres précédents, j'étais resté dans une perspective naturelle (mais non naturaliste), inspiré de la métaphysique aristotélico-thomiste. Ce qui me conduisait à une éthique intellectuelle comprise comme une (certaine) épistémologie des vertus. Celles-ci, à l'œuvre dans notre vie intellectuelle, ne sont pas seulement des habitus intellectuels bénéfiques pour la réussite cognitive, mais aussi des vertus morales (comme la studiosité et les vertus de la liste, p. 87). À la suite de Descartes et de Plantinga, il est permis de passer à une métaphysique surnaturalisée, théiste, comme fondement de l'épistémologie des vertus. La meilleure explication de notre réussite cognitive est sa garantie divine. C'est par principe la meilleure, mais c'est aussi la seule. Une épistémologie surnaturalisée ne sert pas à expliquer notre réussite cognitive ni à la fonder. Elle la constate. Mais elle sert en revanche à faire ce constat, qui sinon pourrait nous échapper ou dont nous sommes enclins à douter.

Ce qui a une conséquence directe pour la responsabilité intellectuelle. Le mauvais usage de nos capacités cognitives n'est pas qu'un écart sans conséquence dans notre vie intellectuelle. Ce n'est pas une simple atteinte à la convivialité dans notre communauté épistémique. C'est un péché contre Dieu. Des créatures rationnelles doivent mener une bonne vie intellectuelle, non pas seulement pour des raisons épistémologiques, mais parce qu'elles iraient, sinon, contre ce que Dieu a voulu pour elles. Nous ne recevons la garantie divine de nos croyances qu'en menant une vie intellectuelle responsable – tournée vers les biens épistémiques. Les vertus intellectuelles ont donc une morale et même une théologie. Elles sont des modalités de notre relation à Dieu. L'éthique intellectuelle, ici proposée, est chrétienne. Notre rationalité témoigne de notre statut métaphysique de créature de Dieu. La vie intellectuelle vertueuse est corrélative de la garantie divine. Cette garantie est ainsi identifiable à notre meilleure vie intellectuelle. Sa sanctification est possible, si Dieu la garantit ; mais nous sommes enclins à verser dans l'irresponsabilité intellectuelle, notre vie intellectuelle n'échappe que rarement au péché.

Certains lecteurs étaient, enfin je l'espère, prêts à accepter la sorte d'épistémologie des vertus proposée dans les chapitres précédents, du moins une version apparentée. Mais cette fois, d'aucuns trouveront inacceptable cette épistémologie surnaturalisée. Elle dévierait par trop de ce qu'on peut attendre d'une épistémologie ou d'une éthique intellectuelle. Que vient faire ici cette histoire de péché épistémique pour expliquer notre corruption intellectuelle ? Pourquoi tout ce fatras de morale chrétienne introduit ici en épistémologie ? Le chapitre suivant répondra à ces questions, mais, je le crains, sans rassurer celui ou celle qui les pose.

Chapitre ix

L'ÉPISTÉMOLOGIE SURNATURALISÉE

> *Le fait que nous, êtres humains, parvenons réellement à*
> *la connaissance et à la compréhension d'un monde dans*
> *lequel, sans aucune raison apparente, nous nous trouvons,*
> *devrait, pour ce que cela a d'improbable, nous conduire à*
> *la stupéfaction, à l'émerveillement et au respect*[1].

De la métaphysique au théisme

L'épistémologie des vertus, du moins la version proposée dans les chapitres précédents, donne un fondement moral à la vie intellectuelle. Une enquête sur la légitimité épistémologique et morale de nos croyances, et même sur la nature de la connaissance, suppose de se demander ce qu'*est* un être humain ; ce qui à son tour requiert une théorie de ce qui existe réellement et de la nature des choses. Une autre façon de le dire : l'épistémologie et l'éthique de la vie intellectuelle présupposent une anthropologie fondamentale ; laquelle repose sur une métaphysique. La bonne question est alors de savoir quelle est l'anthropologie métaphysique sur laquelle reposent une épistémologie et une éthique intellectuelle accordant un rôle fondamental aux vertus

---

1. L. Code, *Epistemic Responsability*, *op. cit.*, p. 13-14.

humaines. Ou encore : Quel est l'homme dont les vertus, indispensables à une vie intellectuelle bonne, sont dévolues à l'enseignement, à la recherche, à la divulgation du savoir ?

S'il existe un fondement métaphysique de l'épistémologie et de l'anthropologie, de quelle métaphysique relève-t-il ? Il en est au moins de deux sortes : naturaliste ou non. La première suppose qu'une explication, scientifique ou métaphysique, ne doit faire appel à rien d'autre qu'à des causes naturelles – en gros, celles justement qu'étudient les sciences naturelles, à commencer par la physique. Si la métaphysique n'est pas en ce sens naturaliste, alors elle admet des entités surnaturelles, au premier rang desquelles Dieu, comme créateur et soutien du monde. Cette métaphysique est alors *théiste*.

Dans le chapitre précédent, à la suite d'Alvin Plantinga, on a montré pourquoi la fiabilité de la connaissance humaine se comprend mieux sur la base du théisme, qui fait de l'homme une créature voulue par Dieu comme un être rationnel, capable de comprendre. La garantie ultime de la valeur épistémique de notre vie intellectuelle se trouve dans notre statut de créature de Dieu. Dès lors, les vertus, comme motivation fondamentale de la droiture, épistémique et morale, de notre vie intellectuelle, ne sont pas seulement acquises, mais aussi infuses – produites en nous par Dieu. Et nos dispositions cognitives ne sont-elles pas seulement des vertus, mais aussi des dons, ceux qui ont été traditionnellement appelés les « dons du Saint-Esprit ». La garantie divine dans notre vie intellectuelle n'est pas seulement que nous sommes créés capables de connaître. Cette garantie est plus directe. Dans notre vie intellectuelle, l'Esprit Saint est présent.

Cependant, un philosophe, au XXIe siècle, peut-il dire pareille chose sans se déconsidérer immédiatement ? Y est-il autorisé, après ce qui est présenté parfois comme des progrès considérables dans l'étude de la connaissance ou, comme on dit aujourd'hui de la « cognition » ? Peut-il sérieusement prétendre que la légitimité de nos croyances, la possibilité de la connaissance, la valeur épistémique et morale de notre vie intellectuelle trouvent leur origine dans la divine providence ? Pour Claudine Tiercelin, « autant il est indispensable que l'épistémologie tienne en effet mieux compte des vertus épistémiques et de leurs liens avec les vertus pratiques, autant on peut avoir quelques réserves sur la nécessité (parfois prônée d'ailleurs avec quelques relents d'encens) d'imposer un changement de braquet aussi brutal à l'épistémologie traditionnelle »[1]. N'y aurait-il pas, dans tout le livre dont le lecteur se trouve au dernier chapitre, l'intention de baptiser, en quelque sorte, l'éthique intellectuelle ?

Le lecteur s'inquiétera peut-être (voire s'agacera, si même il ne s'en gausse) de voir l'épistémologie « régresser » vers des thèses philosophiques supposant des présupposés religieux aussi massifs. Or, chacun sait, dit-on, que nous les avons abandonnés. Ce serait le bénéfique effet philosophique des Lumières (à la française) et d'une sécularisation bienvenue de la raison humaine, caractéristique de la modernité. Comme le monde en général, l'épistémologie serait maintenant désenchantée. Ce qui est proposé dans ce livre, n'est-ce pas alors, sous couvert de préoccupations éthiques,

---

1. C. Tiercelin, *Le Doute en question*, Paris & Tel Aviv, L'Éclat, 2005, p. 309.

une approche post-séculière en épistémologie ?[1] La critique, dans le premier chapitre, de certaines attitudes des intellectuels, français en particulier, ne serait-ce pas finalement un cheval de Troie pour un retour à la religion ? N'est-ce pas le retour d'une « philosophie chrétienne » – que même certains philosophes se revendiquant du christianisme ont pourtant délaissée. Certains lecteurs diront : « Tout ça pour ça ! Dieu à la rescousse d'une créature humaine incapable sans lui de rationalité – est-ce donc bien sérieux ? » L'abandon de la métaphysique dans la philosophie moderne, le nouvel athéisme contemporain, le naturalisme épistémologique triomphant, les sciences sociales et humaines illuminant nos pratiques sociales, les sciences cognitives pénétrant nos esprits, bref tous les efforts des penseurs modernes et contemporains pour penser librement : avec la thèse proposée ici, ne va-t-on pas dans la direction exactement opposée ? Question foutaise, ce livre ne serait-il pas, paradoxalement, exemplaire ?

Toutefois, un coup d'œil, même rapide, sur l'histoire de la philosophie, témoigne du fait que nombre de philosophes, du moins avant Hume et Kant, n'ont pas cru devoir désolidariser les réflexions épistémologique et théologique. Descartes constitue certes un exemple fameux, mais cela vaut aussi pour Leibniz, Arnauld, Berkeley, et

---

1. On m'a suggéré que cette perspective serait à rapprocher du mouvement de la « Radical Orthodoxy » – décrit parfois comme un traditionalisme chrétien postmoderne. (Voir F. Damour, « "Radical Orthodoxy" ou le retour du théologique ? », *Études*, 2008/6, t. 408, p. 799-808.) Pourtant, ce qui est proposé ici comprend des aspects fondamentaux très différents, et même opposés, à cette orthodoxie radicale – en particulier au sujet des notions de rationalité et de vérité !

bien d'autres à l'âge classique. C'est encore vrai dans le cas de Reid. C'est manifeste bien sûr s'agissant des philosophes de la tradition scolastique, celle du Moyen Âge et qui s'est poursuivie ensuite. Disons que ce livre se place, à sa façon, dans ce sillage philosophique.

La possibilité et la valeur de la connaissance supposent les dons divins comme moyens d'une vie intellectuelle bonne. Si nous en étions dépourvus, nous ne pourrions l'espérer. Le scepticisme devrait nous gagner, le relativisme épistémique nous submerger. Si ce n'est même le nihilisme intellectuel, selon lequel les croyances et les prétentions à connaître sont en réalité des formes de la volonté de puissance, des façons de s'affirmer, mais n'ont aucune prise cognitive d'aucune sorte. Scepticisme, relativisme et nihilisme ont quelques fameuses illustrations dans la pensée contemporaine. C'est contre eux que le renouveau d'une thèse surnaturaliste en épistémologie (d'une épistémologie surnaturalisée) se prononce. Loin de déconstruire l'épistémologie du théisme le plus classique, il s'agit de réaffirmer la pertinence d'une épistémologie comprise comme une éthique intellectuelle. Est ainsi manifesté le *rationalisme*, que cette éthique revendique. La conception défendue ici ne propose pas de renoncer à la rationalité de la vie intellectuelle. Mais, certes, elle fait de la bienveillance divine la garantie de notre rationalité. Ce qui, en un sens, est une thèse on ne peut plus classique dans la philosophie de la connaissance.

L'ARGUMENT DE LA RATIONALITÉ ET L'ARGUMENT DE LA PERFECTIBILITÉ

Clive S. Lewis expose un « argument de la rationalité ». Il se trouve dans le chapitre III de *Miracles*[1]. On peut en proposer la reconstruction suivante (l'argument ne se trouve ainsi pas sous cette forme chez Lewis) :

1) Le naturalisme est un système de pensée.

2) Si le naturalisme est vrai, toutes les pensées résultent finalement de causes non rationnelles.

3) Aucune pensée ne peut être rationnelle (et aucun système de pensée ne peut l'être) si elle (il) résulte de causes non rationnelles.

4) Donc, si le naturalisme est vrai, la pensée qu'il est vrai n'est pas rationnelle.

5) Donc, nous devons refuser le naturalisme.

L'argument de Lewis porte sur la compatibilité entre le naturalisme et la rationalité de nos croyances, y compris la rationalité de notre croyance que le naturalisme est vrai. Ce qu'il met en question est la réductibilité de la norme de rationalité à des processus intégralement descriptibles en termes naturalistes, c'est-à-dire ne faisant appel qu'à une explication acceptable dans les sciences de la nature, telles que nous les connaissons aujourd'hui.

Il est possible de proposer une autre reconstruction de l'argument, en l'adaptant à la question épistémologique dont traite ce livre :

1) Aucune croyance n'est justifiée si elle peut être complètement expliquée comme résultant de causes non rationnelles.

---

1. C.S. Lewis, *Miracles*, trad. fr. S. Bray et D. Verheyde, Paris, Éditions Empreinte, 2018. Le livre date de 1947, avec une deuxième édition, en 1960, corrigée en particulier pour répondre à une critique de G.E.M. Anscombe.

2) Si le naturalisme en épistémologie est vrai, alors toutes les croyances peuvent être expliquées comme résultant de causes non rationnelles.

3) Donc, si le naturalisme est vrai, alors aucune croyance ne peut être inférée rationnellement.

4) Si une théorie entraîne la conclusion qu'aucune croyance n'est inférée rationnellement, alors elle doit être rejetée et sa négation doit être acceptée.

5) Donc, le naturalisme en épistémologie doit être rejeté et sa négation (il existe des causes et des explications non naturelles) acceptée.

6) Une épistémologie surnaturaliste est ainsi une option[1] philosophique parfaitement rationnelle.

Qu'il soit difficile, sinon impossible, de faire entrer l'intentionnalité, c'est-à-dire le fait que la pensée soit au sujet de quelque chose, dans un schéma naturaliste, est une critique fréquente, et sans doute juste, du naturalisme[2]. Ici, l'argument affirme que le naturalisme est incapable de rendre compte de la rationalité, comme spécificité humaine. Mais les deux peuvent être liés. On pourrait raisonner ainsi : si le naturalisme était vrai, aucune de nos pensées ne serait au sujet de quoi que ce soit ; aucune ne serait non plus vraie ou fausse. Si c'est le cas, remarquons-le, le naturalisme ne peut pas être au sujet de quoi que ce soit, il n'est ni vrai ni faux de

---

1. Il reste la possibilité d'une épistémologie à la fois non naturaliste et non surnaturaliste. C'est en fait l'option déontologique. Mais à mon sens, comme je l'ai suggéré plus haut (p. 150, par exemple), elle ne peut justifier le respect des obligations épistémiques qu'elle propose. Elle ne peut expliquer pourquoi il nous faudrait être rationnel. C'est à cette question que la théorie défendue ici répond, finalement.

2. Voir, par exemple, L. BonJour, « What is it like to be a Human (Instead of a Bat) ? », *American Philosophical Quarterly*, vol. 50, n° 4, 2013, p. 373-385. Voir aussi Th. Nagel, *L'esprit et le cosmos*, trad. fr. D. Berlioz et F. Loth, Paris, Vrin, 2018.

quelque chose, et il n'est même pas une théorie. Donc il est doublement absurde d'être naturaliste. Si la raison humaine est réductible à des processus naturels, alors elle perd sa rationalité, laquelle n'est justement pas réductible à des processus physiques. Comme le dit C.S. Lewis :

> Le Gulf Stream produit toutes sortes de choses : par exemple, la température de la mer d'Irlande. Ce qu'il ne produit pas ce sont des cartes du Gulf Stream. Mais si la logique, comme nous la trouvons à l'œuvre dans nos propres esprits, provient réellement de la nature indépendante de toute pensée, c'est un résultat aussi improbable que celui-là. [...] C'est comme si les choux, en plus de provenir des lois de la botanique, donnaient aussi des conférences à leur propre sujet ; ou, comme si, quand je vide ma pipe, les cendres formaient d'elles-mêmes des lettres et qu'on lisait : « Nous sommes les cendres d'une pipe qu'on a vidée »[1].

Lewis propose alors de chercher l'explication ailleurs. Ce qui paraît tout de même raisonnable.

Héritage d'Aristote, à la fois reprise et « christianisée » par saint Thomas, on peut se proposer de reprendre, au pied de la lettre, comme le fait ce livre, la thèse que l'homme est un *animal rationnel*. La rationalité, sans laquelle l'idée même de science perd simplement tout son sens, n'est pas déductible de la nature réduite à la réalité physique, telle qu'elle est comprise dans le naturalisme contemporain. Comme le dit Peter Geach, « au Moyen Âge, le grand saut n'était pas celui qui fait passer de ce qui n'est pas vivant à la vie, ou d'une forme animale à une autre, mais de ce qui n'est pas rationnel

---

1. C.S. Lewis, « De Futilitate », *Christian Reflections*, Grand Rapids, MI, Eerdmans, 1967, p. 64.

à l'existence rationnelle »[1]. Le « grand saut » est à la fois métaphysique et épistémologique. Il ne marque pas seulement une différence d'aptitude intellectuelle, mais une différence de nature entre des êtres vivants. Cette différence assure que les êtres rationnels ne sont pas du même ordre que le reste de la nature. C'est affirmer dans l'échelle des êtres un passage à l'Esprit, irréductible à la matière et à la nature créée. C'est aussi en appeler à ce qui ne trouve plus son origine dans la seule nature.

D'où vient alors que nous soyons des êtres rationnels, que nous ayons *un monde intelligible* et non pas seulement un environnement dans lequel nous perdurons un laps de temps ? D'où vient que notre vie intellectuelle soit un moyen de réaliser pleinement notre nature ? Le mystère d'un *don divin* de la rationalité humaine est finalement plus éclairant, à cet égard, et c'est une explication plus rationnelle, que d'affirmer la possibilité, sans explication divine, d'un passage du non rationnel au rationnel ; ou d'expliquer que ce passage s'explique lui-même naturellement et même matériellement. Une autre solution – cette fois, tout à fait postmoderne – est de dire que la rationalité, c'est du vent, que nous sommes des animaux comme les autres, ou des machines pensantes, ou je ne sais quoi encore, mais que la rationalité ne fait vraiment pas de différence, sinon en pire, qu'il ne faudrait surtout pas nous croire vraiment différent, et surtout supérieurs au reste des choses, mouches et amibes comprises. Il ne me semble pas indispensable de proposer des arguments contre cette thèse, qui s'autodétruit plus sûrement encore que tout autre forme de naturalisme.

---

1. P. Geach, « What is Man ? », *in* P. Geach, *Truth and Hope*, Notre Dame, University of Notre Dame Press, 2001, p. 27.

L'argument de la rationalité affirme que la source de la rationalité est surnaturelle ; la meilleure explication de son origine est une donation divine. On peut raisonner de la même façon au sujet de notre perfectionnement dans la rationalité comme réalisation de notre nature. L'argument de la perfectibilité dit ainsi :

1) Aucune perfection de notre nature rationnelle ne s'explique comme résultant d'une cause non parfaite.

2) Or si le naturalisme est vrai, alors notre perfectionnement doit pourtant s'expliquer comme en résultant.

3) Donc, si le naturalisme est vrai aucun perfectionnement de notre nature rationnelle ne peut se comprendre.

4) L'explication du perfectionnement de notre nature rationnelle, c'est-à-dire l'exercice des vertus par des agents rationnels, s'explique alors par une cause surnaturelle elle-même parfaite.

L'argument de la perfectibilité rejoint celui de la « quatrième voie » dans la *Somme Théologique* de Thomas (I, 3).

On voit en effet dans les choses du plus ou moins bon, du plus ou moins vrai, du plus ou moins noble, etc. Or, une qualité est attribuée en plus ou en moins à des choses diverses selon leur proximité différente à l'égard de la chose en laquelle cette qualité est réalisée au suprême degré ; par exemple, on dira plus chaud ce qui se rapproche davantage de ce qui est superlativement chaud. Il y a donc quelque chose qui est souverainement vrai, souverainement bon, souverainement noble, et par conséquent aussi souverainement être [...]. D'autre part, ce qui est au sommet de la perfection dans un genre donné, est cause de cette même perfection en tous ceux qui appartiennent à ce genre [...]. Il y a donc un être qui est, pour tous les êtres, cause d'être, de bonté et de toute perfection. C'est lui que nous appelons Dieu.

Chez Thomas, il s'agit d'une preuve *a posteriori* de l'existence de Dieu par les degrés d'être. Ce qui importe ici est l'usage d'un raisonnement similaire pour affirmer que nos perfections, et donc les vertus et les dons intellectuels reçus (intelligence et compréhension), supposent leur réalisation au plus haut degré dans un être dont l'intention est que nous les possédions et que nous les exercions. Même naturelles, elles sont des effets de la grâce. Nos perfections intellectuelles, grâce auxquelles nous échappons au désordre intellectuel, et nous nous tournons vers les biens épistémiques, sont ainsi une image en nous d'une perfection divine[1]. Notre vie rationnelle ne se comprend que par ressemblance avec Dieu – et donc ne peut s'envisager en termes de la seule nature. Même si la raison est naturelle !

C.S. Lewis et Alvin Plantinga affirment que la connaissance humaine s'explique bien mieux dans le cadre théiste – et s'explique plutôt mal dans le cadre naturaliste. Cette fois, il s'agit de dire que la vie intellectuelle, quand elle est rationnelle, est un don divin, et même une participation à la vie divine. Ce n'est pas une thèse qui, ces derniers temps, encombre les articles et les livres d'épistémologie. Mais elle n'en a pas moins certains atouts.

---

1. Pour un tel argument dans le domaine de l'esthétique, voir R. Pouivet, *L'Art et le désir de Dieu. Une exploration philosophique*, Rennes, P.U.R., 2017.

Vertus infuses, dons du Saint-Esprit

Tout projet de surnaturalisation de l'épistémologie semble pourtant se heurter à l'objection suivante. Nos succès cognitifs avérés sont ceux de la science moderne et contemporaine en particulier. Ils doivent tout au sérieux de la démarche scientifique dans l'activité de recherche concertée et régulée de la communauté scientifique. Nous nous serions dépris des faux savoirs, ceux d'avant la révolution scientifique du XVIIᵉ siècle ; la méthode si efficace pour les physiques, galiléenne, newtonienne, et contemporaine, a ainsi été appliquée aux autres sciences de la nature ; et tous les savoirs humains, y compris sur l'homme, suivent maintenant les règles de la saine démarche scientifique ; lesquelles assurent rigueur et clarté, garantissent l'objectivité et la scientificité. À quoi Dieu serait-il bon en épistémologie ? Sans compter que certaines des plus belles réussites cognitives sont attribuables à des scientifiques, des penseurs, des chercheurs peu préoccupés d'être des images humaines du divin, quand même ils n'étaient pas de fieffés athées. Ils ont pu être *moralement* peu recommandables ; ils ont même pu être indifférents à la vérité au sein de leurs pratiques scientifiques. Toute l'organisation de la recherche scientifique est certes dévolue à assurer un certain sérieux de la recherche scientifique et à certaines pratiques satisfaisant une déontologie de la recherche. Mais il s'agit d'efficacité dans les procédures, non pas de vertus intellectuelles et morales ! L'épistémologie surnaturalisée ne serait-elle pas une tentative de détournement religieux de l'épistémologie ? Et quand bien même on prétendrait s'adonner à l'épistémologie des vertus ; quand aussi on entendrait rejeter une forme de naturalisme étroit ; quand on serait tenté d'affirmer une certaine spiritualité de l'activité intellectuelle ; une éthique intellectuelle n'a sûrement pas besoin d'en appeler aux dons du Saint-Esprit, et autres fariboles théologiques !

Mais si l'on accepte d'accorder un rôle fondamental aux vertus dans la vie intellectuelle, la surnaturalisation épistémologique devient une possibilité à prendre au sérieux. Du moins, si l'on accepte aussi la conception des vertus ici défendue. Thomas reprend la définition d'Augustin : « la vertu est la bonne qualité de l'esprit, qui assure une vie droite, dont nul ne fait un mauvais usage, que Dieu opère en nous sans nous » [1]. Quand la vertu est *acquise*, par habituation, le dernier membre de phrase dans cette définition peut certes être omis. Cependant, rien, jamais, de ce que nous sommes et faisons, n'existe indépendamment de Dieu. Et quand nos vertus sont infuses, Dieu opère en nous *sans nous*. Notre puissance réceptrice est passive. Notre responsabilité ne disparaît pas, mais elle consiste plutôt à ne pas faire obstacle à l'action de Dieu en nous. L'initiative de notre part est dans la réception d'un don. Les vertus infuses trouvent leur origine directement en Dieu. C'est le cas des vertus théologales, en particulier de la foi comme illumination surnaturelle de l'intellect. Certaines de nos vertus morales, selon Thomas, sont aussi infuses. Alors que les vertus acquises disposent l'âme humaine selon la lumière de la raison, c'est par l'effusion de la grâce que les vertus morales infuses disposent l'âme.

Les vertus à l'œuvre dans notre vie intellectuelle sont-elles alors acquises ou infuses ? Une autre façon

---

1. Thomas d'Aquin, *Somme Théologique*, I-II, 4, obj. 1, et s.c.

de poser la même question : notre vie intellectuelle n'est-elle bonne que par un effet direct de la grâce divine, l'instillation de l'Esprit Saint ? Ou encore, le perfectionnement de notre nature rationnelle, se réalisant dans notre vie intellectuelle, est-il un don que Dieu nous fait, sans que nous puissions l'attribuer à notre nature elle-même ? Répondre positivement à ces questions revient à affirmer que la vie intellectuelle bonne est l'effet en nous de la grâce divine. Une vie intellectuelle dissolue ou débauchée, le manque de courage et de sérieux intellectuels, la foutaise intellectuelle, sont alors des péchés non pas seulement contre l'Esprit, comme on dit encore parfois, mais contre le Saint-Esprit, comme on ne dit plus. Ils ne contreviennent pas seulement à des normes épistémiques, ni même à des normes morales. Cette thèse semblera à beaucoup inacceptable. Mais, dans la lignée de ce qui précède, elle se comprend. Une vie intellectuelle bonne, épistémologiquement irréprochable, suppose de recevoir de Dieu certains dons. La rationalité est un effet de la grâce.

Une vie intellectuelle bonne témoigne de la présence du divin en nous. Ce que des philosophes païens, Platon et Aristote, affirment très clairement – quoique, certes, la notion de grâce divine, celle que nous accorde un Dieu personnel, n'entre pas dans leur conception[1]. C'est l'une des différences fondamentales entre la religion des Grecs et la foi chrétienne. La grâce introduit une dimension spirituelle dans l'épistémologie. Notre vie intellectuelle, lorsqu'elle est bonne, devient une marque de la volonté divine pour les créatures. Ce qui semblera inacceptable à ceux pour lesquels une vie intellectuelle

1. Voir conclusion.

bonne ne doit justement dépendre que de nos propres forces intellectuelles – le respect volontaire de normes épistémiques, qu'elles soient ou non, en même temps, des exigences morales. Ce qui est affirmé ici est le contraire : une vie épistémique bonne manifeste notre dépendance à l'égard de Dieu, comme dispensateur de rationalité. « Que chacun mette au service des autres le don qu'il a reçu comme de bons dispensateurs de la grâce de Dieu, laquelle est variée » (1 Pe, 4, 10).

Parmi les dons du Saint-Esprit, quatre sont particulièrement « intellectuels » : la sagesse, l'intelligence, la science et le conseil. Toutefois, ils sont traditionnellement présentés comme relatifs à notre relation à Dieu. Ils nous permettent de contempler le divin, d'entrer dans son mystère, de le reconnaître dans la création, de pratiquer un discernement spirituel. Ces dons élèvent la nature humaine, affirmant alors, comme les vertus infuses, mais plus évidemment, l'effet de la grâce. Comme le dit Thomas :

> Les dons sont des habitus qui perfectionnent l'homme pour qu'il suive promptement l'impulsion du Saint-Esprit. [...] Or, de même qu'il est naturel pour les facultés appétitives d'être mues par le commandement de la raison ; de même il est naturel pour toutes les facultés humaines d'être mues par l'impulsion de Dieu comme par une puissance supérieure. Voilà pourquoi dans toutes les facultés humaines de l'homme qui peuvent être principes d'actes humains (c'est-à-dire dans la raison et dans la faculté d'appétit), de même qu'il y a des vertus, il y a des dons[1].

---

1. Thomas d'Aquin, *Somme Théologique*, I-II, 68, 4.

La raison théorique est ainsi perfectionnée par le don d'intelligence, tout comme la raison pratique est perfectionnée par d'autres dons (la force ou la crainte de Dieu). Finalement, les dons concernent aussi ce à quoi s'étendent les vertus, spéculatives ou morales. Sans l'aide gracieuse de l'Esprit Saint, comment opèreraient-elles parfaitement ? Les vertus, sans cette grâce, ne sont guère que des habitus spéculatifs ou pratiques, certes méritoires et bénéfiques, mais leur orientation vers le vrai et le bien reste fragile.

Pourtant, redisons-le, beaucoup rejetteront cette sanctification de la vie intellectuelle. Ils diront : « Accorder qu'une vie intellectuelle bonne suppose l'exercice des vertus *acquises*, cela pourrait encore se justifier dans un certain cadre épistémologique. Celui que fournit aujourd'hui l'épistémologie des vertus, dans la lignée d'Ernest Sosa ou de John Greco[1]. Mais il n'est alors pas question de grâce divine. On pourrait même aller jusqu'à la version de l'épistémologie des vertus de Linda Zagzebski, insistant sur l'idée de responsabilité morale[2]. Mais c'est encore autre chose de donner ce tour théologique et religieux à l'épistémologie, en prétendant qu'une grâce efficace, sous forme des dons, permet la réalisation de notre nature d'être connaissant, qu'elle est indispensable, finalement, pour mener une vie intellectuelle bonne. Une conversion religieuse est cette fois requise de l'épistémologie. Pourtant, cette dernière n'est-elle pas purement philosophique ? En y mêlant des considérations théologiques, on renonce à la distinction, fondamentale, entre philosophie et théologie. »

1. Voir p. 87, n. 1.
2. Voir L. Zagzebski, *On Epistemology, op. cit.*

La réponse est la suivante. Un don du Saint-Esprit rend intellectuellement disponible : ce qui nous est donné est cette spiritualité sans laquelle nous ne pourrions pas comprendre, connaître, appréhender, saisir. Nous ne pouvons nous rendre ainsi disponibles sans recevoir un don. L'Esprit Saint est le donateur. Certains des dons reçus, en particulier les dons cognitifs, concernent avant tout notre relation à Dieu, mais non pas elle seulement. Il n'existe pas de compréhension « laïque », vierge de toute compromission théologique, parce que notre statut métaphysique de créature de Dieu ne peut pas être mis entre parenthèses. La créature ne débranche pas sa relation à Dieu, lors de certaines activités, en particulier quand elle pense. Nous ne sommes pas des créatures rationnelles de Dieu à mi-temps, ou seulement le dimanche. Et cela, quel que soit le sujet de nos pensées, même quand il ne s'agit pas de Dieu. Nous ne sommes pas des créatures de Dieu par intermittence, et uniquement quand nous faisons ce que d'aucuns appellent « une expérience religieuse ». Il n'existe pas de sagesse, *purement philosophique*, qui resterait dans l'immanence. La sanctification concerne aussi notre vie intellectuelle, en particulier quand elle prend la forme d'un travail intellectuel, éducatif ou journalistique. Même dans notre vie intellectuelle disons ordinaire, et tout aussi bien dans la vie scientifique, les dons du Saint-Esprit sont aussi indispensables à la compréhension du monde que le monde lui-même l'est à la compréhension que nous en avons. L'Esprit est à la source de notre esprit comme le monde est à la source de la pensée que nous en avons. C'est le même réalisme, épistémologique et ontologique, qui est ici en jeu.

De plus, l'existence d'une rationalité indifférente à sa source divine, autonome, s'assurant, par elle-même, de sa propre valeur, dans une perspective chrétienne, quel sens cela aurait-il ? Une fois accepté l'argument de Plantinga (l'argument évolutionniste contre le naturalisme) et l'argument de Lewis (l'argument de la rationalité), la perspective *autonomiste* du kantisme, et de la pensée moderne en général, n'y change rien. Notre vie intellectuelle est bonne par les dons du Saint-Esprit et non par des ressources de rationalité dont nous serions, exclusivement, la source. Comme le dit Thomas :

> Tout homme qui fait acte d'intelligence n'a pas ce don, mais seulement celui qui le fait par habitus de la grâce. De même encore, à propos du don de science, il faut comprendre que ceux-là seuls le possèdent qui ont par une infusion de la grâce un jugement sûr, concernant ce qu'il faut croire et faire, si bien qu'on ne s'écarte en rien de la droiture de la justice[1].

Je ne prétends pas que Thomas propose la thèse défendue ici. Car, elle n'a vraiment de sens qu'après les Lumières et la philosophie moderne, après le projet d'une complète sécularisation de l'épistémologie. Elle en est la contestation – et donc Thomas, qui n'y est pas confronté, ne l'envisage certes pas. Mais la lecture de l'Aquinate la suggère à celui qui se trouve après l'épistémologie des Lumières.

Dans l'activité intellectuelle, les normes et les valeurs épistémologiques suffisent, en quelque sorte, et elles sont opératoires : la clarté, la rigueur, l'argumentation, se méfier de l'aveuglement volontaire ou, comme on dit aujourd'hui, des biais cognitifs, tout cela est bel et bon. Il

1. Saint Thomas, *Somme Théologique*, II-II, 9, ad. 3

faut l'encourager, bien sûr. Mais sans le don d'intelligence – si l'intelligence n'était pas aidée par l'Esprit Saint – comment nous viendrait le désir d'un ordonnancement de la vie intellectuelle à la perfection de l'Esprit ? Comment espérer nous maintenir dans cette exigence de la pensée droite ? Comment serait-il même possible d'avoir le désir et l'amour de la vérité ? Et comment garantir l'appréhension, ferme et sûre, de la vérité ?[1] À ces questions, il est ici répondu que l'ordonnancement de notre vie intellectuelle suppose la grâce divine des dons. L'exigence est en effet telle que l'héroïsme moral de nos vertus ne trouverait pas son ressort sans la participation gracieuse à la perfection absolue. L'autonomie de la raison apparaît ainsi comme refus paradoxal de ce qui permet à la raison de se maintenir dans sa propre exigence.

Ainsi, les dons du Saint-Esprit ne sont pas des palliatifs d'une insuffisance rationnelle. Au contraire, ils opèrent la réalisation de la rationalité. Elle se trouve, en perfection, dans le Logos lui-même. Les dons ne viennent pas compenser un déficit, mais réaliser notre nature. Ce serait un contre-sens de penser qu'ils sont antirationnels parce qu'ils sont surnaturels. Par le perfectionnement de la rationalité, par les dons, nous sommes, au contraire, à l'image de Dieu, tout en restant ce que nous sommes, des êtres humains, qui ne peuvent prétendre à la connaissance angélique[2].

---

1. *Ibid.*, II-II, 8, r.
2. Voir S.-Th. Bonino, *Les Anges et les démons*, Paris, Parole et Silence, 2ᵉ éd., 2017, chap. 7.

CONTRE LE PÉLAGIANISME ÉPISTÉMIQUE

Au tournant des IVe et Ve siècles, Pélage prétendait que l'homme peut, par son seul libre-arbitre, s'affranchir du péché. Celui que nous pourrions appeler « le pélagien épistémique » prétend parvenir à la vérité par la seule puissance de sa raison, en toute autonomie à l'égard de son créateur. L'hérésie pélagienne est réapparue maintes fois dans l'histoire de la chrétienté ; elle reste une tentation théorique. Le pélagien ne compte que sur les seules forces de son esprit pour s'assurer de la vérité et exercer un contrôle sur son activité intellectuelle. Ce contrôle épistémique, sa capacité réflexive parfaitement autonome, munie de certains principes qu'il énonce, de règles pour diriger son esprit, garantirait, juge-t-il, la valeur épistémique de sa vie intellectuelle. Il n'a nul besoin d'être sauvé épistémiquement. Il se charge lui-même de son salut, à la seule force de sa raison !

Or, les dons du Saint-Esprit nous perfectionnent bien au-delà de notre seule condition humaine – « *supra modum humanum* », dit Thomas[1]. Les dons du Saint-Esprit sont comme les voiles permettant à l'embarcation de recevoir l'impulsion du vent favorable[2]. Nous sommes des pilotes dans le navire de notre vie intellectuelle. En manœuvrant les voiles, le marin va dans les directions souhaitées ; il tire des bords intellectuels au besoin. Les voiles ne fixent pas la direction ; elle reste l'affaire du pilote. Mais à défaut de voiles, il n'irait nulle part ; il dériverait, mourant de faim et de soif, perdu dans

---

1. Cité par A. Pinsent, *The Second-Person Perspective in Aquinas's Ethics. Virtues and Gifts*, Oxon, Routledge, 2012, p. 32.
2. Une analogie empruntée à R. Garrigou-Lagrange, *La Synthèse Thomiste*, Paris, Desclée de Brouwer, 1946, p. 451.

l'océan, infesté de requins ; il s'échouerait peut-être ou se fracasserait sur des récifs. Nous n'avons pas fait les voiles de notre navire intellectuel, elles nous sont offertes. C'est ce que j'appellerai la *grâce épistémique.*

Insistons alors sur l'*hétéronomie épistémique* de l'agent cognitif. Dans une épistémologie surnaturalisée, l'hétéronomie signifie la dépendance : les dons du Saint-Esprit, l'infusion de dispositions grâce auxquelles notre vie intellectuelle peut, si nous ne résistons pas, être bonne. Cette dépendance est pour la meilleure réalisation de ce que nous sommes. Les dons permettent que nous soyons, autant que possible, à l'image de Dieu. La rationalité des vertus infuses et des dons suppose cette image spéculaire du divin.

Qu'une raison autonome parvienne à nous assurer, par nos seuls efforts de contrôle mental, de la parfaite réalisation de notre nature rationnelle, supposerait que nous outrepassions largement les limites cognitives inhérentes à notre nature. Je ne parle pas de ce qu'un kantien entendrait par des limites cognitives : l'impossibilité de connaître les choses telles qu'elles sont parce que cela supposerait un accès non phénoménal à la réalité, en dehors de l'expérience humaine et de l'équipement conceptuel de l'esprit humain. Ce sont de limites *morales* de notre vie intellectuelle dont je parle. Les qualités humaines que nous devons mettre en œuvre supposent, pour être stables et persévérantes, les dons la grâce divine. Le *péché épistémique* revient à préférer l'imposture, le blabla, et toutes formes de perversions cognitives, de faux-semblants intellectuels, de pitreries spéculatives, destinés simplement à satisfaire notre appétit intellectuel désordonné. Comment pouvons-nous, dans la vie de l'esprit, échapper à l'orgueil, à la fausse gloire, à la vanité, à la curiosité malsaine ? Par les vertus, et elles sont liées à des dons cognitifs. Sans eux, notre faiblesse morale dans la vie intellectuelle ne manque pas de nous conduire au péché épistémique.

La valeur morale de notre vie intellectuelle assure que nous poursuivons les biens épistémiques pour eux-mêmes. En particulier, elle assure que le désir à l'œuvre dans notre activité intellectuelle est celui de la vérité. C'est pourquoi les dons ne sont pas seulement des aides morales dans la vie intellectuelle, mais des supports cognitifs. Selon saint Thomas :

> La lumière naturelle de notre intelligence n'a qu'une vertu limitée ; de là, elle ne peut parvenir qu'à certaines limites déterminées. Donc, l'homme a besoin d'une lumière surnaturelle pour pénétrer au-delà, jusqu'à la connaissance de choses qu'il n'est pas capable de connaître par sa lumière naturelle. C'est cette lumière surnaturelle donnée à l'homme qui s'appelle le don d'intelligence [1].

Le don d'intelligence est pour Thomas une illumination divine au sujet du divin. Toutefois, comment cette intelligence donnée serait-elle inopérante s'agissant des choses de ce monde, et de notre vie intellectuelle en général ? Comment l'esprit serait-il éclairé s'agissant du divin, mais laissé à lui-même pour tout le reste ? L'attrait pour la vérité est l'effet premier du don d'intelligence, comment cet attrait serait-il sectorisé ? Il ne me semble pas possible de dire que le don d'intelligence concerne exclusivement les réalités divines en laissant toute notre connaissance séculière de côté. L'esprit n'est pas divisé en deux domaines hétérogènes et régis par des normes

---

1. Thomas d'Aquin, *Somme Théologique*, II-II, 8, 1.

épistémiques disjointes ou incompatibles. (C'est tout le sens du rejet d'un rationalisme confinant au positivisme ou scientisme, aussi bien qu'un fidéisme radical, « irrationalisant » la foi religieuse – et c'est la voie de Thomas.)

LE DON D'INTELLIGENCE

Sans le don d'intelligence, l'humilité intellectuelle se réduirait à reconnaître nos limites épistémiques. Elles sont inhérentes à notre nature. L'humilité serait confondue avec la pusillanimité (kantienne). Nous partons certes de l'expérience sensible et nous sommes à l'évidence faillibles. Sans la grâce épistémique, le scepticisme effectivement s'imposerait. Le don d'intelligence justifie l'espérance épistémique de parvenir à la vérité. L'orgueilleux se suffit à lui-même et ne croit avoir besoin ni des autres ni de Dieu. En revanche, l'intelligence comme don est incompatible avec l'orgueil intellectuel. Nous ne pouvons jamais être crédités du bien-fondé de nos croyances et de nos connaissances – nous en sommes toujours redevables au Donateur. Être intellectuellement humble, c'est avoir le sens de la disproportion entre notre lumière naturelle, limitée, et notre capacité d'atteindre la vérité supposant le don de l'intelligence.

On peut alors parler d'une *épistémologie des dons*. L'humilité intellectuelle consiste ainsi à recevoir l'intelligence comme don, sous la forme d'une grâce sanctifiante. L'orgueil intellectuel en revanche, c'est de croire que nous tirons tout de nous-même, sans rien devoir à personne, ou seulement à une communauté humaine, à nos pairs universitaires, à un groupe de recherche, à notre chapelle philosophique. L'humilité intellectuelle est aussi en jeu s'agissant de vérités mondaines et non révélées. Car ce ne sont pas seulement des vérités qui nous sont données en étant révélées. C'est la faculté de compréhension elle-même. L'intelligence n'est en rien ce dont nous pourrions nous enorgueillir. Elle n'est pas de notre fait ni à notre disposition ; elle est un don, gratuit et gracieux, sans lequel les vérités – de la plus banale jusqu'aux plus élevées – nous resteraient inconnues. Ce qui nous est donné avec l'intelligence est un désir de vérité sans lequel notre vie intellectuelle se réduirait à celle des animaux non rationnels.

Commentant la sixième béatitude « Heureux les cœurs purs parce qu'ils verront Dieu » (Mt, 5, 8), Thomas précise qu'il ne s'agit pas d'une pureté exclusivement morale, mais aussi d'une pureté intellectuelle. C'est, dit-il, « la pureté de l'esprit, purifié des phantasmes et des erreurs, de telle sorte que ce qui est dit de Dieu ne soit plus reçu par manière d'images corporelles, ni selon des déformations hérétiques ; cette pureté, c'est le don d'intelligence qui la produit »[1]. La certitude de foi est ainsi le fruit du don d'intelligence qui lui-même fait écho à l'humilité intellectuelle. En effet, sans le don d'intelligence nous ne pourrions pas adhérer et être certain. On ne peut avoir la foi qu'en excellant rationnellement dans l'appréhension de vérités surnaturelles. La thèse soutenue ici est que c'est toujours ce *même* don d'intelligence, à l'œuvre cette fois dans les questions qui sont à la mesure humaine, le savoir scientifique, le savoir quotidien, dont la vérité est le fruit. Toute compréhension – et non pas seulement la vie de foi au sens strict – est liée au don divin. L'humilité intellectuelle est en ce sens *une action de grâce*. Sans

---

1. Thomas d'Aquin, *Somme Théologique*, II-II, 8, 7.

l'aide du Saint-Esprit, nous ne parviendrions pas à la foi ni à la connaissance, même la plus banale et simple.

Force est de le redire : une épistémologie des dons suppose une *reconversion* de l'épistémologie. L'épistémologie moderne et contemporaine a en effet été centrée sur la question de la justification des croyances et de la limitation des prétentions cognitives. Elle a été fondamentalement normative en ce sens – avant que l'épistémologie soit même pensée comme un aspect de la théorie de la connaissance, avec la psychologie et la sociologie. Mais il existe aussi une épistémologie des *valeurs* plutôt que des normes, celle des vertus. Et c'est à partir d'elle qu'une épistémologie des dons s'avère possible, dans le cadre d'un théisme épistémologique. L'épistémologie des normes est à la recherche des *critères* qui justifieraient nos croyances et d'une *définition* de la connaissance. Une épistémologie des valeurs tente de décrire ce qui perfectionne notre nature humaine rationnelle. Qu'est-ce qui pourrait la perfectionner plus que des dons divins ? Il faut le redire aussi : la reconversion de l'épistémologie, sa surnaturalisation, n'a rien de radical ou de révolutionnaire. Elle retrouve plutôt une sagesse ancienne, celle d'une proximité de la vie intellectuelle bonne et du divin – une proximité à laquelle un lecteur de Boèce, Augustin, Anselme, Thomas est accoutumé.

Comparé aux attendus des programmes de recherche scientifique, de l'expertise, des normes méthodologiques de la production du savoir, de telles affirmations sur la sanctification de l'intelligence paraîtront dérisoires à bien des philosophes – et comme de risibles divagations. Cela n'explique rien, diront les moins critiques. Pourtant, en épistémologie, doit-on attendre tant de lumières que cela de l'analyse des cas de Gettier ou de la sociologie des pratiques scientifiques ? Ont-elles fait leur preuve explicative ? Une inférence à la meilleure explication, dans la lignée des philosophes et théologiens cités juste au-dessus, et non des moindres, nous permet d'aller vers une épistémologie des dons pour laquelle notre rationalité est l'effet de la Grâce.

CORRUPTION ET SALUT
DE LA VIE INTELLECTUELLE

*La trahison des clercs n'est pas un incident historique
propre à l'époque moderne, c'est la grande trahison
éternellement présente au cœur de l'homme et, au vrai,
c'est le péché originel. Tout clerc, depuis Adam, porte
en son cœur un traître qui sommeille. La volonté, pour
l'homme, de mettre la main sur un bien temporel ; la
volonté, pour l'homme, de se sentir distinct ; la prépon-
dérance de l'intérêt et de l'orgueil, c'est, littéralement, la
définition du péché originel chez saint Augustin et chez
saint Bonaventure*[1].

*C'est là une partie de la doctrine chrétienne traditionnelle :
des choses telles que la propension de l'homme d'inventer
des philosophies radicalement confuses ne sont pas
moins des séquelles du péché originel que sa propension
à la débauche et au meurtre. Tomber dans une profonde
confusion de pensée peut être un péché personnel – il
existe des péchés de l'intellect ; mais en affirmant que
certains sont coupables de confusion, nous devons nous
abstenir de juger, car nous sommes tous pécheurs*[2].

---

1. Ét. Gilson, « Autour de Benda. La mare au clercs », *L'Européen*,
Paris, 29 mai 1929, p. 4 ; repris dans Ét. Gilson, *Œuvres complètes*, t. I :
Un philosophe dans la cité 1908-1943, Paris, Vrin, 2019, p. 431-434.
2. P. Geach, *Providence and Evil*, Cambridge, Cambridge
University Press, 1977, p. 65.

LA NOBLESSE DE L'ESPRIT

Ce que ce livre défend est que notre vie intellectuelle est morale. Nous pouvons être intellectuellement bons ou mauvais. Ce qui ne signifie pas seulement le respect ou non des normes et des règles épistémiques, ou la formation correcte ou non de nos croyances. Mais, dans et par leur acquisition, nous réalisons au mieux, ou non, notre nature d'être rationnel. Une importante part de notre vie morale consiste en cette responsabilité à l'égard de ce que nous croyons. Il s'agit parfois d'une culpabilité : notre vie intellectuelle est blâmable en manquant de réaliser ce pour quoi nous sommes faits. Ceux dont la vie intellectuelle est en quelque sorte l'activité principale, les « intellectuels », ont ainsi une responsabilité morale ; et leur immoralité est intellectuelle.

Quand des intellectuels sont des imposteurs, se vautrent dans le blabla prétentieux, recherchent au moyen des idées une emprise dans le monde de l'esprit, y compris dans le débat public, sans aucune considération pour des exigences intellectuelles de clarté, de rigueur, de sérieux, de raisonnement parfois ; quand l'éducation scolaire et l'enseignement universitaire sont dévolus à l'apprentissage d'une rhétorique permettant de prendre une place dans un monde intellectuel ainsi vicié, qu'elles n'ont pour norme que des enjeux économiques et techniques, ou qu'elles suivent les dernières modes intellectuelles ; quand l'idée même de vérité est cyniquement mise en question, alors qu'est promue la thèse que toute vérité est une construction sociale, un produit, un effet, un tenir-pour-vrai ; quand est promue la prétendue déconstruction au nom d'un nihilisme aléthique radical, qui paradoxalement affirme que toute vérité est illusoire ;

quand l'esprit et le cerveau sont confondus, et que la vie intellectuelle est présentée comme un aspect de la vie organique, rien de plus, ni surtout rien de meilleur ; alors, règne l'*immoralité intellectuelle*.

Ce qui justifie notre vie intellectuelle, ce ne sont pas seulement le respect de principes, normes ou règles épistémologiques. L'épistémologie ne se contente plus d'être une théorie de la justification épistémique. Elle porte sur des vertus que nous devons posséder pour que notre vie intellectuelle soit bonne. L'imposteur ou le baratineur ne fait pas que ruser avec des normes épistémiques ou s'en moquer. Sa valeur morale est en question. Il trompe son monde, tout comme le menteur. Il avilit sa propre nature et celle de ses auditeurs, lecteurs, auditeurs, élèves, étudiants... Il rabaisse, par son attitude intellectuelle, la condition humaine.

S'il peut y avoir une immoralité intellectuelle, c'est que la vie de l'esprit est, comme le disait Aristote, « la partie la plus noble de nous-mêmes, ou encore « la partie la plus divine de nous-mêmes ». C'est pourquoi « l'acte de cette partie selon la vertu qui lui est propre est le bonheur parfait ». Elle est dévolue, par nature, à « la connaissance des réalités belles et divines » ; et c'est ainsi qu'elle permet d'atteindre « le bonheur parfait »[1]. Aristote caractérise l'activité intellectuelle comme une activité contemplative, une *théoria*. Aujourd'hui, le terme de contemplation est utilisé pour parler d'un état de ravissement, sinon d'hébétude, provoqué par l'art, des spectacles ou des paysages. L'activité intellectuelle d'un étudiant tout à ses études n'est plus pensée comme une contemplation. Nous préférons les affreux termes de « scientifique » ou de « chercheur ». Nous avions

---

1. Aristote, *Éthique à Nicomaque*, X, 1177 a 1-18.

ce noble terme de « savant » ; il est devenu désuet ; mais il était préférable ; il évitait d'aligner toute pensée sérieuse sur le modèle technocratique de la recherche scientifique ; ce modèle promu par l'institutionnalisation et surtout la quasi-industrialisation de l'activité scientifique. La contemplation est le regard intellectuel pénétrant sur la réalité par lequel nous saisissons ce qu'elle est. Contempler c'est ainsi comprendre ou, on pourrait dire aussi, intelliger, s'agissant des choses les plus fondamentales. Faire usage de son intelligence pour appréhender le monde tel qu'il est, indépendamment de nos intérêts autres que cognitifs et mercenaires. Cette activité contemplative est proprement humaine, parce que pleinement et purement rationnelle. C'est celle dans laquelle nous réalisons au mieux notre nature.

Pour Aristote, le seul exercice de cette activité de compréhension – la contemplation donc – suffit à notre bonheur.

> Il serait étrange que l'homme accordât la préférence non pas à la vie qui lui est propre, mais à la vie de quelque chose autre que lui. [...] Ce qui est propre à chaque chose est par nature ce qu'il y a de plus excellent et de plus agréable pour cette chose. Et pour l'homme, par suite, ce sera la vie selon l'intellect, s'il est vrai que l'intellect est au plus haut degré l'homme même. Cette vie-là est donc aussi la plus heureuse [1].

Si comme le pensaient Aristote et saint Thomas, la nature ne manque jamais de donner le nécessaire, alors les animaux que nous sommes ont des capacités cognitives appropriées. Ils n'ont pas seulement un instinct propre à leur espèce, mais se développent rationnellement. Chez

---

1. Aristote, *Éthique à Nicomaque*, X, 1177b-1778a.

l'homme, sur une base physique (disons neuronale, comme on dit aujourd'hui) se développe une capacité *cogitative*, plus élaborée que chez les animaux. Cette capacité est elle-même la base d'une activité proprement intellectuelle. Cette dernière ne vise pas la satisfaction de besoins matériels, mais la compréhension, pour elle-même : elle vise la connaissance des choses telles qu'elles sont. C'est l'activité d'une partie rationnelle de l'homme. Elle distingue, *essentiellement*, l'homme des animaux non humains, c'est-à-dire non rationnels. Dans l'activité intellectuelle, l'homme vit donc selon la meilleure part. Il mène une vie humaine, en tant que telle. Son âme rationnelle fait ainsi de l'homme ce qu'il est. Elle le rend supérieur à tous les autres vivants matériels. Cette vie selon la rationalité est la plus heureuse, parce qu'elle est la moins mêlée de cette vie cogitative, mais finalement non intellectuelle, qu'il partage avec les animaux non humains.

Dans une épistémologie comprise comme une éthique intellectuelle des vertus, nous sommes parvenus alors à ce raisonnement :

1) Ce qui caractérise l'être humain est la rationalité.
2) Les vertus réalisent notre nature par l'exercice de nos meilleures qualités.
3) Il est dans notre nature de rechercher le bonheur.
4) L'exercice des vertus nous rend heureux.
5) L'intellection (ou la compréhension), comme vertu, est ce qui nous rend (le plus) heureux, parce qu'elle vaut pour elle-même, indépendamment de toute autre finalité.

Les notions fondamentales de ce raisonnement sont celles de nature humaine, de rationalité, de vertu et d'intellection. La compréhension de la réalité et de nous-mêmes est liée au mode d'existence d'une certaine sorte d'êtres. Ce qu'Aristote appelle « la vie selon l'intellect » est la sagesse. Elle consiste ainsi à réaliser au mieux ce qui est notre nature, la rationalité. La formation de l'excellence du caractère, pour un être humain – devenir ce qu'il est pourrait-on dire – est donc l'acquisition et l'exercice de la sagesse. Dans cette perspective aristotélicienne, le terme « *sophia* » signifie ainsi le mode d'existence excellente de celui qui comprend ou intellige.

Ce que ce livre propose est une éthique intellectuelle fondée sur une nature humaine, dont la rationalité est l'essence. Cette éthique est arétique plutôt que déonto-logique. Elle conduit à penser l'épistémologie comme une réflexion sur des qualités humaines. L'imposteur et le baratineur en sont dépourvus ; et même ils les foulent aux pieds. Ils ne manquent en revanche pas de vices intellectuels. Ils peuvent contrevenir à des normes épistémiques – des principes, des règles. Cependant, on a montré que c'est encore plus grave : une corruption morale les touche. L'éthique intellectuelle est une vraie éthique. Elle concerne notre destinée morale – et aussi le jugement moral qui, au terme de notre vie, peut être porté sur notre attitude intellectuelle.

Avant ce Jugement dernier épistémique, nous devons, dès cette vie, évaluer le monde des idées, celui des journaux, des émissions de radio ou de télévision, des sites internet, de l'université, avec ses revues, colloques, les cours, la formation des étudiants, etc. Les valeurs de rationalité, telles que comprises ici, comme perfectionnement de notre nature, sont-elles vraiment centrales dans la vie intellectuelle ?[1] Sommes-nous

---

1. Voir R. Pouivet, « Vertus épistémiques, émotions cognitives et éducation », *Éducation & Didactique*, vol. 2, n° 3, 2008.

intellectuellement vertueux ? Désirons nous l'être ?
C'est le critère décisif. Si la réponse est négative,
notre vie intellectuelle ne vaut pas grand-chose. Et si
notre système éducatif encourage la rhétorique creuse,
valorisant la capacité de faire illusion, d'entraîner la
conviction à partir d'un faux-savoir, le culot verbal, des
vices intellectuels, donc, en suggérant même le mépris
pour les vertus, il pervertit alors la finalité de l'éducation.
Il fait de l'imposture et du baratin une institution. Rendre
intellectuellement vertueux : telle est la finalité de
l'éducation. Elle doit ainsi cultiver les valeurs morales à
l'œuvre dans la vie intellectuelle, chez les professeurs, les
élèves et les étudiants. À défaut, elle n'est que dressage
d'animaux savants, mise aux normes sociales – elle est
aussi un chemin de damnation de l'esprit.

Pourquoi la vie intellectuelle est-elle une vie divine ?

S'agissant de notre vie intellectuelle, Aristote parle du
divin en nous.

> Tandis qu'en effet chez les dieux la vie est tout entière
> bienheureuse, comme elle l'est aussi chez les hommes
> dans la mesure où une certaine ressemblance avec
> l'activité divine est présente en eux, dans le cas des
> animaux, au contraire, il n'y a pas trace de bonheur,
> parce que, en aucune manière, l'animal n'a part à
> la contemplation. Le bonheur est donc coextensif
> à la contemplation, et plus on possède la faculté de
> contempler, plus aussi on est heureux – heureux non pas
> par accident, mais en vertu de la contemplation même,
> car cette dernière est par elle-même d'un grand prix. Il

en résulte que le bonheur ne saurait être qu'une forme
de contemplation [1].

La vie humaine, heureuse quand elle est contemplative,
est pensée par analogie avec la vie divine. Pourquoi des
êtres qui n'intelligent pas ne peuvent-ils finalement pas
être heureux ? Parce qu'ils ne participent pas à la vie
divine, dont la sagesse constitue une approximation.
Mais ceux qui n'*intelligent* pas peuvent néanmoins avoir
une activité mentale, cogitative. On la discerne chez les
animaux. Quand nous voyons un chat assis devant un
réfrigérateur et miaulant, nous lui attribuons la pensée
que du lait s'y trouve ; et même la pensée qu'en miaulant
il en aura. Cependant, les animaux n'appréhendent la
réalité que dans le cadre de leur vie animale, afin de
survivre ou de satisfaire leurs besoins vitaux. Une telle
cogitation pourrait conduire certains animaux jusqu'à
une pensée fort élaborée, après tout, voire à ce que
d'aucuns tiennent pour un savoir scientifique. Il suffirait
que celui-ci soit complètement réduit à un moyen pour
satisfaire la sorte de besoins qu'ont les êtres matériels
et sensibles, dont certes nous sommes. Ils cherchent la
satisfaction des plaisirs liés à la vie animale ; or, elle
peut exiger un savoir complexe. Toute notre activité
cogitative n'est donc pas contemplative, tant s'en faut !
Mais si le bonheur pleinement humain suppose de nous
élever à la vie divine, alors, premièrement, cet usage de
la pensée l'asservissant à certains besoins n'apportera pas
le bonheur. Et deuxièmement, selon Aristote, le bonheur
humain va résider dans la contemplation intellectuelle.

Les objections à ces affirmations sont pourtant
nombreuses. Le sage dont Aristote parle n'est-il pas un

1. Aristote, *Éthique à Nicomaque*, X, 1178b, 26-32.

personnage bien éloigné de l'intellectuel et du scientifique du XXIᵉ siècle ? Le recours à Aristote fait passer
un bon moment en histoire de la philosophie ; mais,
bon, en épistémologie, on n'en est plus là. Il faudrait
lire les psychologues cognitifs ou faire des enquêtes
sociologiques, plutôt que de prendre au sérieux le
Livre X de l'*Éthique à Nicomaque* ! De plus, ceux qui
poursuivent une carrière académique, en remplissant
des dossiers de financement, écrivent dans les journaux,
ou font un master ou une thèse de doctorat, auront du
mal à s'identifier à ce personnage qui trouve le bonheur
dans l'exercice de son propre intellect. Ce contemplatif
aristotélicien est aussi proche de ce que les intellectuels
sont devenus que le moine chartreux d'une star de
cinéma ! Enfin, certains contesteront aussi la valeur
morale de ce personnage du contemplatif aristotélicien.
Ne s'intéresse-t-il pas finalement qu'à lui-même ?
N'est-il pas dépourvu de qualités humaines aujourd'hui
prisées, d'une part, la capacité à entreprendre (le
modèle de l'école de commerce et de l'organisation de
la recherche), et d'autre part l'attention aux autres, la
sensibilité à la pauvreté, au handicap, à la vulnérabilité
(modèle politique et tourné vers le social) ? Le sage
aristotélicien n'est pas même porté à l'amitié, dont
Aristote fait pourtant grand cas dans les livres VIII et IX
de l'*Éthique à Nicomaque*. Ce sage semble isolé dans ses
idées, préoccupé seulement de satisfaire, égoïstement, sa
propre compréhension. Serait-ce un rat de bibliothèque,
improductif et asocial ? Comment le proposer alors en
modèle aux jeunes générations ? Pourquoi s'émouvoir de
sa disparition programmée, et heureuse en un sens, dans le
monde universitaire ? Il est remplacé par l'« enseignant-
chercheur », animateur de recherche, habile à monter des

dossiers, blogueur au besoin, champion de la valorisation. Ce qui est exigé du chercheur est le travail en équipe, le projet commun, les objectifs à court et moyen termes[1]. Il faut avoir des résultats : techniques, économiques, financiers ; participer au changement des modes de vie ; et même donner un éclairage sur les problèmes sociaux, le réchauffement climatique, les grands enjeux de la vie moderne. « Management cognitif » et sagesse ne font pas bon ménage.

Si les objections précédentes sont sérieuses, elles ne me font pas renoncer à la conception résumée par les affirmations 1 à 5 précédentes (p. 299), c'est-à-dire à une *éthique intellectuelle des vertus*. Pour parler de façon générale, mais correcte à mon sens : en l'absence de la théorie adéquate, certains faits sont simplement ignorés. Non pas seulement qu'ils soient mal compris. Ils ne sont simplement pas appréhendés. C'est pourquoi percevoir le lien entre les vertus intellectuelles, la compréhension et le bonheur, que l'éthique intellectuelle des vertus met en évidence, suppose une définition de l'homme et même, une certaine *anthropologie métaphysique*. À défaut d'en disposer, nous ne parvenons même pas à nous apercevoir de ce qui constitue la *motivation réelle* de l'activité intellectuelle. Autrement dit, sans l'anthropologie métaphysique appropriée, on n'a ni principes ni valeurs adéquats.

Malgré les différences entre l'anthropologie d'Aristote et celle de Platon, la conception que le Stagirite développe dans le livre X de l'*Éthique à Nicomaque* se trouvait aussi, d'une certaine manière, dans le *Timée* :

---

1. Le long terme est interminable quand un programme de trois ans apparaît déjà, pour l'administration universitaire, comme une éternité !

Or, quand un homme s'est livré tout entier à ses passions ou à ses ambitions et applique tous ses efforts à les satisfaire, toutes ses pensées deviennent nécessairement mortelles, et rien ne lui fait défaut pour devenir entièrement mortel, autant que cela est possible, puisque c'est à cela qu'il s'est exercé. Mais lorsqu'un homme s'est donné tout entier à l'amour de la connaissance et à la vraie sagesse et que, parmi ses facultés, il a surtout exercé celle de penser à des choses immortelles et divines, s'il parvient à atteindre la vérité, il est certain que, dans la mesure où il est donné à la nature humaine de participer à l'immortalité, il ne lui manque rien pour y parvenir ; et, comme il soigne toujours la partie divine et maintient en bon état le génie qui habite en lui, il doit être supérieurement heureux[1].

Il est peu probable qu'un ministre de l'Éducation Nationale ou de l'Enseignement supérieur, un président d'université ou un directeur de grande école, dise que la finalité de l'école, du collège, du lycée ou de l'université est le soin apporté à la *partie divine* des élèves et des étudiants, et aussi de leurs professeurs. Le lien entre l'activité intellectuelle, le bonheur et le divin n'est plus affirmé dans la pensée moderne et contemporaine. Il est totalement absent des sciences humaines et sociales. L'idée selon laquelle ce qui en nous est le meilleur est ce par quoi nous sommes à l'image de Dieu, parce qu'immatériel et purement rationnel, n'a plus cours – c'est un euphémisme. La rationalité est conçue comme une procédure de contrôle des raisons – une capacité métacognitive. Nous serions capables d'évaluer nos états mentaux, engendrés par le rapport avec notre environnement. Pour certains, cette capacité serait

1. Platon, *Timée*, 90c.

un équipement neuronal particulier, sous la forme de mécanismes cognitifs portant sur d'autres mécanismes cognitifs. L'étude de ces mécanismes relève, pensent-ils, d'une science de la conscience, en voie de constitution. On annonce régulièrement qu'elle fait d'énormes progrès et parviendra bientôt à une description scientifique de la pensée [1].

Pourtant, si j'ai écrit ce livre, c'est que je prends, au premier degré [2], ce que disent Platon et Aristote sur le lien entre notre vie intellectuelle et la vie divine. Une certaine éthique intellectuelle s'ensuit.

Dans son *Commentaire de l'Éthique à Nicomaque*, examinant les passages du livre X auxquels il vient d'être fait référence, Thomas d'Aquin utilise le qualificatif « spéculatif ». Il caractérise ainsi la vie, le bonheur, les opérations de l'intellect et qualifie de cette façon la vertu. La vertu *spéculative* est fermement distinguée par Thomas de la vertu active – c'est-à-dire des vertus morales, qui concernent bien sûr l'action humaine. L'intellect détermine, dans le syllogisme pratique, ce qu'il convient de faire. La conclusion du syllogisme est finalement l'action elle-même. Les vertus morales, comme la prudence ou la tempérance, sont des habitus qui nous perfectionnent. Ils nous permettent de faire le choix du bien. Grâce aux vertus morales nous agissons au mieux. Ce que les vertus morales perfectionnent est notre volonté. Cependant, si nous ressemblons à Dieu ce n'est pas dans les modalités de notre vie active. Notre action n'a que bien peu de ressemblance avec l'action

---

1. J'entretiens à cet égard le doute manifesté dans le livre de V. Descombes, *La Denrée mentale*, Paris, Minuit, 1995.

2. Je veux dire que ce n'est pas une référence historique ni commémorative.

divine. Entre, d'une part, l'action d'un être tout-puissant, omniscient et absolument bon, créateur, et surtout d'un être en qui être et agir est tout un, et, d'autre part, l'action d'un être fini, sujet à l'erreur, marqué par le péché, une créature, y a-t-il seulement une analogie possible ? En revanche, notre vie spéculative peut avoir, à certains titres, relativement, une ressemblance avec la vie divine. Comme le dit saint Thomas, « l'intelligence n'est pas quelque chose de divin de manière absolue, mais elle est ce qu'il y a de plus divin de tout ce qui est en nous, à cause de la plus grande convenance qu'elle a avec les substances séparées, du fait que son opération se fait sans organe corporel »[1]. Les substances séparées sont les êtres qui ne sont pas matériels, les anges et Dieu. Dès lors,

> [...] la meilleure opération, parmi les opérations humaines, c'est la spéculation de la vérité. [...] Ainsi encore, c'est cette opération la meilleure, car, de tout ce qu'il y a à connaître, le mieux, c'est l'intelligible, et principalement le divin. C'est donc dans la spéculation que consiste le bonheur humain parfait[2].

Qu'y a-t-il dans la vie spéculative pour la rendre divine ? Qu'elle porte sur les choses immatérielles et immuables, celles qu'on aime pour elles-mêmes et non pour autre chose. Quelle est l'exigence propre à une vie spéculative authentique ? Qu'elle ne soit pas pour une autre fin qu'elle-même. L'homme heureux se suffit par lui-même, par sa pensée. C'est dans la vie spéculative que son bonheur se réalise pleinement, non pas dans les effets sociaux de la vie mondaine ou même dans ceux

---

1. Thomas d'Aquin, *Commentaire de l'Ethique à Nicomaque*, livre X, leçon 10, # 2084.
2. *Ibid.*, # 2087.

de la science. « Parce que la vie contemplative est plus noble que la vie active, les habitus intellectuels qui perfectionnent l'homme dans la vie contemplative ont plus de raisons d'être dits des vertus que les habitus moraux, qui perfectionnent l'homme dans la vie pratique »[1]. Concernant notre destination spirituelle, les vertus et les dons à l'œuvre dans la vie intellectuelle sont mieux à même que tout autres de réaliser notre nature.

Insistons encore : la corruption de la vie intellectuelle, dans l'éducation scolaire, la vie académique, la vie des idées, le monde journalistique – cela n'a rien de secondaire ou d'anecdotique. Ce n'est pas l'écume dans la vie de l'esprit. Cette corruption atteint ce qui est le plus noble en l'humanité. La promotion d'une vie intellectuelle vertueuse participe d'un effort pour assainir, voire sanctifier, ce qui est l'essentiel de notre nature, la rationalité.

COMMENT SAUVER NOTRE VIE INTELLECTUELLE ?

Ce livre prend au sérieux l'épistémologie de Platon, Aristote et Thomas d'Aquin, quand ils font de la vie intellectuelle une participation à la vie divine. Ce qui, certes, nous éloigne de la pensée moderne – et plus encore de celle de penseurs postmodernes, nietzschéens, foucaldiens, ou des sociologues de la connaissance.

Alvin Plantinga affirme que « certains peuvent trouver scandaleux que des idées théologiques soient considérées sérieusement dans un livre de philosophie ». Mais, lui « ne trouve cela pas plus scandaleux que

---

1. Thomas d'Aquin, *In III Sent.* (Commentaire des *Sentences* de Pierre Lombard), d. 23, q. 1, a. 4, 1 *sed contra.*

l'incursion en philosophie d'idées scientifiques tirées (par exemple) de la mécanique quantique, de la cosmologie et de la biologie évolutionniste »[1]. J'ai le même diagnostic s'agissant de l'éthique intellectuelle. Des « idées théologiques », comme dit Plantinga me semblent en être alors un complément indispensable. Si Dieu existe, si nous sommes ses créatures – ce que pense un théiste – alors notre vie intellectuelle et sa valeur ne sont pas compréhensibles indépendamment de Lui[2].

Plantinga ajoute :

> Le péché originel marque à la fois l'intellect et la volonté ; il est à la fois cognitif et affectif. [...] Il entraîne une sorte de cécité, d'insensibilité, de bêtise, de stupidité. C'est une limitation cognitive qui, d'abord, empêche sa victime d'avoir une connaissance appropriée de Dieu, de sa beauté, de sa gloire, de son amour ; elle l'empêche aussi de voir ce qu'il convient d'aimer et de haïr, ce qui doit être recherché et évité. Elle compromet à la fois la connaissance de fait et la connaissance évaluative[3].

Cela vaut pour toute notre vie cognitive, et non seulement pour les croyances religieuses. L'éthique intellectuelle doit tenir compte du fait de la corruption de ce que nous

---

1. A. Plantinga, *Warranted Christian Belief, op. cit.*, p. 200.

2. Je fais mienne cette affirmation d'Alvin Plantinga : « Le philosophe chrétien part, de façon tout à fait légitime, de l'existence de Dieu, et la présuppose dans son travail philosophique, qu'il puisse ou non montrer que cette existence est probable ou plausible sur la base des prémisses acceptées par tous les philosophes, ou la plupart d'entre eux dans les grands centres contemporains de philosophie » (« Advice to Christian Philosophers », *Faith and Philosophy*, vol. 1, n° 3, 1984, p. 261). Il serait insensé de prétendre philosopher indépendamment de la vérité la plus importante !

3. *Ibid.*, p. 207.

sommes en tant qu'êtres humains, d'une rationalité marquée par le péché. Non seulement notre rationalité est limitée, mais notre esprit est obscurci. Notre sensibilité à la vérité, notre appétence pour les biens épistémiques, qui devraient suivre de notre nature rationnelle, exige, dans la situation post-lapsaire, un considérable effort moral. Les citations d'Étienne Gilson et de Peter Geach, en exergue de cette conclusion, disent l'essentiel. Nous n'avons pas moins besoin de rédemption dans notre vie intellectuelle que dans notre vie pratique – et bien sûr les deux sont liées étroitement. (Ce que nous décidons de faire suppose ce que nous croyons.) Un chrétien pense ainsi que sans la grâce divine, sans l'exemple de Jésus-Christ, sans l'effort pour l'imiter, sa vie intellectuelle n'est que... *foutaise*.

L'imposture et le baratin manifestent cette corruption de notre esprit et sont l'illustration cynique de cet obscurcissement de notre pensée. On le voit dans le jeu malsain avec les idées ; dans notre propension à nous contenter d'idées approximatives ; dans l'orgueil et la vaine gloire ; dans l'arrogance intellectuelle et notre lâcheté intellectuelle ; dans le conformisme et la fausse subversion ; dans le désir de prendre le dessus intellectuellement sur les autres ; de nous défiler par une pirouette intellectuelle ; dans la prétention théorique ; la tentation d'échapper, par des astuces verbales, à des arguments qui mettent en question nos conclusions. C'est le grand florilège de nos vices dans la vie intellectuelle.

Wittgenstein disait que « le traitement d'une question par le philosophe est comme le traitement d'une maladie »[1]. Il voyait dans la philosophie non pas tant un dogmatisme, comme serait tenté de le soutenir un

---

1. L. Wittgenstein, *Recherches philosophiques*, *op. cit.*, I, 255.

sceptique, qu'un jeu avec des confusions[1]. Elles seraient dues, en majeure partie, à un langage découplé de son usage ordinaire. À la suite de Wittgenstein, certains ont pensé recouvrer une certaine sérénité dans la vie intellectuelle en renonçant à toute théorie en philosophie. Il serait alors tentant de penser l'éthique intellectuelle, à la suite de Wittgenstein, comme une tentative pour se déprendre d'un respect pour de faux-savoirs par une reconduction thérapeutique du langage à son usage ordinaire.

> Ce qu'il y a d'étrange dans le trouble philosophique et dans sa solution pourrait consister, semble-t-il, dans le fait qu'il ressemble à la souffrance de cet ascète qui, debout, soulevait une lourde sphère en gémissant, et qu'un homme délivra en disant : « laisse-la tomber ». On se demande pourquoi, si ces phrases te perturbent et si tu ne sais qu'en faire, tu ne t'en es pas débarrassé plus tôt. Qu'est-ce qui t'en as empêché ? Eh bien, je crois que c'était le système erroné dont il croyait devoir s'accommoder, etc[2].

Les confusions philosophiques ne sont pas seulement des erreurs. Le philosophe tend à s'attacher à des images, des métaphores, des formules, un discours grâce auxquels il s'assure une sorte d'emprise externe dans le monde philosophique et même, s'il est « chanceux », auprès du grand public cultivé. La philosophie requiert l'exercice de vertus intellectuelles qui s'avèrent aussi, à

---

1. Ce qui confère à l'activité d'enseigner la philosophie un caractère très particulier : il ne s'agit pas tant d'enseigner ce qui pourrait être faux que ce qui est irrémédiablement confus, même pour celui qui l'enseigne !

2. L. Wittgenstein, « Philosophie », dans *Philosophica I*, trad. fr. J.-P. Cometti, Mauvezin, Trans-Europ Repress, 1997, p. 26.

certains égards, être morales. C'est au moins ainsi que je comprends la portée morale de la formule de Wittgenstein selon laquelle la philosophie est aussi un travail sur soi-même.

La confusion intellectuelle, s'affichant dans l'imposture, le baratin et d'autres formes de perversion de la vie intellectuelle, témoigne de ce que nous sommes. Seuls les dons du Saint-Esprit peuvent assurer le salut de l'esprit. Sans la grâce, nous ne sortirions pas, par nous-mêmes, par nos seuls mérites intellectuels, de la confusion intellectuelle. Elle est le prix spirituel que nous payons pour le mal qui nous afflige. Sa radicalité en nous ne tient pas à nos seules actions mauvaises, mais aussi à notre propension, dans toute notre vie intellectuelle, à nous détourner de la vérité et à nous repaître de confusions.

Nous ne guérirons pas en renonçant, de façon quiétiste, à la prétention au savoir (et à la métaphysique). Ce qui supposerait, remarquons-le, d'être fort satisfait de soi-même et convaincu d'être finalement en excellente santé. Nous ne retrouvons pas non plus la santé intellectuelle par des règles enrégimentant la direction de notre esprit. C'est pourtant l'espoir d'une forme séculière de rationalisme. Avec des principes de la pensée sérieuse – avec la logique pour norme, avec une déontologie irréprochable – nous parviendrions, à la Clifford, à rendre nos croyances enfin légitimes épistémologiquement. La philosophie analytique a été vue, par certains, comme la panacée contre le baratin interprétatif et les pauses intellectuelles de la philosophie continentale. Une attention aux avancées de la science, pour d'autres, et tout irait déjà bien mieux dans le monde des idées. Les conditions de notre salut intellectuel seraient facilement à notre disposition : l'argumentation, la rigueur conceptuelle, le sérieux, des enjeux précis et délimités, la rationalité des procédures intellectuelles et rien qu'elle. Mais si l'on pense que le mal est entré dans la pensée avec le péché du premier homme, l'idée que nous allons nous sauver nous-mêmes, par un effort réflexif, ou en faisant appel au travail des chercheurs, tourne à la farce. Le baron de Münchhausen parvenait à se tirer des sables mouvants en se soulevant lui-même par les cheveux, sans aucun support ; une forme de rationalisme séculier prétend en réalité la même chose : l'esprit par l'attention qu'il porte à ses propres actes, parviendrait, même si on ne dit jamais comment, à se sauver lui-même ! Si réellement le désastre intellectuel n'est pas simplement de l'ordre de l'erreur ou du manque de sérieux, s'il tient à nos motivations malsaines, alors il faut vraiment espérer beaucoup d'une *conversion* de notre esprit, plutôt que de son autosatisfaction scientifique.

Pour un chrétien, la question n'est pas tant de savoir ce qui nous sauvera de l'obscurcissement de notre esprit, quelle technique intellectuelle, mais de savoir *qui* nous en sauvera. À cette question, un chrétien répond : Jésus-Christ, le Fils de Dieu. Nous devons l'imiter, non pas seulement ses actes, mais sa pensée – sa vie intellectuelle – pour que la nôtre, si corrompue, reçoive la grâce de la rédemption.

INDEX

TABLE DES MATIÈRES

Achevé d'imprimer le 13 décembre 2019
sur les presses de
La Manufacture - Imprimeur – 52200 Langres
Tél. : (33) 325 845 892

—

N° imprimeur : 191799 - Dépôt légal : décembre 2019
Imprimé en France